U0928592

● 国家社会科学基金项目
“农村土地适度规模经营及其相关问题研究”（04BJY046）
● 教育部哲学社会科学研究重大课题攻关项目
“我国土地制度与社会协调发展研究”（05JZD00013）
● 教育部人文社会科学重点研究基地2006年重大项目
“农村人口迁移和农民市民化过程中的中国农村土地制度创新研究”（06JJD810006）

中国“三农”问题研究文丛

主　编　黄祖辉

国家哲学社会科学规划重大项目成果

农户粮地经营规模效率研究
——以吉林省玉米生产为例

Research on Scale Efficiency of Farmers' Grain Land Operation
——A Case of Corn Production in Jilin Province

张忠明◎著

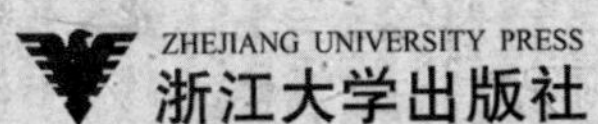

总 序

进入21世纪后,我国经济和居民收入仍保持快速增长的良好势头。“十五”期间国内生产总值从109655亿元增长到183085亿元,增长了67%;城镇居民人均可支配收入从6860元增加到10493元,增加了53%;农村居民人均纯收入从2366元增加到3255元,增加了37.6%。此外,经济社会结构的变化也十分明显,2005年,我国第一产业增加值在国内生产总值中的比重从2001年的15.2%下降到12.6%,农村人口的比例从2001年的62.3%下降到57%。然而,在社会经济快速发展的同时,一些深层次的矛盾与问题也进一步显现出来。城乡、区域、经济社会发展不平衡的现象日益凸显,就业、社会保障、教育、医疗、住房、安全生产、社会治安等关系群众切身利益的问题比较突出,收入分配差距扩大引起广泛关注,各种形式的人民内部矛盾时有出现。这些情况表明,我国正处在一个“黄金发展期”与“矛盾凸显期”互相交织、复杂多变的关键时期。

在这样的关键时期,我们面临着前所未有的发展机遇,也面对着前所未有的各种挑战。在各种挑战中,“三农”问题是我们所面临的最大挑战之一。人地矛盾、粮食产不足需、农民权益亟待加强保护、城乡居民收入差距持续扩大,都反映了解决中国“三农”问题的复杂性和艰巨性。

在过去的几十年中,中国的农业和农民为国家的工业化、城市化作出了巨大贡献,并形成了城乡分割的二元经济结构。随着我国经济的快速增长和综合国力的明显提高,逐步改变城乡二元经济结构的条件正日渐具备。在十六届四中全会上,胡锦涛同志提出了“两个趋向”的重要论断:“纵观一些工业化国家发展的历程,在工业化初始阶段,农业支持工业、为工业提供积累是带有普遍性的趋向;但在工业化达到相当程度以后,工业反哺农业、城市支持农村,实现工业与农业、城市与农村协调发展,也是带有普遍性的趋向。”

因此,在新的历史发展时期,中央针对“三农”问题,从2004年开始发了三个一号文件,2004年的一号文件以增加农民收入为主题,抓住了“三农”问题的核心;2005年的一号文件以提高农业综合生产能力为主题,抓住了农村生产力发展的关键;2006年的一号文件以社会主义新农村建设为主题,抓住了农村全面建设小康社会的根本。这三个文件站在我国现代化建设和构建社会主义和谐社会的历史高度，为我国“三农”问题的解决提供了纲领。

在此背景下，我国理论工作者也加大了对中国“三农”问题的研究力度。教育部人文社科重点研究基地——浙江大学农业现代化与农村发展研究中心(CARD)主任、浙江大学中国农村发展研究院(CARD)院长黄祖辉教授带领20多位多年从事“三农”问题研究的研究人员，对解决中国“三农”问题的理论、思路和政策进行了联合攻关和深入研究，并将他们的研究成果以《中国“三农”问题研究文丛》的形式公开出版发行。

这套丛书涉及了中国“三农”问题的主要方面，从基本的生产经营制度和组织体系，到具体的粮食、收入、社会保障等现实问题，从理论层面的深入研究到操作层面的政策设计，对近年来“三农”问题领域的研究成果进行了总结与整合，提出了许多解决中国“三农”问题的新思路和新观点。这套丛书的内容深深植根于以浙江省为代表的东部沿海发达地区的丰富实践和探索，为全国其他地区解决类似问题提供了很好的参考。我相信，这套丛书的出版发行一定有助于把对中国“三农”问题的研究引向深入。

中国的基本国情决定了“三农”问题事关全局，只有真正把解决好“三农”问题作为党和政府全部工作的重中之重，才能把握住经济社会发展的主动权。尽快建立改变城乡二元经济结构的体制，逐步缩小城乡之间的发展差距，在经济上切实保障农民的物质利益，在政治上切实尊重农民的民主权利，让农民能够公平地分享经济发展和社会发展的成果，才能充分调动8亿农民的积极性和创造性，才能真正加快农业增效、农民增收和农村发展的步伐，才能在2020年如期实现我国建设社会主义和谐社会的宏伟目标。

陈锡文

2006年12月13日

前　言

中国正处在一个沧海横流的时代，这是一个改革的时代，一个开放的时代，一个正向现代化急速迈进的时代，一个正实践着几代人梦想的时代。当人们在新世纪之初满怀对构建社会主义和谐社会的呼唤和渴望之际，总会回忆起过去100多年来所走过的探索之路。

160多年前，鸦片战争敲开了中华大地的古老国门，中华文明遭遇到前所未有的巨大挑战。面对坚船利炮，面对割地赔款，国人“师夷长技以制夷”，应对以洋务运动，并兴建北洋水师。甲午一战带来的切肤之痛，方知弱不在船炮，而在制度。无论是戊戌变法和辛亥革命对正式制度的变革，还是新文化运动对非正式制度的冲击，无不源于对落后挨打、开除“球籍”的恐惧和对国富民强、兴旺发达的渴求。其后，日本侵华战争改变了中国制度变迁的轨迹，短期内迅速动员一切社会力量抗日救亡成了最紧迫的任务，战时的制度安排成了抗战胜利后路径依赖的重要部分。1949年后，国人迎来了一个和平发展的国内环境，却又走上了一条曲折坎坷的发展之路。反右，大跃进，人民公社，“文化大革命”，人们播下的是热情和希望，收获的却是贫穷和浩劫，换来的是国民经济到了崩溃的边缘。

从20世纪70年代末开始，中国进行了一系列的经济体制改革。改革最初从农村开始。一个看似小小的举措——把土地重新“分”给农户自己耕种，却开启了中国社会改革开放的历史之门。此后，中国终于抓住了20世纪最后20年的发展机遇。基于“人口红利”和“土地红利”的有利条件，持续20多年GDP年均9%以上的增长，年均1个百分点的恩格尔系数的下降，年均1个百分点的城市人口比例的增加。1980－2000年，在吃、穿、用等消费品增长的推动下，中国基本完成了工业化进程中的轻工业化阶段。20世纪90年代末至21世纪初，以住宅和汽车需求的全面启动为契机，中国工业化进入了资金和技术密集的重工业化阶段。其间，中国又加入了令国人魂牵梦绕的WTO，彻底结束了与国际社会疏离、隔绝的历史。总之，中国社会进入了一个工业化、城镇化、市场化、国际化加速推进的历史阶段，经济体制、社会结构、利益格局和思想观念都在发生着极其深刻的变化。

然而，在中国社会经济高速发展的进程中，在中国试图用几十年的时间跨越发达国家上百年甚至几百年才走完的历程时，“三农”问题就像是一个不和谐的音符，时时拨动着中国民众的心弦。从李昌平“农民真苦、农村真穷、农业真危险”的呼喊，到朱镕基坦言最牵挂的是“农民收入问题”，从《中国农民调查》披露的桩桩案件，到城乡居民收入差距不断扩大的数据统计，所有这一切都凸现了“三农”问题的严重性及其在当今中国社会的重要地位。中央“一号文件”从2004年开始连续三年都把“三农”问题放在党和政府工作的首位，放到一个新的高度来看待。“把解决好农业、农村和农民问题作为全党工作的重中之重，放在更加突出的位置，任何时候都不能放松。”

在党和政府日益重视“三农”问题的同时，国内理论界也加大了对中国“三农”问题的研究力度，并进行了广泛的研究和激烈的讨论。随着研究工作的不断深入，人们越来越意识到中国“三农”问题是一个极其复杂的、相互关联的问题集合。这些问题不仅必然地服从于社会化大生产、市场经济、工业化、城市化、全球化等人类社会演进的客观规律，也根本地受制于中国作为人地关系紧张、区域差异极大的人口大国的基本国情，还现实地依赖于中国经济发展、政治进步、文化变革、社会转型的历史进程，更因中国作为发展中大国在市场化、全球化条件下实现后发工业化、城市化进程而凸显急迫性。

解决中国“三农”问题不仅仅是提高农民收入、改善农村面貌、稳定农业增长的问题，而且是如何谋求农业、农村、农民长远发展的问题，关系到整个中国社会经济体制的转型与现代化的进程。在这个过程中，必然充满矛盾、痛苦和冲突。因而，解决中国“三农”问题将是一个长期的、复杂的、系统的历史进程，是一场影响数亿农民乃至十几亿中国人生活的划时代的经济社会革命。

在此背景下，作为研究中国“三农”问题的国家社科基金重大项目《解决中国“三农”问题的理论、思路与对策》于2004年5月正式立项。教育部人文社科重点研究基地——浙江大学农业现代化与农村发展研究中心(CARD)、浙江大学中国农村发展研究院(CARD)20多位多年从事“三农”问题研究的研究人员组成一个研究团队，进行了近3年时间的联合攻关，对“三农”问题进行了多角度的系统的探索，并将研究成果以《中国“三农”问题研究文丛》的形式分批出版发行。

我们不仅期待着丛书的出版能够进一步推动中国社会对“三农”问题的理论思考和实践探索，更期待着中国早日实现从传统到现代的跨越，期待着经历了百年曲折的中华民族早日实现民族复兴的伟大梦想。

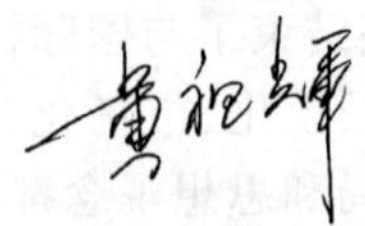

2006年12月31日于杭州华家池

目　录

1 导 论

1.1 研究背景与问题的提出

1.1.1 研究背景

家庭联产承包责任制是我国土地制度改革的一次伟大创举，它结束了1958年以后实行了20余年的农业生产低效率的生产队制度，摆脱了"平均主义"分配和集体吃"大锅饭"的做法，极大地调动农民生产的积极性，实现了我国粮食单产和总量连续多年大幅度增加，这对解决我国粮食产量不足、人民温饱问题以及促进国民经济恢复与发展起到了巨大的推动作用，从而也为改革开放打下了坚实的农业基础。家庭联产承包责任制的实施在改革开放初期与我国当时的生产力发展水平是相适应的。但是，随着我国社会主义市场经济体制改革的深入发展，家庭联产承包责任制逐渐暴露出许多问题。

1984年以后，随着该制度对农民激励的逐渐释放，我国的农业生产出现下滑，粮食产量增长幅度也由高速增长转为缓慢增长，甚至多年徘徊不前，从而导致农民增收困难，农业增长乏力。虽然国家在不同阶段采取了相应的措施来缓解粮食生产供求波动的矛盾，但是由于农民劳动生产率低，农用生产资料价格不断上升，粮食生产成本始终居高不下的矛盾并没有从根本上得到解决。种粮农户连续多年出现"增产不增收"，尤其是1997—2003年这6年间，在城镇居民收入大幅度增加的同时，农民收入几乎是原地踏步，致使两者差距越拉越大。长期粮食生产低收益累积的问题在2003进一步得到体现：2003年我国粮食产量出现大幅度下降，总产量降到了4306.95亿公斤，为10年来最低；人均粮食占有量降到334.00公斤，为20年来最低；种植播种面积降至9.94亿亩，为建国以来最少；粮食库存量不足当年消费量的

30.00%,处于1974年以来的最低水平,比过去30年59.40%的平均水平低约一半(潘燕,2004),农民种粮积极性陷入低谷。与此同时,世界的谷物库存量也不容乐观,从2000开始出现连续三年大幅下降,2003年已降至上世纪90年代中期的水平,谷物期末库存量占当年消费量的比重低于18.00%的粮食安全标准[①]。所有的这一切再次为我国粮食安全敲响了警钟。虽然2004年国家出台了一系列促进农业农村发展的激励政策、调控政策和财政保障政策,极大地调动和激发了广大种粮农民的积极性,但不容回避的是,当前粮食生产仍存在许多突出的矛盾,尤其是粮食生产效率低下的问题。

根据预测,到2030年,我国人口将增加到16.00亿,所需粮食达到6.50亿吨左右,比现在要增加1.50亿吨左右。然而随着生态环境的破坏和城市化扩张,我国种粮面积至多保持在16.00—16.50亿亩(翟虎渠,2004)。这意味着,为了满足我国未来粮食需求数量的增加,必须大幅度增加单位面积的粮食产量和提高资源的利用效率。因此,要实现我国粮食安全的战略目标,满足未来十几亿人的吃饭问题,关键在提高农业生产效率。然而,当前的土地分配制度在一定程度上限制了农业效率特别是粮地规模效率的提高。在该制度下,土地分配基于公平原则并充分考虑距离住处的远近和土壤的肥沃程度,按照家庭人口或劳动力数量在农户间进行平均划分。一家一户均田制式的土地分配造成了土地高度的零碎化,严重制约了我国粮食和土地生产效率的提高。

随着我国对加入世界贸易组织(WTO)农业承诺的兑现以及经济的日益全球化,我国农业尤其是粮食生产不但要面临巨大的自然风险(根据联合国开发计划署的标准,我国是世界上自然灾害最为严重的国家之一)和国内市场风险,同时还要应对来自国际市场剧烈波动的冲击。对于我国的粮农而言,随着农产品供求疆界逐渐淡化,国外质优、价廉的粮食将全面进入我国市场,他们不但承担着国内粮食供求的压力,同时还要与国外高效、规模生产的农场主同台竞争。在质量相同的情况下,谁能够以较低的价格出售其农产品,谁就能在市场竞争中得到发展。粮食生产成本是其价格形成的基础,而降低成本的有效途径是提高粮地的生产效率,对于土地资源极度稀缺以及人口众多的我国更是如此。然而,我国建立在家庭经营基础上的小规模农业终究是贫穷的农业,农户依靠村里分配的农地很难大幅度提高收入。与此同时,其生产效率和生产成本也难以与发达国家产业化、集约化的大规

① http://www.sannong.gov.cn/fxyc/ncjjfx/200310130336.htm.

模农业相竞争。

2007年中央“一号文件”明确把实现“农业现代化”作为我国建设社会主义新农村的首要任务。文件指出,建设现代农业的过程,就是改造传统农业、不断发展农村生产力的过程,就是转变农业增长方式、促进农业又好又快发展的过程。发展现代农业的目的就是要提高农业水利化、机械化和信息化水平,提高土地产出率、资源利用率和农业劳动生产率,提高农业素质、效益和竞争力[①]。由此可以看出,“一号文件”把提高土地产出率、资源利用率和农业劳动生产率作为实现农业现代化的重要目标,这充分说明当前提高我国农业生产效率尤其是粮地生产效率的重要性。然而,在市场经济和农业全球化不断发展的新形势下,单单靠农户分散、小规模和兼业的经营方式很难达到这一目标,对于粮食生产更是如此。粮食生产作为土地密集型的产业,其劳动强度大,单位面积产值低,一家一户分散的生产难以提高粮食生产水平和经济效益。而土地适度规模经营则是对我国原有承包经营关系的发展与完善,它能够有效弥补家庭联产承包责任制的缺点与不足(郑重,1996)。因此,在坚持家庭承包经营的农地制度前提下,积极发展粮地适度规模经营是提高我国粮食生产效率和农业国际竞争力的重要手段,是解决农户家庭超小经营规模、生产零碎化以及撂荒等农地利用效率低下问题的根本途径。

当前,以提高粮地生产效率,增加粮食产量为目标的土地规模经营在我国已经历了20多年的试验。从实践结果来看,我国的土地规模经营并未取得当初预期的实质性进展,虽然部分地区获得了一定的推行粮地规模经营的成功经验,但绝大部分并未达到人们所期望的结果。此外,对于粮地规模与效率的关系问题长期以来一直看法不一。在全面推行粮地规模化经营之前,我们首先应对粮地规模与效率关系以及两者的变化规律有一个清晰的认识,只有这样才能有针对性地推行粮地适度规模经营。

1.1.2 问题的提出

在农户家庭承包责任制基础上实行土地的适度规模经营,是我国农业发展和改革的新探索。最初对该问题的高度关注可追溯到20世纪80年代中期,当时主要是针对我国在实行家庭联产承包责任制后,农业由高速增长转为停滞、徘徊状态,尤其是粮食总产量和人均占有量急速下滑。为了结束

① http://news.xinhuanet.com/politics/2007-01/29/content_5670478.htm, 2007-01-29.

这种局面，众多专家学者在借鉴国外特别是发达国家发展农业成功经验的基础上，纷纷提出以土地规模经营为代表的农业规模化经营道路，从而导致理论界、学术界对规模经营利弊的讨论也空前高涨起来。面临此种情况，中共中央于1987年决定建立农村改革试验区，为农村土地改革投石问路。先后有贵州湄潭、广东南海、江苏苏南地区、山东平度、北京顺义、湖南怀化、陕西延安入列国家农村改革试验区，重点承担土地制度建设方面的改革试验（廖洪乐，1998）。提高土地生产率和劳动生产率成为各试验区的主要目标；两田制、农场制（家庭农场、村办集体农场、厂办农场和联户农场）、长期租赁制、土地使用权入股等成为各试验区探索粮地规模化经营的主要形式。从我国粮地规模化经营开始提出到定点试验，人们一直在探索农业规模经营形成的具体途径，寻找实现规模经营的突破口，然而长期的实践并未达到人们所期望的目标。

随着我国加入世界贸易组织和社会主义新农村建设的提出，粮地规模化经营再次得到实际工作者和理论政策研究人员的关注，但关注的焦点不再是规模经营的利弊问题，而是粮地规模化经营能否提高粮地的生产效率和其他资源的利用效率问题。针对该问题学术界作了大量的理论探讨和实证研究，但得到的结论却大相径庭，看法不一。

支持粮地规模经营会提高生产效率的学者认为：粮地规模的扩大可提高土地利用率，降低农业生产成本，而小规模经营土地分割细碎，增加边埂占地，降低了土地利用率。地块零散，耕作不便，农业劳动辅助时间增加，亩均投工量大，用工成本过高，而粮地规模经营有利于农机的推广和应用，降低劳动成本，提高了劳动生产率（陈欣欣、史清华、蒋伟峰，2000；王秀清、苏旭霞，2002）。粮地经营规模扩大也有利于科技推广，提高物质成本利用率，使农业物质成本下降。目前我国农业物质成本的投入高达45%，接近发达国家水平，但利用率不高，尤其是化肥和农药的利用率，国外化肥利用率达80%以上，我国才30%—40%，农业物耗中的50%是化肥和农药。造成化肥、农药等生产资料用量大而效率不高的主要原因，是小规模经营客观上的技术水平低，主观上没有成本概念（孙自铎，2001）。其次，粮地规模经营与提高土地产出率并行不悖（张光辉，1996；郭江平，2003），规模经营会提高粮食商品率和供给量，进而增加农民收入（黄祖辉、陈欣欣，1998）。粮地规模经营改变了过去生产者以自给自足为目的的生产方式，生产的粮食绝大部分拿到市场上去销售，以获得最大利润。这样对于农户来讲，大大提高了种粮的商品率，增加了种粮农民的收入，从而也会激发农民继续种粮的积极性，有利于增加粮食的供给总量，而小规模经营则不利于粮食总量的供给。

正如普罗斯特曼等人(1996)指出的,中国的一些政策制定者和设计者日渐认为,农业规模经营是解决中国日益增长的粮食需求的方法。

反对的观点认为,规模经济的根源是要素的不可分割性,在农业生产中,除了动力机械外,并非一定要大型或超大型。在人多地少、劳动力便宜、资金昂贵的社会中,以稀缺的资本去代替廉价劳动力以提高效率其经济可行性值得怀疑(林毅夫,1994)。另外,实行规模经营未必会提高粮地经营效率,增加粮食供给量。尽管从微观上看,对于广大农户而言,耕地面积越大,粮食有效供给量越多,商品率也越高;反之,有效供给量越少,商品率越低。但是,从宏观上看,粮食商品率和有效供给量并不存在这种关系(罗必良,2000)。全社会的粮食有效供给量取决于全社会的耕地总面积和耕地生产率。假定耕地生产率既定,无论实行小规模经营还是大规模经营,全社会的粮食有效供给量是不变的。若实行小规模经营,粮食商品率比较低,但不影响全社会的粮食有效供给量;相反,若实行大规模经营,农户的商品率提高了,但全社会的粮食有效供给量不会发生变化。可见,那种认为粮地规模经营提高了粮食商品率,就能提高全社会粮食供给量的说法是不能成立的(林善浪,2000)。其次,粮地经营规模大小对粮食供给量的稳定性并没有显著的影响。经验与数据表明,我国谷物生产几乎不存在规模经济效益(万广华、程恩江,1996),甚至两者存在负相关关系,即随着规模的扩大,土地产出率在不断下降(任治君,1995;罗伊·普罗斯特曼,1996),农业在本质上并不是一个有显著规模效率的产业,在中国,农地家庭小规模经营仍然是有效率的(罗必良,2000)。

从上述争论可以看到,为什么对同一问题的看法会产生如此严重的分歧呢?其原因主要在于:一是分析的角度不同。一个是从微观视角即农户的角度来分析,另一个是从宏观视角即国家的角度来分析,而对于粮食的生产,农户和国家两者之间存在一定的矛盾。二是在衡量粮地规模经营效率时所选用的指标不同。分析角度的差异导致双方在评价粮地规模经营效率时侧重于不同的指标。针对粮地规模经营效率的争论,实质上是对我国目前是否应该进一步推行粮地规模经营存在分歧。而粮地规模经营并不是越大越好,只有适度的规模才是最有效率的规模,那么这个“度”到底有多大,在我国目前还很难得出一个统一的适度规模界限标准。要想实现适度规模经营,首先应对粮地规模与效率的关系有一个清晰的认识,并把握粮地目前规模的效率状态,这样才能更加有针对性地促使粮地向适度规模靠近。在以往对土地规模效率的研究中,绝大多数学者以某个地区的规模经营户为研究对象,选择生产率指标进行分析,但得出的结论不一。规模经营是一个相对的概念,其效率受个人、家庭、当地资源、人地关系比重等因素影响,在某个地区属于规模经营,在另一个地区就未必属于规模经营。另外,用生产率来衡量效率这一做法有待于商榷,因为效率与生产率是两个完全不能等同的概念。在我国目前的生产经营条件下,小规模农户的效率也未必就一定低于规模经营农户。因此,根据区域经济、资源等实际状况,真正从效率角度而不是从生产率角度科学地分析、评价粮地经营规模的效率,揭示粮地规模与效率之间的变化规律,对于正确认识和引导粮地适度规模经营,有着重要的现实意义,另外,两者关系的明确也可为土地制度创新和政策框架构建提供相应的理论依据。

同时,有效率的粮地规模未必就是广大农民愿意经营的规模。在适度经营规模的推广过程中,不应该仅仅是政府"唱独角戏",种粮农民的意愿应得到尊重。党中央也一再强调:发展农地规模经营必须尊重广大农民的意愿,从实际条件出发,提倡多种形式,适度规模,并要有健全的农业社会化服务体系作支撑(陈锡文、韩俊,2002)。那么当前种粮农民的经营规模意愿到底如何?在国内以往的土地规模研究中,多把尊重农民的经营规模意愿以象征性的口号提出,并未作大量研究。因此,在把握粮地经营规模效率的同时,有必要了解并深入分析农户家庭粮地经营规模意愿及其决策行为机制,为我国农业早日实现"第二次飞跃"提供坚实的群众基础。

1.2 研究的目的与意义

1.2.1 研究目的

本研究的主要目的是探求粮地经营规模效率的内在变化规律,并通过对农户的选择意愿与效率最优规模的比较研究,揭示农户粮地经营规模的决策机制,为粮地适度规模经营的推进提供科学依据。具体的研究目的如下:

1.从微观——农户与宏观——政府粮食生产目标出发,对不同规模粮地的规模效率进行测度与评价,从而揭示粮地规模与效率的变化规律。粮地经营规模效率的评价在很大程度上要取决于目标和评价标准的选择。本研究则分别从微观与宏观粮食生产目标角度,运用数据包络分析法(DEA)就不同利益主体目标下的粮地规模效率进行测度与评价。根据不同粮地经营规模效率,分析粮地规模与效率的变化规律,与此同时,在相对规模效率最优的基础上运用绝对效率指标确定农户家庭粮地最优经营规模即适度规模。

2.对影响农户粮地规模效率的因素进行系统分析。农户经营的不同粮地规模之所以表现出不同的效率状况,必然有其内在的影响因素。本研究在粮地规模效率测度的基础上,运用Tobit模型对影响农户粮地规模效率的因素作进一步深入分析,并揭示各个因素如何作用于粮地规模效率。

3.对粮地效率最优规模与农户意愿选择进行比较分析。就粮食生产微观主体而言,家庭粮地效率最优规模理应是作为经济理性农户所期望的规模。为了判断现实情况是否如此,本研究对粮地效率最优规模与农户意愿规模进行比较分析,如果两者相吻合,则表明适度规模经营的推行已有了非常好的群众基础;如果两者存在很大的差异,则分析导致农户选择粮地非效率最优规模的成因,从而揭示农户确定家庭粮地经营规模的决策机制。

1.2.2 研究意义

在以往有关土地经营规模的研究中,绝大多数专家、学者主要集中在粮地"规模经营"这一事件上。在提出土地规模经营之初,争论的焦点是粮地规模经营的利弊、必要性、可行性;当中央政府选择不同区域进行土地制度改革试验时,规模经营的研究逐渐转移到如何实现规模经营的途径上来,在这一期间,各个试验区的具体做法、规模经营的模式、生产绩效评价成为人们研究的主题。随着试验区改革的推进,国家对规模经营予以一定程度的肯定,全国各个省市也开始试着在本区域推行规模经营,但是有些地方不顾广大农民意愿强制推行规模经营,激化了当地农村的社会矛盾,再次引发人们对规模经营效率的激烈讨论。但对规模经营是否会提高生产率这一问题一直难以达成统一的意见,此时人们已经意识到无限制地扩大土地规模追求规模经营并不可取,虽然有的学者提出适度规模经营的概念,但是规模经营的推行还是以绝大部分地区的失败而告终。在总结这次试验的经验教训时,实际工作者和理论研究人员都充分意识到,规模经营的推行必须以"劳动力的充分转移"和"完善的社会体系支撑"为前提,否则单纯通过土地的集中来推行规模经营必然是事倍功半。

在新的经济背景下,为了保障国家粮食安全,政府对种粮农民给予大力的财政支持和补贴,农民扩大粮地规模实行规模经营的意愿也空前高涨起来。这次规模经营的实施不同于以往政府的强制推行,它是在政策激励下广大农民主动的意愿选择。但是,在我国耕地资源不断减少的今天,我们不能再像以往无限地扩大土地规模,实行所谓大规模粗放经营的生产方式,尤其是在国家号召构建资源节约型社会的情况下更是如此。充分、有效、合理地利用耕地,提高土地及依附于土地上生产要素的效率和利用率,才是推行粮地规模经营的最根本目标。

我国当前的农地承包经营制度对农业的发展发挥了重要的积极作用，但细碎化、小规模的土地经营也在很大程度上影响了农业的现代化。但是，什么样的规模是合适的，规模与效率存在怎样的关系等问题需要做进一步的研究。以往粮地规模效率研究多根据传统生产率指标(土地生产率、劳动生产率、资本利润率)对规模效率予以评价，但效率和生产率是完全不同的两个概念。另外，在追求效率过程中，众多学者只把对粮农意愿的尊重作为象征性口号提出，并未给予深入的调查分析。基于以上两点，本研究则从粮食生产不同利益主体目标出发，从微观主体——农户和宏观主体——政府两个视角，分别对粮地规模效率进行测度与评价。在微观与宏观效率评价过程中，进一步从投入导向目标和产出导向目标进行效率分析，从而更加明确、客观地揭示粮地规模与效率的变化规律，与此同时，在相对效率最优的基础上运用绝对效率指标确定了农户粮地效率最优经营规模。文中还对影响粮地规模效率的因素进行深入挖掘，分析各个因素对效率的作用机制。不仅如此，本研究引入对农户粮地经营规模意愿选择的分析，通过对农户意愿规模与粮地效率最优规模的差异比较，揭示农户家庭对粮地规模选择的决策机制，从而为粮地适度规模经营奠定坚实的群众基础。以上视角的研究对科学把握粮地规模与效率的内在关系具有重大的理论意义。同时，本研究把追求效率与尊重粮农意愿有机结合起来，这对政府的农村土地制度改革与创新，正确引导广大种粮农户走向适度规模经营，早日实现农业的“第二次飞跃”具有重要的现实意义。

1.3 相关概念界定

1.3.1 粮　地

粮地概念的界定主要是从土地的生产用途上对土地类型进行划分。因此，本文所研究粮地是指专门用于生产粮食的土地，土地上间种和套种的其他作物在这里忽略不计；另外，在耕作制度上此处主要研究的是我国粮食主产区——吉林省一年一熟的粮地。对于一年两熟、三熟的粮地或一季粮食、一季经济作物以及两季粮食、一季经济作物的粮地在这里没有进行分析。

1.3.2 经营规模

从经济学角度分析，经营规模是指某一特定的独立经营单位生产经营要素规模的数量级，泛指经济方面的规模大小。具体而言，是指一个企业或经济实体中，劳动力、劳动手段、劳动对象等生产要素的集中程度、配置比例和组合方式。它不同于规模经济，经营规模本身并不含有“节约”和“效益”之意(钱贵霞，2005)。

农业经营规模一般是指农业生产单位中生产力要素的聚集程度和组合关系，即土地、劳动力、资金等要素结合起来，发挥作用的范围和数量界限。它是一个综合的概念，可以表现为单个农业生产要素的规模，例如，土地经营规模、劳动力经营规模、资本经营规模等；也可以表现为多种生产要素综合作用的规模，例如产值规模、产量规模等。

粮地经营规模是基于某一特定生产用途要素——土地的数量来确定的农业经营规模，即我们早期研究农业经营规模中“狭义”的经营规模。粮地经营规模对粮食生产具有特别重要的意义。因为粮食是土地密集型产品，其生产效率对土地规模具有非常高的敏感度。粮食生产的经营规模首先取决于土地资源可利用的数量与范围。同时，粮地作为粮食种植最基本的生产资料，是其他生产要素配置规模的基础。只有在一定规模的土地上，才能有劳动力与资金的投入，而且其投入的多少取决于土地规模的容纳力。

1.3.3 效率与生产率

在对粮地经营规模效率进行深入分析之前，有必要对效率与生产率的含义予以明确界定，因为在众多粮地规模效率研究中经常出现将效率与生产率混淆，从而导致这两个概念含糊不清、相互替代的现象。

1.效率

就一项经济活动而言，鉴于人类欲望的无限性和资源的有限性，这使得我们不得不面对如何有效地利用资源的问题，即“效率”问题。

作为经济学核心概念之一——效率，其定义最初来自于物理学，物理学中的效率是指一个系统中用实物单位计量有效输出量与输入量的比率。在西方经济学界被广泛使用的“效率”概念是帕累托效率。它是由意大利经济学家帕累托(Pareto)于 20 世纪初在其著作《政治经济学讲义》和《政治经济学教程》中给出的。他的定义是：“对于某种资源的配置，如果不存在其他生产上可行的配置，使得该经济中的所有个人至少和他们的初始时情况一样良好，而且至少有一个人的情况比初始时严格地更好，那么资源配置就是最优的。”①

① 约翰·伊特韦尔，默里·米尔盖特和彼得·纽曼.新帕尔格雷夫经济学辞典(第三卷)[M].北京：经济科学出版社，1996：868

1957年英国剑桥大学的经济学家Farrell在帕累托效率基础上对效率进行了界定，他认为效率应包括技术效率和配置效率两部分。对于技术效率，Farrell从投入角度给出了具体含义；1966年，Leibenstein进一步从产出角度对技术效率进行了界定。发展至今，对于技术效率的内涵已基本形成共识：技术效率指现有资源有效利用的能力，即在给定各种投入要素的条件下实现最大产出的能力，或者给定产出水平下投入最小化的能力。对于配置效率，其具体含义是指在给定价格和技术的条件下，实现投入（产出）最优组合的能力（Lovell，1993）。如果在完全竞争的市场中，各要素的产出弹性等于投入要素占总成本的比重，此时配置有效率。

由于配置效率的前提假设很难满足以及要素价格不易获得，人们对效率的考察和测度更多情况下都是针对技术效率。基于这一思路，本研究也选择技术效率作为研究规模效率的基础，即文中的效率指投入既定下的实际产出对最大潜在产出的比率，或产出既定下的最小潜在投入对实际投入的比率。粮地经营规模效率的含义也是基于这一效率定义给出的。

2.生产率

生产率的含义起源于18世纪西方，当时认为劳动力是唯一的生产性资源，劳动生产率是有意义的。之后很多专家学者根据自身研究的需要分别给出自己的定义。美国国家标准Ⅰ94《工业工程术语》（1982）给生产率下的定义是：产出与总投入的比值（马汉武，1999）。我国《辞海》（1989）的解释是：一般指单位设备或设备的单位容量，在单位时间内生产的合格产品数量①。由此可以看出，生产率是指生产过程中产出与所需投入之间的比率。在具体研究中，根据投入要素的数量，可将生产率分为单要素生产率、多要素生产率或全要素生产率。下面通过一个仅有三个要素投入的生产函数对生产率进一步明确界定。令

$$Y = Af(X) = Af(K, L, S)$$

其中Y代表产出量，A为综合技术水平，X是投入的所有要素，K、L、S分别代表资本、劳动和土地的投入。

单要素生产率是指某一投入的要素与总产出之间的比例关系，即单要素生产率等于Y/X_i（X_i指某一投入要素），对于投入的土地要素而言，其生产率等于Y/S。

多要素生产率指对投入要素根据一定的权重进行加总后得到的投入与

① 夏征农.辞海[M].上海：上海辞书出版社，1989：1945

产出之间的比例关系,即全要素生产率可表示为 $Y\Big/\sum w_i x_i$。其中 w_i 为各个要素 x_i 的权重,一般可用要素 x_i 的产出弹性来表示。

3.效率与生产率的关系

为了明确区分效率与生产率,下面通过图 1-1 来对两者予以比较。如图 1-1 所示,$f(x)$代表生产前沿,即在不存在效率损失的情况下所能达到的最优生产可能边界,横轴 X 代表所投入的某一要素,纵轴 Y 代表产出。如果要素投入量为 X_1,则对应前沿上的点为 A,此时的产出水平为 Y_1,但由于各种损耗、管理上的无效、技术水平落后、规模不经济等原因,使得最终实际的产出只能达到 B 点,对应的实际产出为 Y_2,那么此时的该要素生产率为 Y_2/X_1,而效率的测度根据投入角度和产出角度分为两种。从产出角度来分析,最优产出水平为 Y_1,而实际产出水平为 Y_2,产出损失为 $AB=|Y_1-Y_2|$,效率 $TE_1=Y_2/Y_1=CB/CA=(1-BA/CA)$,即衡量投入不变的情况下,$B$ 点距离生产可能边界最优点 A 的距离与程度。从投入的角度来分析,对于产出水平 Y_2,在不存在效率损失的情况下,所需的投入为 X_2,此时对应前沿上的点为 E,而实际投入为 X_1,因此存在着要素投入过量现象,浪费的资源为 $EB=|X_1-X_2|$,效率 $TE_2=X_2/X_1=FE/FB=(1-EB/FB)$,即衡量的是产出不变时 B 点距离生产可能边界最优点 E 的距离与程度。

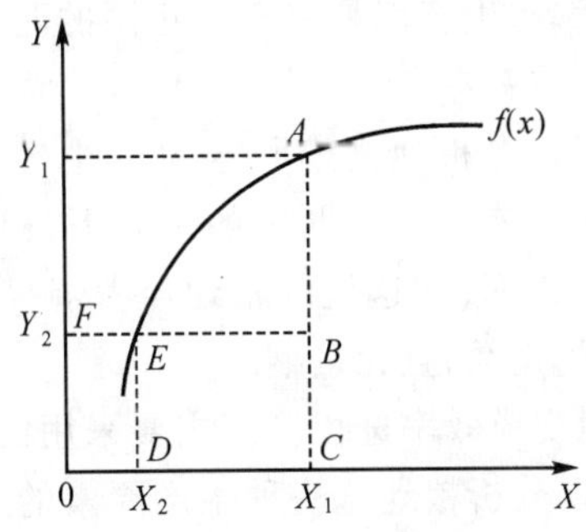

图 1-1 效率与生产率分析

从上面分析可以看到,效率与生产率完全不是相同的概念,两者存在如下差异,如表 1-1 所示。

表 1-1　效率与生产率的差异比较

	生产率	效率
定义	生产过程中产出与投入之间的比率	投入资源有效利用的能力
表达式	单要素：Y/X_i	投入法：最优投入/实际投入
	多要素：$Y/\sum w_i x_i$	产出法：实际产出/最优产出
值域	$[0,+\infty)$	$[0,1]$
比较标准	不同经济体之间的横向比较，或者自身纵向比较	等于 1 为有效率，小于 1 表示存在无效率
是否有量纲	有，根据选取 X，Y 的单位来决定	无量纲
优点	计算简便	能够衡量投入要素有效利用的程度，更体现效率因素
缺点	没有考虑其他配合要素的影响，不能体现出技术效率的真实变化。	计算较为复杂，基于投入法和产出法的效率值不相等

1.3.4　粮地经营规模效率

国内对粮地经营规模效率评价的传统做法是采用生产率指标（劳动生产率、土地生产率和资本生产率）进行分析。根据上面对效率与生产率的界定及差异分析可知，效率与生产率是完全不相同的两个概念，因此本研究这里对粮地规模效率予以重新界定：

粮地经营规模效率指在粮地规模既定的条件下，单位面积实际产出量与最大潜在产出量的比率或在产出既定的条件下，粮地这一要素最小潜在投入量与实际投入量的比率，即这里的粮地经营规模效率是指粮地的技术效率，是一个不大于 1 的正数，且无量纲。

根据该定义对粮地规模效率进行测度主要采用的是数据包络分析方法（DEA），该方法不仅可以分析粮地这一种生产要素的效率变化情况，同时还可以对农户粮食生产全要素的技术效率和规模效率进行考察，从而弥补了仅考虑粮地单一要素的缺陷。

1.3.5　粮地经营规模生产率

粮地经营规模生产率指在粮地规模既定的条件下，产出与要素投入的比率。根据传统粮地经营规模效率的评价方法，投入的要素主要包括土地、劳动和资本，通过考察这些要素生产率在不同规模下的具体变化情况来进一步分析粮地规模效率的变化。

用生产率测度粮地经营规模效率存在很大的局限性:首先,其度量单位会随着所选取变量的单位而变化,可能是实物指标也可能是价值指标,一般来说,生产率都是正数,如果变量的度量衡发生变化,生产率也会随之改变,而且往往由于采取的指标不同,导致粮地规模效率的不统一;其次,将粮地经营规模生产率作为衡量效率指标的最大缺陷在于它不能度量粮地潜在的规模效率(Wilson et al.,1994),其他因素诸如投入结构的变动、粮地同其他要素之间的相互替代等都会影响到生产率的大小,但这并不表示粮地实际规模效率发生了变化,因此使用这样的单一指标难以体现出"效率"的内涵。

1.3.6 粮地效率最优规模

粮地效率最优规模指在既定的技术水平下,粮地规模效率、家庭全要素纯技术效率和规模效率同时达到最优所对应的粮地规模。之所以同时满足这三个效率指标,原因在于仅仅通过粮地这一个生产要素来确定家庭的最优粮地经营规模过于片面,而且也与现实情况不符。粮食生产是多个要素共同作用的结果,因此,在确定粮地效率最优规模时,既要考虑粮地自身的规模效率状况,同时还要充分考虑到家庭要素整体的生产效率及其规模效率状况。

1.3.7 粮地意愿经营规模

在农户经济理性的假设前提下,粮地意愿经营规模指农户根据社会经济条件及其家庭拥有的资源状况,希望并且能够经营的土地面积。考察这一规模的目的在于,一方面可通过该指标了解广大农户对粮地经营规模的意愿选择,为适度规模的推行提供参考依据;另一方面,通过农户的意愿选择与效率最优规模的比较来确定两者是否存在差异。如果存在差异,作为经济理性的农户为什么不选择效率最优规模,该分析结果使推进以效率最优为基准的适度规模经营政策调整更具针对性。

1.4 研究思路与整体设计

1.4.1 研究思路

本研究首先对粮地规模效率予以明确的界定,然后对粮地规模效率研究的文献进行综述,接着基于传统效率评价指标对全国及吉林省粮地经营规模效率状况进行了描述性分析。在以上研究内容基础上,对粮地经营规模效率予以测度和评价。

从效率本身而非生产率角度对粮地经营规模效率的深入研究是本研究的一大创新。粮地规模效率的测度主要采用的是数据包络分析方法(DEA),因此文中基于DEA构建了粮地规模效率评价模型。粮地规模效率的高低在很大程度上还取决于评价标准的选择,因此,论文将分别从微观和宏观粮食生产目标的角度对粮地规模效率经营进行测度。基于效率测度方法和研究视角的选择,文中建立了相应的粮地规模效率评价指标体系。在粮地规模效率具体的测度过程中,以可变规模报酬(VRS)假设为前提,首先就微观粮食生产目标下的投入导向和产出导向粮地规模效率进行衡量,观察规模与效率的变化规律,之后在同时满足投入导向和产出导向效率最优的粮地规模区域中,结合绝对效率指标(成本利润率)确定微观效率最优规模;其次对宏观生产目标下的投入导向与产出导向粮地规模效率进行衡量,并观察规模与效率的变化规律,采用相同的方法运用成本产粮率确定宏观效率最优规模;最后对微观与宏观粮地规模效率予以比较,并对两者进行差异性检验。在测度粮地规模效率的基础上,论文对影响粮地经营规模效率的因素作进一步研究,揭示各个因素如何作用于粮地规模效率。粮地的效率最优规模并非是广大农户所期望的经营规模,文中对农户粮地意愿经营规模与效率最优规模进行了比较分析,并对意愿规模影响因素进行深入研究,从而掌握农户家庭选择粮地经营规模的决策机制。研究思路如图1-2所示。

1.4.2 研究整体设计

根据整体研究思路,全书共分成7章。

第1章:导言。本章主要介绍了研究背景、问题提出、研究的目的与意义、概念的界定、研究思路与整体设计、理论基础与研究方法、数据来源以及研究的创新与不足等。其中,对所要研究的粮地规模效率予以明确界定,是本研究的一个重要起点。

第2章:农户粮地经营规模效率研究文献综述。本章首先对国外粮地经营规模基础理论研究进行回顾;之后聚焦研究范围,对国内粮地经营规模理论研究进行梳理;并对粮地经营规模与效率关系的研究观点进行重点讨论与评述;最后对粮地经营规模效率的研究方法进行了回顾与评述。

第3章:我国及吉林省粮地经营规模效率概况。本章首先对1978年以来全国和吉林省的粮地规模的变化趋势进行分析,然后运用粮地传统效率评价指标(土地产出率、劳动生产率、成本利润率)对改革开放以来的粮地规

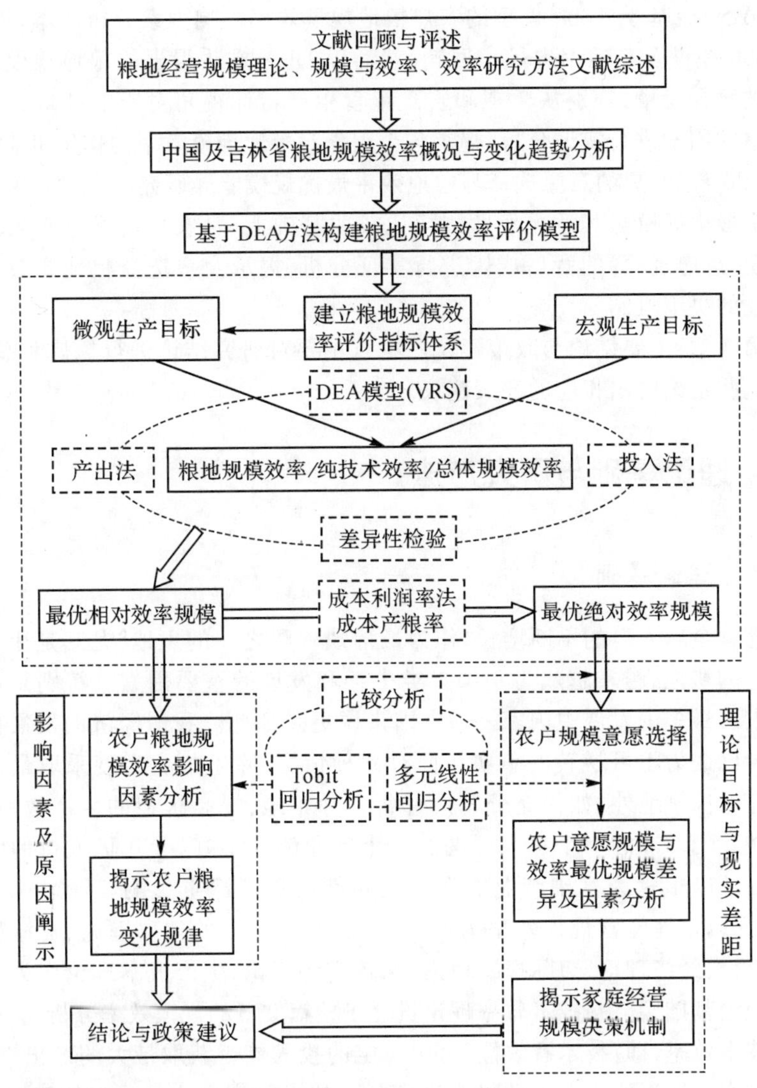

图 1-2 研究思路

模效率状况进行了评价。

第 4 章:基于 DEA 分析法的农户粮地经营规模效率研究。本章是全文研究的重点。首先在 DEA 效率分析方法回顾的基础上,通过建立粮地规模效率评价模型和评价指标体系,分别从微观和宏观粮食生产目标角度对粮地规模效率进行测度与评价,揭示粮地规模与效率的变化规律,最后根据相对效率最优和绝对效率最优确定农户粮地的最优经营规模。

第5章:基于Tobit模型的农户粮地规模效率影响因素分析。本章首先对Tobit模型及其运用进行了回顾,然后以DEA方法得出的粮地规模效率值为被解释变量,分别从微观和宏观粮食生产目标视角对影响粮地经营规模效率的因素进行实证分析,揭示各个因素对粮地规模效率的作用机制。

第6章:农户的意愿选择与粮地效率最优规模差异研究。本章在家庭粮地效率最优规模与其意愿经营规模比较的基础上,对农户选择家庭粮地经营规模(意愿规模)的背后成因进行实证分析,揭示农户选择粮地非效率最优规模的决策机制。

第7章:主要结论与政策建议。本章主要对研究结论进行提炼和总结,根据这些结论得出相应的政策建议。

1.5 理论基础与研究方法

1.5.1 理论基础

随着全球人口的不断增长,作为最稀缺资源之一的土地,尤其是用于粮食生产的耕地,越来越成为制约人类生存和发展的重要因素。特别是对于世界人口最多的发展中国家——中国来说更是如此。我国经济的发展使耕地减少已成为不可逆转的事实。面对此种情况,除了加大力度采取最严格的措施保护耕地外,如何充分利用好每一寸粮地,提高粮地的生产效率,成为摆在我们面前的一个重大课题。这个问题解决不好,十几亿人口的吃饭问题以及以粮食为基础产业的发展问题都将受到严重影响。针对这一现实,论文以粮地经营规模效率为研究对象,经济学中的效率理论、资源稀缺理论、规模经济理论、边际报酬理论、比较优势理论、生产成本理论作为本研究的理论基础,其中,技术效率理论贯穿于整篇文章的规模效率分析。

技术效率,即“技术有效性”可用一定的投入能否获取最大的产出,或者一定的产出能否使用最少的投入来衡量。技术效率理论的研究始于Koopmans(1951),他将技术效率解释为:如果在不减少其他产出(或增加其他投入)的情况下,技术上不可能增加任何产出(或减少任何投入)。技术有效的所有投入产出向量的集合构成生产前沿面(或生产可能性界面),换言之,生产可能性界面代表了生产经营主体在最好的硬件和管理技术下所能达到的最大产出。随后,Debreu(1951)和Shephard(1953)给出了描述多投入—多产出生产技术效率的模型化方法,即用距离函数测量生产个体与生产前沿面的距离来测度技术效率。Farrell(1957)和Afriat(1972)提出了测定技术效率的方法，将 Koopmans，Debreu 和 Shephard 关于技术效率的理论研究推广到对生产单位的直接效率，此后技术效率被广泛应用于测度各种生产个体的综合效率。本研究将技术效率理论引入到对农户粮地经营规模效率研究中，并以此作为对规模效率评价的核心理论。

1.5.2 研究方法

1. 实地问卷调查与统计资料收集相结合的方法

为了掌握当前粮地经营规模效率的实际状况，本研究对我国粮食主产区吉林省 750 个不同规模的农户进行随机实地问卷调查，并在每个调查村选取一定数量的农户进行深度访谈。与此同时，为了弥补调查问卷数量和区域局限性的不足，还收集了与论文相关的国内外文献资料和相应的统计资料。

2. 定量分析与定性分析相结合的方法

定量分析方法是当前经济学中重要的研究方法。对于粮地规模效率的评价应以定量分析为基础，只有对其量的表现和变化规律进行具体分析，才能综合反映不同规模农户粮食生产的效率状态。同时，任何效率的评价离不开主体目标价值的判断，通过定性分析确立微观利益主体——农户与宏观利益主体——国家对粮食生产的价值取向，从而使粮地规模效率的评价更加富有针对性。在市场经济环境下，追求效率的同时不得不考虑效率与公平相结合这一原则。因此，在对粮农意愿经营规模的选择及其影响因素进行研究时，充分考虑了多方面的因素，既有质的规定性，又有量的多样性。因此，本研究将定量方法与定性方法密切结合、综合运用，找出解决问题的正确途径。

3. 实证计量模型分析方法

在问卷调查的基础上，对数据予以整理，运用计量模型进行实证研究。首先，在数据包络分析法(DEA)中规模报酬可变假设 BCC 模型的基础上构建粮地规模效率评价模型，对不同规模农户的粮食生产效率进行评估，并确定粮地效率最优规模。其次，运用 Tobit 模型对农户粮地经营规模效率的影响因素进行回归分析。最后，运用 Multivariable linear regression 模型对种粮农户选择非效率最优规模即意愿规模影响因素进行分析，掌握影响农户对粮地经营规模决策的深层次因素。在运用 DEA 分析法评价农户粮地规模效率时，采用 Coelli 小组开发的专用软件 DEAP(Version2.1)对效率进行测度。对于 Tobit 模型文中采用软件 STATA10.0 进行因素分析。对于其他一般的统计分析文中使用软件 SPSS15.0 和 EXCEL。

4.比较分析方法

比较分析方法是本研究运用的重要方法之一。首先基于传统效率评价指标对全国及吉林省粮地规模效率变化趋势进行比较,从而对宏观粮地规模效率状况有一个初步的了解。然后根据对粮地规模效率的界定,分别从微观与宏观视角对不同规模农户的粮地规模效率予以比较,揭示粮地规模与效率的变化规律。接着对微观生产目标和宏观生产目标下的粮地规模效率进行比较,确立基于不同利益主体目标的效率评价是否存在显著差异,从而使粮地规模效率评价更加富有针对性和客观性。在分析效率影响因素时,分别就微观效率影响因素和宏观效率影响因素的进行了比较分析,找出导致两者效率差异的原因。最后,把农户粮地效率最优规模与其家庭意愿经营规模进行比较,挖掘农户选择粮地经营规模的决策机制。

1.6 数据来源

1.6.1 实地调查与访谈

本研究的数据主要来自于我国粮食主产区,素有世界三大玉米带之一的吉林省中部地区的实地调查,调查对象是玉米种植农户。调查问卷是在完成国家社会科学基金项目“农村土地适度规模经营及其相关问题研究”(04BJY046)的基础上设计的。在该课题完成过程中,发现原有调查在很多方面考虑得还不周全。基于该课题调查存在的问题,本研究在问卷设计时结合吉林省不同规模玉米种植农户的实际情况,征求了多位专家的意见,做到既力求全面又突出重点。

在进行大范围调查之前,先对设计的问卷在吉林省部分地区进行预调查,并对预调查中出现的问题给予修正。最后于 2007 年 7－8 月份利用假期,组织吉林省农业科技学院相关专业的本科生在其培训的基础上,对玉米种植农户进行实地问卷调查。调查地区主要包括长春、德惠、公主岭、农安、双辽、辽原、四平、伊通、榆树、松原共 10 个市(县)的玉米产区。此次调查采取典型抽样调查与访谈的方式,在每个产区选取 3 个行政村,每村调查 25 户,共发出问卷 750 份,实际收回有效问卷 722 份。本书根据此次调查整理的数据对粮地经营规模效率进行实证分析。

1.6.2 统计资料的收集

收集的统计资料主要包括:历年《中国统计年鉴》、《中国农业统计年鉴》、《中国农村统计年鉴》、《中国农村住户调查年鉴》、《中国土地年鉴》、《中国国土资源年鉴》、《新中国50年农业统计资料》、《新中国50年统计资料汇编》、《吉林省统计年鉴》、《全国农产品成本收益资料汇编》、《建国以来全国主要农产品成本收益资料汇编》等。

1.7 研究的创新与不足

1.7.1 研究的创新

与以往研究粮地经营规模效率相比，本研究主要在以下几个方面力求创新：

1.在研究方法上，改变了过去运用传统效率指标——土地生产率、劳动生产率、资本利润率对粮地规模效率评价的做法，运用客观反映效率这一内涵的技术效率对粮地规模效率予以评价，即确定粮地固定规模下的单位面积实际产出量与最大潜在产出量的比率或产出既定下的粮地最小潜在投入量与实际投入量的比率。根据这一定义，论文在规模报酬可变假设DEA模型的基础上，构建粮地规模效率评价模型，对农户粮地规模效率进行测度与评价，揭示粮地规模与效率的变化规律；对于粮地规模非效率农户，文中给出实现规模效率最优投入、产出所需调整的方向和空间。在对粮地规模效率影响因素进行分析时，本研究改变了以往仅从定性角度进行分析的做法，通过计量模型——Tobit模型对效率影响因素进行定量分析，并对各个因素如何作用于效率的机理进行深入剖析。

2.在研究视角上，本研究走出过去对粮地规模效率评价仅从政府利益目标角度或仅从农户利益目标角度分析的做法，而是将两者结合起来，分别从微观主体——农户的粮食生产目标和宏观主体——政府的粮食生产目标角度出发，对粮地规模效率进行评价。在微观粮地规模效率评价过程中，又进一步从基于投入目标导向和产出目标导向对效率予以测度；同样，对宏观粮地规模效率的评价仍然基于投入目标导向和产出目标导向进行测度。这种基于投入和产出目标效率的衡量使粮地规模效率评价更加明确且富有针对性。对于分别从微观和宏观视角测度粮地规模效率是否存在显著差异，文中也给予了验证，检验结果表明两者差异是显著的。因此，基于微观和宏观粮食生产目标下分别对粮地规模效率进行评价的这一做法具有一定的创新性。

3.在研究内容上，本研究不再仅仅对粮地规模经营农户的效率进行简单分析或评价，而是对不同经营规模农户的粮地规模效率分别予以评估，揭示随规模变化的效率的变化规律，并在相对效率的基础上运用绝对效率指标确立粮地效率最优经营规模。其次，对粮地规模效率的评价不只是考虑粮地这一个生产要素的效率变化情况，家庭粮食生产的全部投入要素效率变化也得到充分的考察；书中同时给出了家庭总体规模效率，并对总体规模所处的规模报酬状态进行了分析，并指出总体规模改进的方向。再次，本研究在对不同粮地规模效率评价的同时，对效率的影响因素分别从微观和宏观角度予以深入的分析。最后，在粮地效率最优规模基础上引入对农户意愿经营规模的研究，将农户的意愿选择和效率最优规模进行比较，并对农户选择非效率最优规模的影响因素进行剖析，弥补了过去只把对广大农民意愿尊重作为象征性的口号，而无深入调查研究的缺陷，这使得本研究结论更加具有现实指导意义。

4.在研究结论上，本书通过实证研究得出如下创新性的结论：无论从微观视角还是从宏观视角，无论从生产投入目标导向还是从产出目标导向，粮地规模与效率并不是简单的正向或负向关系，在一定的规模范围内随粮地规模扩张，效率呈U型曲线的变化规律。家庭粮地效率最优规模并不是广大农户所期望的规模，导致其作出这样决策的原因是多方面的，既有户主个人方面的原因，如户主年龄、务农年收入，也有农户家庭方面的原因，如家庭的劳动力数量、粮地的经营规模、家庭打工与经营第三产业用工量、粮食销售价格以及当地被雇务农年收入等，同时农村社会养老保障和当地土地流转制度以及农户对土地所有权归属认知也是影响其选择非效率规模的重要原因。这些影响因素为在尊重农民意愿下推行适度规模经营提供了新的政策参考。

1.7.2 研究的不足

首先，本研究仅对一种粮食作物——玉米的经营规模与效率关系进行了深入研究，对其他粮食作物并未作进一步的分析。粮地规模与效率变化规律的结论能否适用于其他粮食作物还有待于进一步研究。

其次，本研究数据调查的农户全部来自吉林省，吉林省是我国产粮大省，对其研究无疑具有较强的代表性，但由于各种条件限制，虽然在农户调查中考虑到了自然环境、经济水平和不同地区的差异，但调查样本数据分布与全国的农户实际数据分布状况可能存在一定的偏差。因此，本研究的一些结论是否具有外部效度，即能否推广到其他地区，还有待于进一步验证。

最后，受调查能力和经费的限制，本研究获取的调查数据仅是2006年横截面数据,只能对2006年不同规模农户的粮地规模效率进行考察,而随时间改变的粮地规模效率长期变化趋势由于无法获得面板数据,这里并未予以深入研究。因此,随时间变化的粮地规模效率将是今后研究的重点内容。

2 农户粮地经营规模效率研究文献综述

2.1 国外关于粮地经营规模基础理论的研究

国外对粮地经营规模的研究主要源于早期对土地规模经营的研究，而规模经营则是与规模经济相伴生的概念，它所阐明和探讨的是经济活动中各种要素组合在不同的量和不同组合方式下获得效益的情况，即研究不同经济活动的最佳规模效益，所以也称之为规模经济。而土地作为农业最基本的生产资料，其面积的大小在相当程度上体现了农业经营的规模。因此，作为本论文研究理论基础的直接相关领域便是农业规模经济理论，这一理论的起源可追溯到古典经济学家对土地报酬递减的研究。17 世纪著名的经济学家威廉·配第发现一定面积的土地生产力都有一最大限度，超过这一限度之后，土地的产量就不可能随劳动的增加而增加了，之后他在所著的《政治算术》(1672)中提出了关于"报酬递减"的粗略模型。1776 年亚当·斯密在《国民财富的性质和原因研究》一书中也指出农业中的报酬递减现象，同时还指出通过规模收益和分工，可以大大提高劳动生产率。最早全面论述报酬递减规律的经济学家是法国重农学派的代表人物杜阁，1766 年他在出版的著作《关于财富的形成和分配的考察》中从投资和劳动等要素的增减变化分析描述了报酬变化的规律，同时讨论了要素最佳投入量的选择问题。1836 年西尼尔在其编著的《政治经济学大纲》给这一规律添加了"农业生产技术保持不变"的前提条件，使这一规律得以成立。

随着专业化分工以及报酬递减规律理论研究在古典经济学的发展，相对独立的农业经济理论体系也在此基础上逐渐产生，而且在其产生之初农业规模经济问题就开始得到关注。18 世纪中叶，弗朗斯瓦·魁奈就曾分析法国农业经营情况，认为大农业比小农业具有优越性。被认为是农业经济学创始人的英国经济学家阿瑟·杨在其 1770 年出版的《农业经济论》中，比较详细而具体地论述了农业中生产要素配合比例，生产费用和经营收益的关系，他认为资本主义大农业具有比传统小农经济更大的优越性，主张按追求利润的原则，建立大型的以雇用农业工人为主的资本主义农场经济；18 世纪后半期，德国的戈特洛布·冯·尤斯蒂在其提出的农业改革方案中包含有合并分散耕地地块的主张(雷海章，2003)。

基于规模经济和规模报酬的变化规律，早期国外对土地规模经营的研究主要集中在土地数量的界定和机械化程度上，认为只有实现大片土地的机械化经营，农业发展和增长才会变为现实。近期国外对土地规模经营的研究转向技术对效率和制度的影响。约翰·希克斯(1962)认为扩大耕地面积替代劳动的机械化技术进步与增加劳动和科技投入替代土地的生化技术进步都同样具有规模经济效率，两种技术进步成功的案例，前者是美国，后者是日本、荷兰和中国台湾地区。North D. C. (1994)、Schuhz T. W. (1968)、Hayami Y. & Ruttan V. W. (1985)等人从制度和技术角度考察了农业经济增长，认为经济增长并不一定借助于一个固定模式的“规模经济”概念，而是要素与产品价格的相对变化诱致了技术和制度变迁导致农业生产的增长。

马克思主义关于农业规模经济的理论主要包含在大生产和小生产关系的原理中。尽管大生产、小生产的概念和农业规模经营存在一定的差异，但它们之间有很多交叉和重叠之处，马克思等人论述的大生产和小生产关系的原理有很大一部分涉及大规模经营和小规模经营的问题。其主要观点认为：小农经济规模狭小，具有隔离、分散、封闭的自然经济特征，它是一种落后的生产方式，农业中的大生产优于小生产，并最终将取代小生产，因此其主张用社会主义的大生产来取代农业中的小生产[①]。马克思主义关于大生产和小生产关系论述中所包含的农业规模经济思想具有科学性的一面，但也有待发展和完善。

截至目前，作为土地规模经营理论基础的农业规模经济理论得到不断的充实和完善，并已发展成为一个比较完整的体系，形成了众多的流派，诸如“一般农业经济学规模经济论”、“传统农业经营学规模经济论”、“农业生产经济学规模经济论”、“发展经济学农业规模经济论”等。一般来说，农业经济学规模经济论和发展经济学农业规模经济论侧重于从理论上分析农业规模经济，主要内容包括对农业生产经营主体规模结构的认识、规模结构变

① 马克思恩格斯全集[M].北京：人民出版社，1965，22：579－580；马克思恩格斯全集[M].北京：人民出版社，1972，23：830

化和技术结构变革的相互关系以及规模结构变化对经济社会发展的影响等;农业经营学规模经济论和农业生产经济学规模经济论主要侧重于从实证和定量的角度分析农业生产要素的最佳利用和优化组合,测定农业生产经营主体最优或适度的经营规模(彭群,1999)。

西方关于农业规模经济理论是在长期的实践经验积累和不断的理论探索基础上建立和完善起来的,它在一定程度上揭示了市场经济条件下农业发展的普遍规律,对一切市场化农业都具有一定的指导意义。但是,由于社会条件、政治制度、经济水平、资源禀赋、文化传统的差别,各国农业规模经济问题都有自己的特殊性。因此,有些理论不能不加取舍地套用。

2.2 国内关于粮地经营规模理论的研究

我国以粮地规模经营为代表的农业规模经营理论研究起步较晚,大体上是从建国以后才开始的。由于特殊的政治环境影响,改革开放以前主要是“大农业”规模经济理论,它是苏联理论模式的翻版,源于马克思主义关于农业中大生产和小生产关系的原理。基本的观点是农业中大生产优于小生产,为了适应生产力发展的需要,必须通过合作化和集体化扩大农业生产规模,提高资源配置效率,从而获得规模效益并促进农业增长。

改革开放以后,家庭联产承包责任制普遍推行带来农业的超常规增长,但到1985年出现了停滞徘徊的局面,理论界掀起了一场基于土地的农业规模经营理论研究的高潮。研究内容主要包括三个方面:什么是规模经营(即规模经营的内涵)?为什么要规模经营(即规模经营的必要性及其理论依据)?怎么实现规模经营(即实现规模经营的前提条件及途径)?

1.对规模经营内涵的认识

国内关于以土地为代表的农业规模经营内涵的文献比较多,早期对农业规模经营主要是针对我国家庭联产承包责任制度下的农户经营规模过小而提出的。其中,众多研究者根据自己对该问题的认识给出了农业规模经营的内涵,但主要是以扩大土地的经营面积为主。周诚(1995)认为我国农业规模经营有其特定内涵:一方面扩大经营单位的土地规模,使农业劳动力达到满负荷,使之有用武之地,而且获得相应的收入(不低于甚至适当高于当地乡镇企业劳动者的平均收入);另一方面,使耕地逐步集中到种田能手手中,以便保持和提高单位面积产量,从而最终保障农产品总产量。张红宇(1996)认为,所谓的农业规模经营特指土地的规模经营,更进一步的是指粮地的规模经营,它是一种新的制度安排,通过土地的流转实现要素的重组,进而扩大经营规模、提高规模效益。由于早期的农业规模经营过度追求土地规模的扩大,因此很多学者提出适度规模经营的概念。张文渊(1999)从两个方面解释了土地的适度规模经营:在一定生产力水平和客观条件下,一是单位劳动力经营的土地多少必须符合其承受能力,二是土地和其他物质投入能充分发挥作用,没有浪费现象。土地经营规模的扩大,绝不单纯是土地数量的简单相加,而是通过生产要素的优化组合进一步提高土地产出率和劳动生产率及投入产出率,从而达到现有条件下的最佳效益。

随着人们对农业规模经营认识的深入,对其内涵的界定也从单一土地的扩张发展到考虑多方面因素的影响,并提出内涵适度规模经营与外延适度规模经营。杨素群(1998)把适度规模经营界定为在一定的经济、技术、自然条件下,农户(或劳动力、农场)可以比较充分利用和合理组合其各种资源,以便有限的要素投入获得最佳的经济效益。并根据要素投入方式的不同,把适度规模分为外延型适度规模和内涵型适度规模。外延型适度规模,即规模的效益是通过土地面积的扩张来实现的适度规模;内涵型适度规模,即在土地规模扩大受限制的情况下,适当增加资金、劳力和技术的投入,以获得最佳的土地产出率和劳动收益。张瑞芝、钱忠好(1999)认为农业适度规模经营是指农业生产单位使其经营规模能够实现规模经济的一种经营方式,即农业生产单位使其经营规模与其内部条件、外部环境相适应,从而达到最佳的经济效益、社会效益和生态效益的过程。

截至目前,农业规模经营的界定已逐渐走出传统农业的范畴,并向外围的现代农业规模经营转变。陈浩(2001)认为农业规模经营应包括两层含义:第一层次含义是农业规模收益首先体现为增产,而农产品产量的增加却依赖于农业生产要素的投入,故农产品规模生产是农业规模经营,依据投入要素不同,分为传统农业规模生产和现代农业规模生产;农业的市场规模构成现代农业规模经营的第二层次含义。钱文荣、张忠明(2006)① 认为现代农业规模不仅包括农业内部自身的规模经营,且还包括农业外部规模经营。所谓农业外部规模经营是通过各种农业组织如农业合作社、农业协会等和社会化服务体系,把分散经营的一家一户有机地结合起来,并为其提供农业产前、产中、产后服务,解决一家一户难以解决的问题,其服务的内容包括向农户提供合乎品质标准、价格合理的生产资料,种植、养殖、加工等生产性项目的技术培训、劳务协作、生产指导、信息信用、产品销售等服务。

---

①　袁以星.上海"三农"决策咨询研究——2006年度上海科技兴农软课题研究成果汇编[M].上海:上海财经大学出版社,2007:187

2. 关于规模经营必要性及其理论依据的研究

对农业土地规模经营必要性问题的研究在我国20世纪90年代中期争论较多。其中绝大部分理论研究者和实际工作人员持肯定态度,部分学者对其持反对意见。农业部农村改革试验区办公室(1994)在其从小规模均田制走向适度规模经营——全国农村改革试验区土地适度规模经营阶段性试验研究报告中指出,土地适度规模经营,对稳定粮食生产、增加务农者收入,显示出重要的作用,对建设现代化农业具有积极意义,尤其是在经济发达地区更是如此。郑重(1996)以江苏省无锡县的试点改革说明了农业生产单位经营的土地由细小规模转变为适度规模经营,是农业现代化的必由之路,是农村工业化的必然结果。田兴兰(1996)从适应市场经济的角度论证了实行土地规模经营的必要性。她认为土地小规模经营与市场经济的不适应,小规模经营对资源造成极大浪费,削弱了农业的基础地位,难以取得较高的经济效益,因此,小规模经营方式很难适应市场经济的要求。

进入21世纪后,很多学者在新的时代背景下提出了规模经营的必要性。张继功(2003)从经济全球化、中国加入WTO、国际农业现代化趋势对我国农业影响出发,在阐述我国农户目前经济特点的基础上提出:农业规模化经营是中国农业参与国际竞争的需要,是实现农业产业化和现代化的需要。陈春霞、冯巨章(2003)从技术进步和农业经营制度变迁角度分析了土地规模经营的必要性。其主要观点认为劳动分工导致社会化大生产和生产的集中,技术随之不断进步,而技术的进步及其在农业领域的应用,使得土地经营规模的扩大成为必要和可能,追求效率的农业商品生产发展必然选择土地的规模经营,要求创新农业经营制度。丁春福(2003)以加入WTO后我国农业面临着严重挑战为基点提出农村土地的适度规模经营已势在必行。

在绝大多数学者认为规模经营必要性的同时,一些学者提出了反对的意见。黄志遥(1994)从农村劳动力的出路、农户土地规模适度的确定以及土地流转期限、价格补偿等视角对土地规模经营产生质疑,并认为我国不应急于扩大土地经营规模。喻国华(1995)认为农村土地不仅是农民谋生的主要来源,而且还承担着农民的福利和社会保障功能,因此,按人口平均分配、小规模分散经营,具有一定的合理性,实行土地规模经营有一定难度,小规模经营仍具有现实意义。针对农业土地规模经营必要性的争论,徐明华(1998)认为土地规模经营的利弊尚待权衡。

我国对以土地为标志的农业规模经营依据问题的研究早期主要集中在两个方面:一是马克思的大农业理论,二是规模经济理论。杨文礼、耿霖(1996)把马克思的大农业理论作为土地规模经营的基础,认为土地规模经营比小块土地所有制具有无比的优越性,小块土地所有制被土地规模经营所取代是社会发展的必然。钱忠好(1996)则认为农地规模经营是规模经济原理的基本要求,生产经营规模的选择或改变会引起经济效益的增减变化;通常农地经营规模的变化会引起规模收益的递增、递减或不变;适度的农地经营规模是规模收益不变。刘石成(1997)则在规模经济与规模效益的基础上指出,农业规模经营的理论依据必然是最佳规模经济理论与最佳规模效益理论的有机统一。随着经济的发展和面临问题的增多,国内对土地规模经营的依据的研究已扩展到二元经济理论和制度创新理论(徐海南,2005)。

3.关于规模经营前提条件及实现途径的研究

随着人们对土地规模经营认识程度的加深,众多专家和学者意识到规模经营不仅仅是土地的简单集中,还要满足相应的前提条件,尤其是农业劳动力的转移这一前提已基本达成共识。杨雍哲(1995)指出,实现规模至少要满足两个条件,一是大批劳动力转移到非农产业上,并在非农产业领域有了稳定的收入,这些农民的家庭实际上已经没有精力种田或不愿意种田;二是一批有资金、有技术、有管理经验的农户愿意多种地,专事农业生产。对这两个条件倪志远(1999)认为,第一个条件是最基本条件,与此同时要想实现这一目标,非农产业必须得到很好发展,以吸收大量的农业劳动力。钱忠好(1996)指出,要实现农地规模经营必须满足特定的条件:农业生产力水平和农业劳动生产率的提高促使农户扩大农地经营规模的需求产生;农业剩余劳动力的有效转移缓和了人地紧张关系,从而能够增加农地的经济供给;资本、技术替代劳动的结果使农业生产成本降低、经营者收入增加,构成农地规模经营的动力;农地的顺畅、有效、合理流转为农地规模经营的形成提供了保障。王启善等(1998)认为,土地规模经营的前提,除了要有广阔的劳动力转移新途径外,还必须有相应的机械化服务为手段。刘凤芹(2006)以东北农村为例研究了农业土地规模经营的条件,从而得出土地规模经营受制于土地流转速度和集中程度、农村劳动力转移速度和转移数量的结论。伍业兵、甘子东(2007)从人地的现实矛盾、非农产业的不发达以及农村经济社会的体制障碍等角度论述了约束农地适度规模经营实现的条件。

对于途径的研究,随着国内研究人员对国外实践经验的借鉴以及国内实践的总结,逐渐提出了我国土地规模经营的具体途径。在国外土地规模经营的研究中,很多学者根据人地关系、文化背景等主要借鉴了西欧一些国家以及东亚主要国家和地区的实践。冯继康、苏向华(1992)从立法干预、政策诱导、组织推动、宏观协调四个方面介绍了法国实现农业规模化经营的途径。高启档、齐顾波(1997)从土地整理、农户迁移,资金补助鼓励农户实行大规模经营农场以及实行农业集约化经营角度分析了德国农业规模化经营的途径。相比之下，国内学者对东亚国家和地区的借鉴更加多一些。任净、李赖志(1991)，韩鹏、许惠渊(2002)，陈英(2004)从立法和农协推动视角论述了日本如何走上农业规模化经营的道路。吴建光(1989)、黎海波(2005)分别从“企业农”与“合作农”，“振兴地”与“保护地”角度分析了韩国规模化经营的途径。一岫(1995)、单玉丽(1996)、萧承勇(2001)分别从推进规模经营的相关立法、土地重划、“共同产销经营班”方面对中国台湾的规模化经营途径予以了介绍。

对于我国农业规模化的具体途径，国内众多学者针对限制条件均提出相应的对策，尤其是对通过土地流转实现规模化经营的途径论述居多。廖洪乐(1998)在土地制度改革试验区实践的基础上总结出实现土地规模经营的途径，主要包括土地金融公司、两田制、土地为中心的农村股份合作制、种田大户、村办农场(服务站办农场)、厂办农场(农业车间)、联户农场、四荒地拍卖，以“租”代“包”等。其他学者对其中某几个方面也进行了阐述(卢吉勇，2002；李相宏，2003；叶琪，2005；郑文凯、胡建锋，2006)。

4.国内理论研究的评论

迄今为止，对粮地由小规模经营走向规模经营的理论研究取得了较大进展，主要体现在以下几个方面：对于资源禀赋、经济水平、社会条件、文化传统等在农业土地规模经营中的制约作用进行了较为深入的探讨；明确区分了农业生产中的内部规模经济和外部规模经济，证明了在坚持家庭经营的基础上，因地制宜创造规模经营模式，与此同时，把发展中介组织、合作经济等组织形式作为获取和利用内外部规模经济的关键；进一步延伸了规模经营的内涵——适度规模经营，走出过去从单一要素——土地角度界定规模经营；对于规模经营的效率问题，利用一些地区性的实际材料进行了定量分析和实证研究。

相对于取得的进展，国内的研究还存在一些明显的不足：从总体上看，对农业规模经营，尤其是土地规模经营的概念、指标、约束条件、实现途径和对策研究较多，而对土地规模经营的内在规律性及其运行机制方面的研究不够深入，尤其是规模与效率的关系问题仍然处于争论阶段；在比较研究上，对发达国家规模经营的研究较多，对发展中国家研究少；从国内的情况来看，对发达地区农业规模经济研究多，对欠发达地区和贫困地区研究少；在研究方法上，定性的描述性分析非常多，定量分析相对比较少，而且研究范围上一般以个案调查为基础，系统分析的相对比较少。至于农民粮地经营规模意愿研究，国内学者多把对农民意愿的尊重以象征性的口号提出，并未给予充分的实证。

2.3 粮地经营规模与效率关系的研究

土地作为粮食最基本的生产资料,其规模变化与粮食生产效率关系的问题一直是国内外学者争论的焦点。从已有研究来看,很多学者按照各自设置的经济指标对粮地规模效率进行了定性与定量的分析,但得到的结论却大相径庭。截至目前,虽然对粮地规模与效率的关系仍然看法不一,但大致可分为两种观点:一种观点认为随着粮地规模的扩张,粮食的生产效率也会随之提高,即粮地的规模与效率是正向关系。另一种观点认为随着粮地规模的增加,粮食生产效率不但提高不明显,反而还会导致效率的下降,即粮地规模与效率是负向关系。

在众多研究中,绝大多数学者支持粮地规模与效率是正向的关系。农业部农村改革试验区办公室对全国农村改革试验区的土地适度规模经营阶段性试验研究报告(1994)指出,从各实验区的实践结果看,土地适度规模经营在提高粮食生产效率方面是非常显著的。规模经营后的土地生产率超过了当地小规模农户的单产水平;粮食的劳动生产率和务农者的收入均得到明显提高;与此同时,规模经营带动了农业投入的增加,促进了农业技术进步。武汉交通科技大学法商学院的农村经济课题组(1998)对湖北中西部的丹江口市(山区)、安陆市(丘陵)、云梦县(平原)等地的农村土地流转和规模经营调研结果表明,土地的规模经营可以实现生产要素的优化配置,提高每一投入的边际产出率;有利于采用现代化的生产工具,适应社会化大生产的要求;有利于劳动生产率的提高和种植业收益的改善,因此提出适度规模经营是我国农业深度发展的必由之路。

俞敬忠(1994)以无锡县农业局对52个村103个规模经营单位调查数据为基础,提出土地规模经营有利于提高劳动生产率和土地产出率,其中规模经营户的人均粮食产量比所在村的农户平均高20倍以上,村办农场的小麦单产要比面上增1-2成,水稻单产增5%—10%;而且粮地的规模经营进一步提高了粮食的商品率,增加了当地农民的收入,从根本上提高了农民种粮的积极性。因此,土地的规模经营对粮食生产效率的提高已显示出强大的生命力。

张光辉(1996)在界定"单位面积产值"与"单位面积产量"差异的基础上,对法国、美国农场的土地经营面积与谷物单产变化情况进行对比,发现并没有出现农场规模越大,土地生产效率越低的结果,相反随着规模的扩大,土地的产出率均有所增加。另外通过对日本佐贺县不同等级土地水稻的单位产值、单位产量的考察也得出相同的结果。基于以上分析，张广辉认为农业规模经营与提高单产并行不悖，因此提出，为了提高农业劳动生产率，使务农者尽快走向富裕之路，加快工业化、城市化步伐，促进国民经济的增长，无论是当前还是今后都应当把促进农业规模经营或农业适度规模经营，作为我国农业和农村的一项重要政策。

黄祖辉等(1998)以浙江省、江苏省等地规模经营的试点数据为基础对粮地经营规模的效率进行了实证分析。在评价粮地规模效率时，综合选取了劳动生产率、土地生产率、商品率、农民收入、成本以及要素投入等指标，考察了农户粮地经营规模的变动对效率的影响。实证结果表明：规模经营户劳动生产率、农民收入、商品率和农户投入明显提高；粮地经营规模与土地生产率相关性不显著。为了进一步揭示粮地经营规模与土地生产率的关系，又从粮田条件、技术变化、经营规模、复种指数、成本计算以及经营者素质角度，对粮地经营规模与土地生产率及单位成本关系作了详细的分析，从而得出规模经营的土地产出量(或者平均成本)要比一般规模农户高(或低)的例证。

韩俊(1998)从日本、韩国和中国台湾地区推行土地规模化经营过程中，大量农户兼业导致对农业的危害出发，认为如果分散、小规模的土地经营方式凝固化，我国农业也难逃东亚小农国家和地区农业发展小规模、高成本、高价格、低效率、低竞争力的困境。这些国家和地区通过成功地实行工业反哺农业的政策，避免了农业的严重失调和农业的萎缩。而在中国，如果不能成功地实现向工业反哺农业的转变，农业的萎缩是在所难免的。避免这种后果的出路，只能是采取一切可能措施，实现由小规模均田制格局向适度规模经营转变，以此来提高我国的农业生产效率和国际竞争力。

陈欣欣等(2000)以1986—1999年浙江省10个农村固定观察点数据为基础，对不同经营规模农地效益和变化趋势进行了比较。研究结果表明，随着农户经营农地规模的扩大，农户分布呈典型的倒U状，而农地收入水平以及资源利用效率则呈U状或下降趋势；并且认为现行的农地配置极不合理，虽然实现了“耕者有其田”，但从农地利用效率发挥看，则是最差的。特别是随着时间的推移，农地资源配置制度所带来的效率将是越来越低下。

孙自铎(2001)在多年实践研究的基础上认为，农地经营规模扩张带来的效率高低必须要以农民家庭效益和收入的增长来作为评价标准和目的。而农业适度规模经营可以节支增效和提高劳动效率，进而增加农民收入，增强农产品的市场竞争力，是我国农业走出困境的正确选择，农业必须走适度规模经营之路。具体而言，土地经营规模扩大有利于科技推广，使农业物质成本下降;而且规模经营不仅不会加大管理成本,反而能使单位农产品中的管理成本节约;规模经营可以使土地产出率、商品率和劳动生产率都提高,进而使农民增收有了正确的路径。因此,我国粮地的规模经营是有效率的。

王秀清(2002)以山东省莱西市的后于村、夏疃和西夏格庄的198户农户调查为基础,从土地细碎化的角度论证了农户土地细碎化所导致的小规模经营状况提高了使用机械的物质费用,降低了粮食生产的劳动生产率、土地生产率和成本产值率,从而得出通过土地规整实现规模化经营是提高粮地生产效率、降低成本的主要途径。与此同时,还指出虽然我国目前实施土地规整政策的条件还不够成熟,但可通过法律进一步明晰农村土地产权,培育农村土地使用权流转市场,来遏制土地细碎化,从而逐渐走上规模化经营的道路。

以上研究是对粮地规模与效率正向关系的一种肯定。针对这些持正向观点的研究,国内外很多学者提出了质疑,并认为粮地规模与效率是负向的关系或者两者关系并不大。

R.A.Berry 和 W.R.Cline(1979)对巴西、哥伦比亚、菲律宾、巴基斯坦、印度、马来西亚等六个国家的研究表明,农场规模与单位土地面积的产量之间存在着负相关关系。H.N.Barnum 和 L.Squire(1978)对印度所作的典型调查发现,规模在3.55公顷以下的小农场,每公顷的产量为1.70吨;而规模在3.55公顷以上的大农场,每公顷的产量为1.61吨。基思·格里芬(1992)认为:“有三点发现似乎已为人们所确认无疑,第一,职工人均产出随农场规模的扩大而增加;第二,每公顷总产出(或收益)随农场规模的扩大而下降;第三,每公顷的附加价值(或净收入)也随农场规模的扩大而下降。也有例外,但是极少的。”速水佑次郎和拉坦(1985)用43个国家1960—1980年期间的资料进行农业生产函数分析,结果表明,人均收入在4000美元以上的21个发达国家具有显著的规模效益,而人均收入在4000美元以下的22个不发达国家没有规模效益。

罗伊·普罗斯特曼等人(1996)也通过以下一系列基本事实展示了粮地规模与效率之间呈反比关系,即小农场的生产率一般高于大农场:世界银行对肯尼亚小农场和大农场的对比研究发现,规模在0.5公顷以下的农场的每公顷单产是规模在8公顷以上农场的19倍,前者的劳动用量也是后者的30倍,从全国范围来讲,这意味着农场规模减少10%,产量要增加7%,劳动用量也增加8%;在印度,规模在2公顷以下的农场的每公顷土地收入比规模在10公顷以上的农场高出1倍多;在巴西,每公顷土地的纯收入随着农场规模的增加而递减。规模不到1公顷的农场每公顷土地纯收入比规模在1到

10公顷的农场高出几乎2倍,比规模在200到2000公顷的农场则高出30倍。科尼亚对15个发展中国家不同规模农场中各种农业投入、土地产出和劳动生产率之间关系的研究表明,农场规模与农业投入和每公顷单产呈反比。普罗斯特曼和里丁格使用117个国家的数据表明,每公顷谷物产量最高的14个国家中有11个是小规模农场占主导地位的国家。

美国密执安大学的瑞定杰和康赛优(2000)对菲律宾农地规模与生产率之间关系进行研究,所得出的结论更令人深思。其研究结论是:①种植面积与生产率的关系不是完全的正函数关系,也不是完全的反函数关系。②小型农田的规模不经济,小型农田的面积只有在增加到4公顷的时候,生产率保持上升趋势;非常小的农田尤其是小于0.5公顷的农田的生产率是很低的,而且不会高于大面积农田的生产率。

以上是国外学者对粮地规模与效率负向观点的论证。针对这一问题,国内持粮地规模与效率负向关系的学者也纷纷通过实证来证明自己的观点。任治君(1995)认为,粮食生产持续、稳定增长,保证我国食品安全是我国农业政策的首要目标的情况下,实现这一目标主要有两条途径,一是扩大耕地面积,二是提高单位面积产量。根据我国的自然地理条件、目前的科学技术水平和经济力量,扩大耕地面积的余地不大,我国农业增产的主要途径就只能是提高单位面积产量。但是通过粮地的规模经营提高单位面积产量与增产目标相悖。任治君列举了5公顷以下、5－10公顷、10－20公顷、20－50公顷以及50公顷以上规模的农场单位面积的粮食产量的变化情况。从规模和单产变化关系来看,两者完全是一种相反的情况,即农场规模越大,土地生产效率越低。在这四个规模区域的农场中,规模每上一个区域,土地生产率则下降14%左右,以致50公顷以上农场的单位面积产值仅及5－10公顷农场的64%。由此得出降低单位产品成本与提高单位面积产量难以在农业经营规模的扩大中同时并存的结论。

罗必良(2000)从决定经济组织规模效率因素的角度出发,设置了分析组织效率的七个维度:生产函数、交易费用、资产专用性、外部性、公共物品性、内部管理成本和垄断利润;并着重从农业的产业性质、资产专用性、组织管理费用、市场交易特征、垄断利润五个角度分析了农地经营规模与效率的关系,得出农业并不是一个存在显著规模经济性的产业。与此同时,他还指出,除了机械和管理技术要素外,其他要素投入并没有对规模经营的必然要求;在劳动生产率方面,尽管小规模比大规模农户的低,但却以此为代价获取了尽可能多的土地产出率和资本产出率,而后两者正是我国现实经济所祈求的。从总体上看,粮食商品率与有效供给率在规模与非规模经营户之间并没有显著差异。因此,我国小规模经营农户起码在现阶段是有效率的。

林善浪(2000)认为小规模经营的耕地生产率比大规模经营的耕地生产率高。对于粮食的商品率和有效供给量而言,从微观看两者的变化是一致的,但是从宏观上看,两者并不存在这种关系。因此,那种认为土地规模经营提高了粮食商品率,就能提高全社会粮食供给量的说法是不能成立的。从土地产出率上看,小规模经营有利于提高土地生产率。林善浪指出土地生产率与土地经营规模的内在关系,主要在于土地上的各种投入与土地经营规模之间的关系。小规模经营有利于增加劳动力投入和流动资产的投入。同时在人力与畜力未满负荷的情况下,小农户的成本费用一般比较小,而大农场的成本费用则比较大。当前我国土地生产率是我国宏观的主要指标,从微观上看,劳动生产率是农户的主要目标,而规模经营使两者的目标存在一定的矛盾。

姚监复(2000)通过对中国大型农业耕作的实地考察,以及国内外的一些实际数据,说明了粮地规模与单产之间是一种成反比的关系,美国大型农场不适合中国国情,同时提出对规模效率的衡量应采用全要素生产率(TFP)。

除了以上学者得出粮地规模与效率之间是负向关系外,国内还有学者认为粮地规模与效率之间并不存在显著关系。万广华、程恩江(1996)以农业部与澳大利亚阿德雷得大学所作的抽样调查为基础,对早籼稻、晚籼稻、冬小麦、玉米及薯类等五种主要粮食作物的土地产出率予以实证分析,计量分析表明我国谷物生产几乎不存在规模经济效益。玉米的规模经济指数为1.169(大于1表示规模经济为正,小于1表示规模经济为负),晚籼稻为0.967,冬小麦为1.107,早籼稻为0.985,薯类为0.904。由此,我国农业生产中的规模经济不会显著地异于1这个值,因而增加农户的经营规模不一定能够带来更多的粮食的增产。影响粮食产量的主要原因在于我国土地的细碎化,目前土地制度或农业政策中应该首先考虑土地连片集中,而非规模经营。

针对国内外对粮地规模效率的争论,夏永祥(2002)认为,土地产出率、劳动生产率、资本效率与土地经营规模的关系并不一致。以土地产出率指标来测量规模效率,则小规模的土地经营往往更有利于提高农业效率,大规模的土地经营反倒不利于提高农业效率,这是有些学者之所以认为农业效率与土地经营规模是反向关系的原因;如果用劳动生产率指标来测量农业效率,则它与土地经营规模之间的关系基本上是一种正相关关系,有些学者之所以认为农业效率与土地经营规模是正向关系,原因也在于此;资本效率与土地经营规模之间基本上也是一种正向关系,在一定限度之内,扩大土地经营规模有利于提高资本效率。有些学者之所以认为农业效率与土地经营规模之间是正相关关系,原因也在于使用资本效率来代表和测量农业效率。根据市场经济的本质要求,应该主要选用资本效率来测定农业效率。

2.4 基于效率最优粮地适度经营规模的确定

对粮地适度经营规模的确定,国内学者研究的也比较多,但绝大多数都是基于效率最优从定性角度给出适度规模的确定依据,而从定量的角度来确定粮地适度经营规模的相对较少。

我国政府相关部门早期给出了适度经营规模相应的判断标准(钱贵霞,2005):

一个是原中央农业政策研究室和国家统计局提出的衡量专业户的标准,即以户为单位计算,其主要劳力或多数劳力从事某项专业生产,或进行专业经营活动时间在60%以上,专业收入占家庭总收入的60%以上;一专业产品的商品率达到80%以上,其中粮食专业户商品率达到60%以上,出售产品收入(包括服务性收入)高出当地(县)农村平均水平的一倍以上。

另一个标准是国务院农研中心等单位组织的《种植业适度经营规模研究》课题组提出的计算种植业适度规模的公式,即用当地当时达到和超过规模经营经济临界值的乡村劳均收入(经济临界指标,如人均纯收入800元以上,种植业产值占社会总产值35%以下,从事二、三产业的劳力占农村总劳动力的65%以上),除以亩均纯收入,再乘上一个收入水平协调系数(一般取值1.5),即可得出平均每个务农劳力应经营耕地的适度规模。

杨素群(1998)在参考国外关于农业适度规模经营标准的基础上,结合我国国情,给出了“度”的判断标准。适度的规模是农业生产力系统因规模适度而使该系统的整体功能获得了最充分的发挥,因而使其投入产出比达到最大,效率最佳。除了土地达到这个“度”外,其他如资金、技术、劳动力等也应达到这一要求。因此,适度规模的原则是现有要素的充分利用和合理组合。

郑少锋(1998)在分析土地规模经营及其效益的基础上给出了适度规模的判断标准。他认为土地经营规模是否适度是对于特定的评价目标而言的,不同的目标就会出现不同的判断依据,从而也会有不同的土地经营适度规模。从微观经营者角度分析,由于经营者进行土地规模经营的目标是追求其自身的微观利益,因此,农户追求纯收入最大时的土地经营规模为最适土地经营规模。从政府的角度看,进行土地规模经营的目标是追求农业的宏观利益最大化,其判断的标准表现为两个方面,其一为农业的宏观经济利益最大,其二为农业的社会利益最大。从政府的农业宏观经济利益来看,规模效益为零时的土地经营规模,也即亩纯收入最大时的土地经营规模为最适土地经营规模。从农业的社会利益的角度看,土地规模经营的目标是追求农业产量最大,因此,土地的稀缺性决定的土地产出率最大时的经营规模应为最适土地经营规模。

张瑞芝、钱忠好(1999)认为农地的适度经营规模具有动态性、区域性和层次性,因此判断适度的标准应该是经营规模与农业经营者的能力、物质技术装备水平相适应,且既能增产,又能增收。因此,可从以下三个角度来确定适度规模:一是从经营者的经济收益来确定最适经营规模,即能使农业收益最大或成本最小化时的经营规模;二是从经营者能力确定最适经营规模,即相对于经营者的生产经营能力、技术水平而言,这种土地经营规模能最大限度地发挥经营者的潜能;三是从农业物质技术装备特别是农业机械角度确定的农地最适经营规模即最大限度地发挥农业机械的效能为目标确定的农地经营规模。

上面主要是基于效率最优对粮地适度规模的定性判断,下面几位学者从定量角度确定了粮地适度经营规模。张海亮、吴楚材(1998)两位学者认为土地经营的适度规模应满足下面的关系式:$E/(P-I) \leqslant S \leqslant A/L_0(1-L)$。其中 E 为当地农民户均年收入;I 和 P 分别为单位面积耕地的投入和产出指标;A 为当地耕地的总面积,L_0 为当地农村具有熟练农业生产技术的劳动力,L 为农业劳动力向非农产业的转移率。这个公式比较符合中国国情,也代表了大多数学者对适度规模的理解,具有一定的典型意义。另外比较有影响的还有孟昕、白南生(1998)两位学者的研究,他们根据中国三个地区的调查资料,得出 1984 年中国平均每个农业劳动力可以耕种 9.93 亩耕地,定量地给出了适度规模的概值。

张忠根、史清华(2001)以浙江省 1986—1999 农村固定观察点的农户为研究对象,分析了农地生产率的变化,同时通过对不同规模农地生产率的比较给出了农户的适度经营规模区间。从农户的农地生产率变化看,随着科学技术的进步和农户生产技术水平的提高总体呈上升趋势,但农村非农产业的发展使得农业劳动的机会成本提高,农地经营的比较效益普遍下降。在不同规模的农地效率比较中发现,随着经营规模的扩大,单位农地面积的净收入明显下降;就家庭主要经济资源的经营效益看,无论是劳动力还是资金或农地,其经营效益在大多数年份是经营规模 1-3 亩的农户最好,其次是超过10亩的农户。农户人均纯收入随规模扩大先是降低然后逐渐上升,若经营规模超过10亩,收入水平明显反弹,因此把10亩及以上定为一个重要的规模标准,10亩以上的土地经营规模可获得较高的收入水平。

张侠等(2003)在分析土地经营适度规模的影响因素的基础上,以农户家庭对其劳动力资源的配置是有效率的为假设前提,把农户家庭对种植业的投工水平直接用来折算成在现有经营环境和生产力水平下农业对劳动力的需求,从而得出我国1996年的劳均适度耕地规模。他把我国农村实有劳动力按31.20%的水平折算,当时经营环境和生产力水平下,农业对劳动力的需求是14130万人。1996年我国实有耕地95466.51千公顷,则每个农业劳动力可负担10.13亩。利用该方法,采用全国农村固定观察点农户劳动力配置资料,测算土地经营适度规模最大的优势是数据固定,资料具有可比性。

钱贵霞、李宁辉(2004)在对我国粮食主产区3000农户样本调查的基础上,定量确定了主产区农户最优生产经营规模。他们根据贝克尔家庭生产函数,在吴桂英的研究基础上,推导出农户土地规模经营决策计量经济模型。通过该模型测量出粮食主产区河北、辽宁、吉林、黑龙江、江苏、山东、安徽、河南、湖北和四川10个省的劳动、资本和土地产出弹性,从而计算出各个省农户的最优土地规模。

2.5 粮地经营规模效率测度方法研究

1. 效率测度方法研究

对效率测度方法的研究国外文献相对比较多,对于技术效率更是如此。截至目前,主要形成了两大类对技术效率的测度方法,一类是参数方法,另一类是非参数方法。其中,参数方法主要包括确定性前沿生产函数分析方法、随机前沿生产函数分析方法、修正最小二乘法;非参数方法主要是数据包络分析方法。如图2-1所示。

(1)参数方法的研究

参数法是指使用一定的方法建立生产函数,通过分析生产函数确定经济规模的方法,其中应用最广泛的主要是前沿生产函数分析法。前沿生产函数由D.J.Aigner和S.F.Chu(1968)最早提出,认为在确定的生产条件下,生产要素投入与可能的最大产出量之间的数量关系反映的就是前沿生产函数,并通过该函数确定的前沿面对生产单元的技术效率进行测算。前沿分析法主要分为两大类:确定性前沿方法和随机前沿方法。前者在分析技术

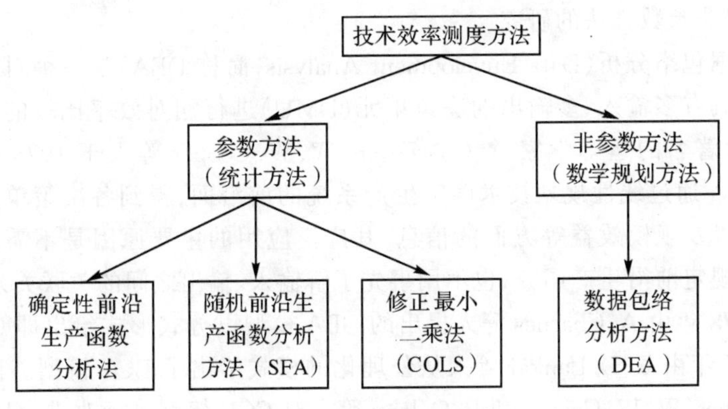

图 2-1　技术效率测度方法

效率时假定所有的生产单元共用一个固定的前沿面，即有一个确定的上界生产函数。同时把影响产出的不可控因素（如气候、政策变动、资料统计误差、方程测定误差等）和可控因素不加区分，全部归入一个单侧的误差项中，作为非效率的反映，问题是由于把所有可能产生影响的因素都作为技术非效率来测算，使所测得的技术效率与真实的效率水平有很大偏差。正是考虑到确定性前沿方法存在的缺陷，美国的 D. J. Aigner、C. A. K. Lovell、P. Schmidt（1977）和比利时的 W. Meeusen、J. Broeck（1977）几乎同时提出了随机前沿方法（Stochastic Frontier Analysis）来测算技术效率。在他们的模型中误差项被分为两类：管理误差项用来反映技术非效率，随机误差项表示任何可能出现的不可控因素带来的影响，并假设非效率的组成呈指数半正态分布。

在此后的 20 几年的研究中，出现了不少重要的随机前沿模型，用于确定前沿面，主要的发展和运用集中在两个方面：一是对模型中管理误差项的分布假设，R. E. Stevenson（1980）假设其为截尾正态分布，W. H. Greene（1980）假设为密度分布，Y. H. Lee 和 P. Schmidt（1993）则假设为四参数的 Pearson 分布。二是对数据选择的变化：早期的应用主要是基于截面数据的技术效率估计，而 80 年代以后更多地利用面板数据进行测算。随机前沿分析法的主要优势在于：前沿面是随机的，各生产单元不需公用一个前沿面；把误差项进行区分，能更准确地反映实际的技术效率水平；可以对结果进行假设检验（如对参数的 T 检验和对函数的似然检验等）。目前最常用的随机前沿模型是 Battese 和 Coelli 在 1992 年设定的运用时间序列面板数据估计前沿面的生产函数模型。

(2)非参数方法的研究

数据包络分析(Data Envelopment Analysis,简称 DEA)是一种对多个同类型的具有多输入、多输出的决策单元(DMU)进行相对效率比较的有效方法,是由著名的运筹学家 A. Charnes 和 W. W. Cooper 等人于 1978 年提出的。DEA 通过线性规划技术确定生产系统的前沿面,得到各决策单元的相对效率以及规模效益等方面的信息,其广泛应用的主要原因是不需要以参数形式规定前沿生产函数,也不用事先了解输入、输出之间的关联关系。

1978 年由 A. Charnes 等人提出的 DEA 模型以分式形式给出即 CCR 模型,1984 年由 R. D. Banker 等人从公理化的模式给出了 BCC 模型。1985 年 A. Charnes、W. W. Cooper 和 B. Golany 等人对 CCR 模型进行改进,提出了另一个评价相对效率的 DEA 模型——C^2GS^2 模型。尽管在这些模型的基础上又衍生出不少新的 DEA 模型,但上述三种为最常见的数据包络分析模型。CCR 模型适用于假设投入面满足规模报酬固定(Constant Returns to Scale)的情况,对决策单元的规模效率和技术效率同时进行评价;BCC 模型则适用于假设投入面满足可变规模报酬(Variable Returns to Scale),对决策单元的规模效率和技术效率同时进行评价,CCR 和 BCC 模型测得的 DMU 有效是指规模适当且技术水平高;C^2GS^2 模型则仅对决策单元技术有效进行评价,即以 C^2GS^2 模型测得的 DEA 有效是指该 DMU 最好地运用了已有的技术。

2. 效率方法在粮地规模效率评价中应用

我国粮地规模效率研究方法表现出明显的阶段性特征。早期的研究主要以理论研究为主,辅助选择具有代表性的比较指标(土地生产率、劳动生产率、资本利润率、商品率等)进行统计性描述。这种方法原理简单,资料容易收集整理,输出结果直观,往往成为最常采用的方法。但在多种指标进行比较时易出现优劣上的矛盾及权衡上的困难。

20 世纪 80 年代末 90 年代初,一些学者开始运用线性回归与 C－D 生产函数等模型来研究此方面的问题,但线性回归方法将产出水平与相应的各种生产要素的投入水平进行线性回归,只能简单地给出各生产要素对产出的影响程度,且受计量单位的影响程度较大;C－D 函数虽克服了计量单位差异的影响,同时也能计算各生产要素的弹性及其边际收益,甚至在各生产要素价格已知的条件下还能判断各生产要素的配置是否合理,但是在生产要素配置不合理的情况下,只能给出生产要素调整的方向,而无法给出具体的改进建议,这使研究结论的现实意义受到很大影响。

20 世纪 90 年代以来,随着我国学术研究方法与国际的不断接轨,农户模型方法、DEA 模型等被引入我国,并逐渐成为研究生产效率的主流方法。

如张林秀(1996)首次利用农民模型中的规划模型方法分析了我国张家港和兴化两地农户在不同政策环境下的生产行为,A. Park 和任常青(1995)、都阳(1999)也用该方法进行了一些实证研究;相比而言,DEA 模型方法比农户模型方法运用得更加广泛,如孟令杰(2000)运用 DEA 方法,对 1980 年至 1995 年期间我国农业产出的技术效率进行了测量;黄映晖等(2004)运用 DEA 方法衡量了粮食生产大县阜南县 1990—2002 年小麦生产效率;冉杰(2007)运用 DEA 对我国西部农业经济效率和技术效率进行了评价;丁文斌等(2007)评价粮食主产区湖北省的粮食生产投入要素效率也采用了 DEA 分析方法。目前,DEA 在我国农业生产效率评价领域的运用越来越多,但就本研究所能检索到的文献看,尚未见到将此方法运用于粮地规模效率评价的实证研究。

2.6 本章小结

本章从五个方面对农户粮地经营规模效率及其相关理论进行了综述。国外有关粮地经营规模的基础理论研究表明,规模经济与边际报酬理论是进一步研究粮地经营规模效率的基础,以土地规模为基础的粮食生产规模存在着规模的经济性。西方关于粮地经营规模基础理论的研究是在长期实践经验积累和理论探索基础上建立和完善起来的,它在一定程度上揭示了市场经济条件下农业发展的普遍规律,对一切市场农业具有一定的指导意义。但是,由于社会条件、政治制度、经济水平、资源禀赋、文化传统的差别,各国农业规模经济问题都有自己的特殊性。因此,有些理论不能不加取舍地套用。

国内以土地规模经营为主线对粮地经营规模理论的研究大致经历三个阶段:什么是规模经营→规模经营的必要性→如何实现规模经营。从具体研究内容来看,对土地规模经营的概念、指标、约束条件、实现途径和对策研究较多,而对我国土地规模经营的内在规律性及其运行机制方面的研究还不够深入,尤其是规模与效率的关系问题仍然处于争论阶段;在经验借鉴方面,对发达国家的规模经营研究较多,而对发展中国家研究较少,从国内的情况来看,发达地区研究较多,欠发达地区和贫困地区研究较少;在研究方法上,定性的描述分析偏多,定量分析相对较少,而且研究范围上多以个案调查为基础;至于农户粮地经营规模意愿研究,国内学者多把对其意愿尊重以象征性口号提出,并未予以深入的调查分析。

对于粮地规模与效率关系的研究,国内外学者表现出不同的看法:一种观点认为两者是正向关系,另一种观点认为两者关系并不大、甚至是负向关系。国内外的绝大多数学者支持随粮地规模扩张会提高效率这一看法。但也有很多学者通过实证研究提出相反的论断。因此,截至目前,粮地规模与效率的关系问题仍未形成统一的结论。对基于效率最优规模确定的研究,早期国内学者主要是给出定性的判断标准,未测算出具体的规模;近期随着计量的推广和应用,很多学者给出了粮地效率最优规模。但是,目前国内学者对粮地规模效率的评价,主要采用的是传统效率评价指标(土地生产率、劳动生产率、资本利润率)来探讨粮地规模与效率之间的关系,而且由于评价角度(基于宏观或微观)和指标的差异常常导致结论的大相径庭。

以上粮地规模效率及其相关文献的综述,为本书对粮地规模效率进一步深入研究提供了相应的理论基础,基于这些理论本研究将走出用传统生产率指标对效率评价的做法,着重从技术效率层面对粮地规模与效率的内在变化规律进行深入挖掘,并根据相对效率和绝对效率确定农户粮地效率最优经营规模。与此同时,在对农户意愿规模与效率最优规模比较的基础上,揭示农户家庭对粮地经营规模选择的决策机制。

3 我国及吉林省粮地规模及效率概况

对于种粮农户而言，粮地的规模效率决定着其土地的有效利用程度。限于全国与吉林省种粮农户家庭土地规模、投入产出等数据的可得性，本章无法从宏观范围就农户粮地经营规模效率按照所界定的含义进行测度。因此，对全国及吉林省的粮地规模效率的评价这里采用传统效率评价指标（土地生产率、劳动生产率、成本利润率）予以分析，以此作为进一步深入研究农户粮地规模效率的背景。

3.1 我国粮地规模及其效率概况

3.1.1 粮地规模及其变化趋势分析

1. 全国耕地规模及其变化趋势分析

耕地是粮食生产的基础，其面积大小在很大程度上决定着粮食的生产规模，进而影响粮食产量。耕地面积的减少，对粮食安全具有明显的制约作用。根据第十一个五年规划纲要，到 2010 年末我国耕地面积必须确保不低于 18.00 亿亩。这意味着，“十一五”期间我国年均净减少耕地面积不能超过 650.00 万亩。但是截至 2006 年 10 月 31 日，全国耕地面积已降为 18.27 亿亩，比上年度末净减少 460.20 万亩，仅一年减少的数量就占五年可减少容忍总量的 70.80%[①]。由此可看出，按照我国目前的耕地面积下降速度，很难达到“十一五”规划纲要的目标，而且从历年耕地的变化趋势来看，我国耕地总量、农村户均、人均以及劳均规模仍然呈继续下降的态势（图 3-1，图 3-2）。

---

① 2006 年度全国土地利用变更调查报告。

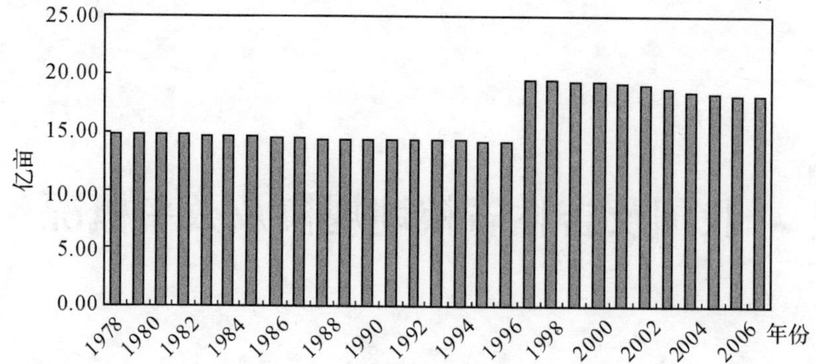

图 3-1 1978—2006 年全国耕地面积变化趋势

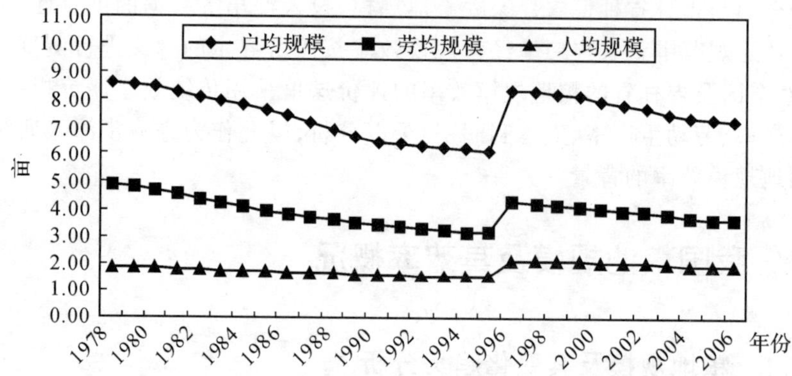

图 3-2 1978—2006 年我国农户耕地规模变化趋势

根据2007中国农业发展报告和新中国五十年农业统计资料数据绘成图3-1,从图中可以看出,1996 年的耕地总量突然出现上升,比 1995 年多出5.26亿亩,但实际并非如此。1997 年我国进行的第一次农业普查摸清了实有耕地面积是 19.51 亿亩。只是统计数据的计量单位和口径更加标准化,从而使我国的耕地面积也比以前更加精确,实际耕地并没有增加。因此,为了便于比较,这里将耕地面积的变化分成两个阶段:1978—1995 年为第一阶段,1996—2006 年为第二阶段。我国耕地面积从历年的整体变化趋势来看是不断下降的。1978 年我国耕地面积为 14.91 亿亩,到 1995 年已降为14.25亿亩,17 年共减少了 6623.45 万亩,平均每年减少 389.61 万亩。1996年农业普查统计的耕地面积为 19.51 亿亩,到 2006 年减少到 18.27 亿亩,净减少了 12394.95 万亩,平均每年减少 1239.50 万亩。由此可见,在第二阶段我国耕地每年减少数量明显增加,比第一阶段年均递减量增加 3 倍还多。

在耕地总量地不断减少的同时,我国农户耕地规模也呈现不断下降的趋势。从图3-2我国农户耕地1978—2006年的规模变化可以看出，自1978年以来，农户耕地经营规模无论是户均、劳均还是人均都呈下降趋势，这说明，我国农户土地经营规模愈来愈小，尤以家庭经营规模下降最为明显。从1978年户均耕地面积为8.59亩，到1995年这一规模已降到6.12亩，与此同时，劳均规模和人均规模也分别由4.87亩和1.86亩下降到1995年的3.16亩和1.55亩。在第二阶段，1996年户均家庭经营耕地面积为8.32亩，到2006年降为7.18亩，这一阶段的下降速度并没有表现出有所放慢的态势。而且在此期间，乡村劳均和人均耕地面积也在进一步减少，分别从4.31亩和2.12亩减少到3.59亩和1.91亩。由此可看出，农户经营耕地面积减少已是不可避免的趋势。广大农户在如此小的耕地规模上很难实现发家致富奔小康的目标。建设社会主义新农村、实现农业现代化这一伟大任务单单靠“超小规模”农户是无法完成的。因此，在全国总体耕地规模不能扩大的情况下，我们有必要实现土地的适度集中，提高规模效率，从而发挥土地的规模效益。

2.全国粮地经营规模及其变化趋势分析

对于拥有13亿人口的我国而言，粮食生产对人们的生产、生活具有举足轻重的作用。从2003年粮食产量大幅度减少引发与粮食有关产品价格的急剧上升，再到2007年以粮食价格为代表的全面物价上涨导致通货膨胀的压力飙升，都实实在在证明了我国不可一日忽视粮食生产，保护粮地则是其中永远不变的主题。那么目前我国粮地的经营规模状况如何呢？由于我国用于粮食生产的土地占耕地总量的绝大部分，并且统计年鉴中并没有专门直接给出用于粮食生产的耕地数量这一指标，所以很多学者往往用耕地规模增减来反映粮地规模的变化。但是，随着经济的发展和人民生活水平的提高，无论是粮地总量还是用于粮食生产的耕地比例都在逐年减少，如果再用整个耕地规模代替粮地规模，必然会引起人们对粮食生产规模认识上的误差。因此，为了客观反映粮地生产经营规模，采用“粮食播种面积”指标将是很好的选择。粮食播种面积能够很好地反映粮食的生产经营规模，而且国家在计算单位耕地面积粮食产量时也采用粮食的播种面积作为基数。

从表3-1全国及农户1978—2006年粮食播种面积变化情况可以看到，虽然粮食作物播种面积总量在各年间差距不大，但总体呈不断下降的趋势。1978年粮食作物播种面积达180880.80万亩，是这29年中最多的一年。到1995年该面积减少至165090.60万亩，17年里减少了15790.20万亩，平均每年减少928.84万亩。1996年农业普查使我国粮食播种面积得到更加精确的统计，当年播种面积为168821.88万亩，截至2006年该面积降为158233.65

表 3-1　1978—2006 全国总体及农户粮食播种面积变化情况

年份	粮食作物播种面积(万亩)	粮食占农作物播种面积比重(%)	户均规模(亩)	劳均规模(亩)	人均规模(亩)
1978	180880.80	80.34	10.43	5.90	2.25
1979	178894.01	80.32	10.23	5.77	2.22
1980	175851.40	80.09	9.95	5.52	2.17
1981	172436.85	79.20	9.57	5.28	2.11
1982	170194.01	78.38	9.31	5.03	2.06
1983	171070.50	79.20	9.24	4.93	2.05
1984	169326.00	78.27	9.01	4.71	2.01
1985	163267.70	75.78	8.56	4.40	1.93
1986	166399.01	76.93	8.50	4.38	1.96
1987	166901.70	76.76	8.28	4.28	1.95
1988	165184.35	76.02	7.92	4.12	1.90
1989	168307.01	76.56	7.83	4.11	1.92
1990	170198.80	76.48	7.65	4.05	1.90
1991	168470.40	75.08	7.47	3.91	1.86
1992	165839.55	74.20	7.26	3.79	1.82
1993	165763.05	74.80	7.21	3.75	1.81
1994	164315.55	73.90	7.09	3.68	1.80
1995	165090.60	73.43	7.09	3.67	1.80
1996	168821.88	73.86	7.20	3.73	1.84
1997	169368.15	73.33	7.24	3.68	1.85
1998	170681.10	73.08	7.21	3.68	1.86
1999	169741.47	72.37	7.13	3.62	1.84
2000	162693.81	69.39	6.74	3.39	1.75
2001	159120.05	68.13	6.51	3.30	1.70
2002	155836.24	67.18	6.34	3.21	1.67
2003	149115.55	65.22	6.01	3.04	1.59
2004	152409.05	66.17	6.10	3.07	1.62
2005	156417.57	67.07	6.20	3.10	1.65
2006	158233.65	67.18	6.22	3.11	1.66

资料来源:《中国农业发展报告(2007)》与《新中国五十年农业统计资料》(2000)计算整理。

万亩,10年里年均减少1058.82万亩。由此可看出,近几年粮食播种面积的减少有加速的趋势。在29年的粮食播种面积变化中,值得进一步关注的是2003年,在该年我国粮食播种面积首次跌破150000万亩,降到建国以来的最低点,仅有149115.55万亩,与1978年相比减少了31765.25万亩。造成该年粮地播种面积下降的原因是多方面的,但其中最重要的原因是种粮比较效益的低下严重影响了广大农民种粮的积极性,其多年的累积效应在这一年得以爆发。另外,再加上国家价格支持力度的减弱以及农业生产资料价格的不断上涨进一步降低了种粮的收益,最终导致该年粮食播种面积的大幅度减少。

在总量不断减少的同时,粮食播种面积占农作物总播种面积比重也在不断地下降。从历年变化趋势来看,粮食播种面积所占比重的变化可大致分为四个阶段:第一阶段是改革开放初期至20世纪80年代中期(1978—1984),这一阶段粮食播种面积占农作物总播种面积比重在80.00%左右;第二阶段从20世纪80年代中期至90年代初(1985—1990),这一期间粮食播种面积占农作物总播种面积比重在76.00%-77.00%左右徘徊;第三阶段是20世纪90年代初到90年代末(1991—1999),此时该比重在72.00%-75.00%之间;第四阶段从2000年开始到2006年,该阶段的粮食播种面积所占比重开始低于70.00%,在65.00%-69.00%之间。粮食播种面积及其比重的减少是经济发展和人们生活水平提高的不可逆转的趋势,但是在粮食生产效率没有大幅度提高的情况下,这种减少势必会严重影响粮食产量,从而进一步危及国家的粮食安全。而随着经济的发展,我国对粮食需求总量将继续稳步增长,中长期粮食供求偏紧仍是"十一五"期间粮食生产的主要矛盾(2006,王明华),如果不阻止粮食播种面积下降的趋势,无疑会加剧这种紧张的局面。

扩大粮食经营主体的种植规模是增进粮食生产效率的一个有效途径,但是我国目前粮食播种面积的户均规模、劳均规模以及人均规模均不容乐观,三者与粮食播种面积总体表现出相同的变化趋势,其中劳均规模下降最为明显。1978年劳均规模为5.90亩,1995年缩小至3.67亩,降幅高达37.92%,之后劳均播种规模仍在继续下降,2005年已降到3.10亩。相比之下,户均播种规模下降幅度虽然低于劳均规模,但降幅仍然非常高。1978年户均规模为10.43亩,1995年降至7.09亩,降幅高达到31.99%,到2006年户均规模已减少到6.00亩左右,其中2003年是户均规模最小的一年,仅有6.01亩。与前两个规模相比,乡村人均规模下降幅度相对比较小,1978年人均播种面积为2.25亩,1995年降至1.80亩,降幅为20.03%,2006年该规模缩小到1.66亩。从上面粮食播种面积的户均规模、劳均规模和人均规模变化情况分析,如果三者继续保持这种不断缩小的趋势,我国种粮农户的小规模零碎化生产状态将进一步加剧,这样不但不会提高粮地生产效率,反而会增加粮食的生产成本,削弱我国粮食生产的国际竞争力。

3.全国主要粮食作物播种面积及其变化趋势分析

考察粮食总体播种面积发展变化仅能了解规模总量的增减情况。为了反映粮食作物播种面积的结构变化状况,有必要进一步分析主要粮食作物播种面积的变化趋势。表3-2显示了1978—2006年我国主要粮食作物稻谷、小麦、玉米的播种面积以及各自占粮食作物播种面积比重情况。从中可以看出,稻谷播种面积表现出整体波动下降的趋势,小麦播种面积呈现波动上升然后又波动下降的格局,而玉米的播种面积则与小麦相反,先小幅波动下降然后整体波动上升。

1978—1980年稻谷播种面积在500000.00万亩以上,其中1978年最多,达到51631.30万亩;从1981年一直到1992年,稻谷播种面积在49942.01-48105.10万亩之间徘徊,仅1988年由于我国发生特大洪涝灾害播种面积只有47981.00万亩;从1993开始我国稻谷播种面积降低到48000.00万亩以下,但在2000年之前总量仍在45000.00万亩以上;2000年开始稻谷播种面积下滑到45000.00万亩以下,在2003年甚至下滑到不足40000.00万亩,仅为39761.75万亩,之后在国家惠农政策的激励下又恢复到了40000.00万亩以上。小麦播种面积1978—1988年在41933.00-44424.00万亩之间上下波动,但1989—1991年连续三年出现上升的格局,尤其是1990和1991年小麦播种面积突然增加到了46000.00万亩以上,分别达到46129.80万亩和46421.80万亩,之后开始波动下降,2004年降到了最低点,为32438.96万亩。玉米是谷物中唯一大面积种植且播种面积自1986年开始不断波动增加的粮食作物。1978—1985年,玉米播种面积整体表现不断下降的格局,虽然1979年比1978年播种面积略微有所上升,但上升幅度非常小,仅有257.31万亩;1985年玉米播种面积下降到改革开放以来的最低点,为26541.10万亩。1986年我国玉米播种面积开始呈现波动上升趋势,尤其是1994—1999年和2003—2006年这两个阶段,播种面积大幅度增加,年均增幅分别达到4.49和4.02个百分点。

表 3-2 1978—2006 全国主要粮食作物播种面积及其比重变化情况 单位:万亩

年份	稻谷		小麦		玉米	
	面积	比重(%)	面积	比重(%)	面积	比重(%)
1978	51631.30	28.54	43773.90	24.20	29941.70	16.55
1979	50809.01	28.40	44035.01	24.62	30199.01	16.88
1980	50817.70	28.90	43266.60	24.60	30131.10	17.13
1981	49942.01	28.96	42460.01	24.62	29137.01	16.90
1982	49607.00	29.15	41933.00	24.64	27815.00	16.34
1983	49705.50	29.06	43575.00	25.47	28236.00	16.51
1984	49768.50	29.39	44365.50	26.20	27805.50	16.42
1985	48105.10	29.46	43827.20	26.84	26541.10	16.26
1986	48399.00	29.09	44424.00	26.70	28686.00	17.24
1987	48289.01	28.93	43197.00	25.88	30318.00	18.17
1988	47981.00	29.05	43177.01	26.14	29538.00	17.88
1989	49051.01	29.14	44762.00	26.60	30530.00	18.14
1990	49596.70	29.14	46129.80	27.10	32102.20	18.86
1991	48885.00	29.02	46421.80	27.55	32361.40	19.21
1992	48135.30	29.03	45743.70	27.58	31565.25	19.03
1993	45532.80	27.47	45351.90	27.36	31041.15	18.73
1994	45257.10	27.54	43470.90	26.46	31728.15	19.31
1995	46116.15	27.93	43290.30	26.22	34163.55	20.69
1996	47108.40	27.90	44415.81	26.31	36747.23	21.77
1997	47647.31	28.13	45085.04	26.62	35662.64	21.06
1998	46820.70	27.43	44661.08	26.17	37858.26	22.18
1999	46925.24	27.65	43282.61	25.50	38855.57	22.89
2000	44942.58	27.62	39979.92	24.57	34584.16	21.26
2001	43218.57	27.16	36995.64	23.25	36423.08	22.89
2002	42302.40	27.15	35862.46	23.01	36950.57	23.71
2003	39761.75	26.67	32995.38	22.13	36102.24	24.21
2004	42568.20	27.93	32438.96	21.28	38168.51	25.04
2005	43270.77	27.66	34188.86	21.86	39537.45	25.28
2006	43941.97	27.77	34442.17	21.77	40456.32	25.57

资料来源:根据《中国统计年鉴 2007》计算整理。

在稻谷、小麦、玉米播种面积总量不断变化的同时，三者在粮食作物总播种面积所占的比重也出现了阶段性的变化。从表 3-2 可看到，稻谷比重从总体上升到下降大致可分为三个阶段：第一阶段是 1978—1981 年，比重在 28.00%以上但低于 29.00%；第二阶段是 1982—1992 年，播种面积比重总体在 29.00% - 29.50%之间，仅有 1987 年比重为 28.93%，低于29.00%；第三阶段从 1992 年至 2006 年，该阶段稻谷播种面积比重整体开始低于 28.00%，在 27.00% - 28.00%之间徘徊，仅有 1997 年略微高出28.00%，达到28.13%。小麦播种面积比重与稻谷变化趋势大致相当，1978—1982 年比重为 24.00%以上，其中 1978 年为 24.20%，1979—1982 年在24.60% - 24.64%之间波动；1983—1992 年比重超过 25.00%，并出现波动上升，1992 年比重达到最大，为 27.58%；1993 年比重开始波动下降，2004 年降为最低，为 21.28%，虽然 2005 年比重略微有所回升，但仍在 22.00%以下。玉米播种面积比重 1978—1985 年总体在 16.00%以上波动，但绝大多数年份低于 17.00%，仅有 1980 年超过了 17.00%，比重为 17.13%，其中 1985 年 16.26%的比重是 29 年中最低的一年，之后逐年波动上升；2000 年以后随着市场对玉米需求增加以及销售价格的上涨，推动玉米播种面积比重快速上升，从而使 2005 年和 2006 年的比重连续创历史新高，分别达到 25.28%和 25.27%。

3.1.2 粮地效率状况及其变化趋势分析

当前我国耕地尤其是用于粮食生产的土地不断减少已经成为经济发展的必然趋势，上面历年耕地及粮地规模的变化情况也恰恰证明了这一现实。在我国人口不断增长的情况下，要想保证人们生产、生活对粮食持续增长的需求，提高粮地生产效率应该是一个行之有效的途径，只有不断增加单位土地面积粮食产量，我们才能满足国内粮食的有效供给量，进而保障国家的粮食安全。我国当前粮地生产效率与改革开放初期相比有了很大的提高。

1.粮地经营土地产出率分析

粮地产出率指单位时间内(通常一年)单位粮地播种面积上的粮食产出。产出可用实物量或价值量来表示，由于我国人口众多，粮食数量安全对粮食生产更加具有重要的意义。另外，价值量往往受粮食价格波动的影响较大，因此这里选择实物量来反映粮地产出率。在数据上主要采用历年《全国农产品成本收益资料汇编》中三种粮食(稻谷、小麦、玉米)的平均数据，下面对劳动生产率、成本利润率的分析均采用这一数据。

从图 3-3 可观察到，我国实行家庭联产承包责任制后，历年粮地产出率

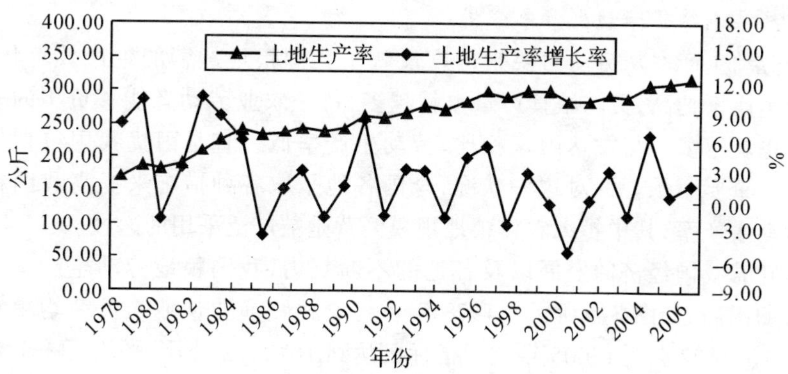

图 3-3 1978—2006 年我国粮食土地产出率及其增长率变化情况

不断增加,虽然在某些年份有所下降,但整体始终保持着上升的趋势。1978 年每亩土地粮食产出为 168.49 公斤,2006 年已增加到 314.40 公斤。在这 29 年中,1981—1984 年这三年期间,是我国粮地产出率增长最快的时期,平均每年增长 17.35 公斤,年均增幅为 9.21%。1982 年粮地产出率由 1981 年的每亩 188.49 公斤一跃增加到 208.29 公斤,这一年的增加对我国粮食生产具有重要的意义,从此我国粮地产出率站上了每亩 200.00 公斤的平台。1998 年我国粮地产出率创下有史以来的最高点,首次超过 300.00 公斤,达到 300.15 公斤。然而,好景不长,1999 年粮地产出率又跌回 200.00—300.00公斤产量段,这种状况一直持续到 2003 年。2004 年粮地产出率又恢复到 300.00 公斤以上,并且截至 2006 年一直保持上升的格局。我国粮地产出率的增长除了国家政策的推动外,与广大农民积极的投入是分不开的,尤其是良种、化肥、农药的投入以及相关技术的采用更是为粮地产出率的增长打下坚实的基础。

对于粮地产出率增长率而言,各个年间波动幅度较大,但总体呈下降趋势。1978—2006 年中,粮地产出率增长幅度最大的年份是 1982 年,增幅达 10.51%,其次是 1979 年,增幅为 10.18%。与此相对应,2000 年是增长率下降幅度最大的一年,降幅达到 5.51%。如果对图 3-3 进一步仔细观察,可以发现,粮地产出率增长率变化存在一定特征,即除个别阶段外,几乎是每两年正增长之后随之会出现一次负增长。除了 1981—1984 年、2004—2006 年连续正增长以及 1999—2000 连续负增长外,其他年份均表现为这一特征。增长率的变化特征充分展现了我国粮食生产“多了少了多了多”波动现象。另外,增长率的总体变化趋势表明,虽然粮地产出率在不断上升,但上涨幅度在逐渐下降,上升空间在逐渐缩小。

2.粮地经营劳动生产率分析

劳动生产率从劳动力要素角度反映了我国粮地经营的生产效率状况,劳动生产率越高,劳均粮食产量也就越多,每一农业劳动者能够负担的非农人口也就越多。与发达国家相比,劳动生产率低一直是困扰我国粮食生产的一个重要瓶颈。针对这一状况,全国各地采取各种措施来提高我国粮地的劳动生产率,其中扩大农户粮地规模经营是被广泛采用的途径。

随着我国经济的发展以及各地的不断努力,我国粮地劳动生产率有了很大的提高,如图 3-4 所示。1978 年乡村农林牧渔业从业人员劳均粮食产量为 1071.02 公斤,2005 年这一指标已达到 1614.72 公斤,平均每一劳动力产粮量增加 543.70 公斤,增幅达 51.77%,年均增幅为 1.88%。从图 3-4 可看到,虽然我国粮地劳动生产率总体是上升的,但其并不是每年都增加的。农业劳动者的生产效率继 1979 年增加后开始出现下降,1981 年降到改革开放以来的最低点,仅有 1059.48 公斤,比 1978 年还减少了 11.54 公斤。1982 年劳动生产率开始出现波动上涨,1996 年劳均产粮量首次突破 1500.00 公斤,达到 1563.95 公斤,1998 年这一产量增加到 1570.19 公斤。然而超过 1500.00 公斤的年份并没有持续多久,2000—2003 年连续四年又跌回 1400.00—1500.00公斤产量段。在国家的大力支持下,2004 年我国粮地劳动生产率迅速恢复,2006 年达到 1691.77 公斤。

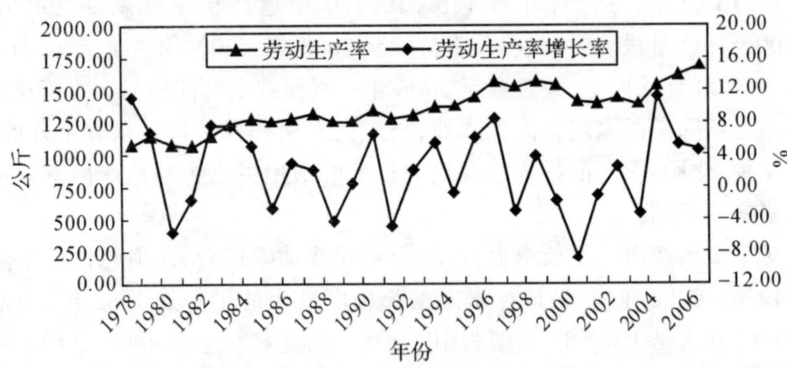

图 3-4 1978—2006 年我国粮地劳动生产率及其增长率变化情况

劳动生产率增长率变化趋势与土地产出率大致相当,即整体是逐渐下降的,但与土地产出率不同的是,劳动生产率增长率继 1978 年大幅度上升后,2004 再次出现大幅度增加并达到有史以来的最高增幅,这两年的增长率分别高达 11.16%和 11.37%。由此可看出,我国劳动生产率增长率受政策影响非常显著,1978 年是我国全面实行家庭联产承包责任制的第一年,而

2004 年是国家对种粮农户加大支持力度的一年,这两年的国家政策均导致了劳动生产率增长率大幅度上升。1978—2006 年间,劳动生产率增长率也呈现这样的变化特征,即每 2－3 年正增长后,便出现负增长,其中,1999—2001 连续三年出现负增长。2000 年是劳动生产率下降幅度最大的一年,降幅达 8.77%。

3.粮地经营成本利润率分析

(1)粮地成本分析

随着我国市场经济的发展,国内核算粮地经营成本囊括的指标也在不断发生转变。在以往成本核算中,粮地经营的总成本主要包括两个部分:一部分是物质费用,即生产过程中消耗的各种农业生产资料及各项支出费用,包括直接生产费用和间接生产费用;一部分是人工成本,又称为用工作价,即生产过程中直接使用的劳动力成本,它等于用工量与劳动日工价的乘积。2004 年,我国开始实施新农产品成本调查核算指标体系,新指标体系在体系结构、指标名称及关系、指标涵义乃至调查汇总方法等方面都作了重大调整,从而使各项指标充分体现市场经济条件下的要素投入价格。

对于粮食生产而言,新指标下的经营成本包含了更多的内容,但仍然是由两大部分组成。粮地经营成本的第一部分是生产成本,即直接生产过程中为生产粮食而投入的各项资金(包括实物和现金)和劳动力的成本,它反映了为生产该产品而发生的除土地外各种资源耗费,其值等于物质服务费用与人工成本的总和。与原来物质费用相比,新指标把生产购买服务的支出纳入生产成本,另外,在人工成本中,不仅仅包括家庭用工作价,而且还包括雇工费用。构成经营成本的第二部分是土地成本,也可称之为地租,指土地作为一种生产要素投入到生产中的成本,包括流转地租金和自营地折租。总成本具体构成如图 3-5 所示。

将土地和自用工成本纳入经营成本之中,是我国粮地成本核算的一大突破。在以往粮地生产经营的成本收益分析中,受农村家庭经营方式的影响,很多研究对粮地生产经营成本的核算非常模糊,难以精确地反映粮地的成本收益率。这集中体现在:家庭农忙时的雇工费用普遍没有纳入核算体系,未被列入粮地经营总成本支出项目;而且粮食生产中的自用工成本和家庭土地成本在总成本核算中往往被忽视。

随着我国市场经济的发展,农村劳动力的就业机会越来越多,其从事粮食生产的机会成本也越来越大,放弃粮食生产的机会成本不断降低,因此在核算总成本时应充分考虑家庭劳动力的自用工成本,并应将其纳入总成本支出项目中。当前农民不仅可以在自己的土地上务农,还可被雇帮助他人

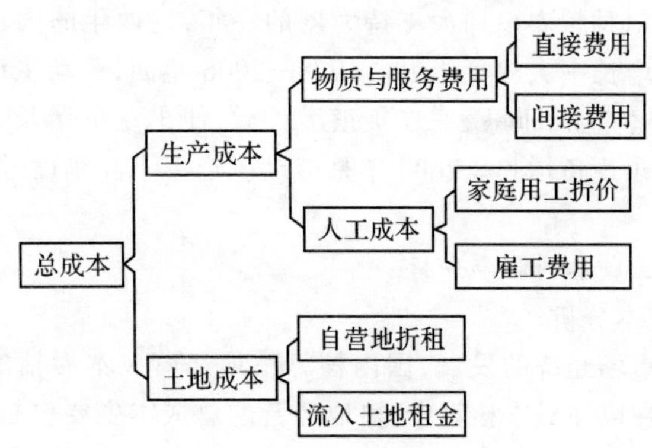

图 3-5 粮地经营总成本构成

从事农业劳动,农忙时期的雇工逐渐频繁起来,这项成本在粮食生产成本中所占的比重也愈来愈大,尤其在规模种植户中更是如此,雇工成本的纳入将更准确地反映粮食在市场经济条件下的生产成本。作为一个土地稀缺的国家,随着土地流转机制不断完善,粮食生产中的土地机会成本不断上升,目前已成为一个不可逆转的趋势。另外,国家对农民承包土地财产性质的进一步确定,使得粮地在当地一定范围内形成了相对"有限"(不可改变土地用途)的土地流转市场。因此,土地的转租、转包、租赁等成本在市场条件下也必然构成粮地经营总成本的一部分,这与农户的自用工成本性质是相同的。

本研究在分析我国粮地经营成本与收益状况时,并未对所有粮食作物一一进行分析,因为这样做也不现实,所以,在这里采用我国三种主要粮食作物(稻谷、小麦、玉米)的平均成本与收益作为分析对象。另外,为了与国家核算口径统一,这里成本与收益状况以亩为单位,1 公顷等于 15 亩。

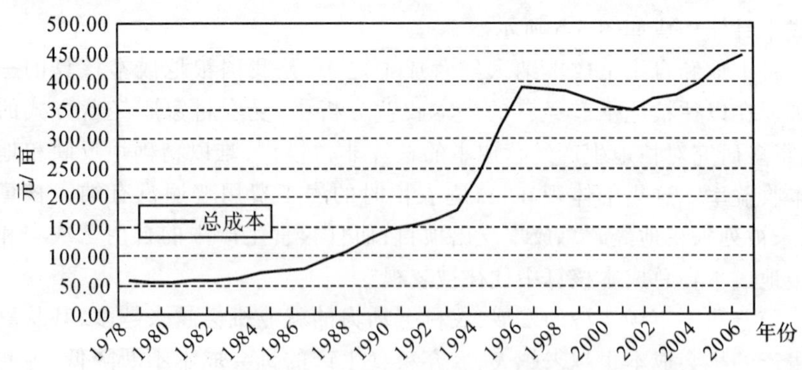

图 3-6 1978—2006 年我国粮地经营每亩成本变化趋势

图 3-6 显示了 1978—2006 年我国粮地经营成本变化情况,从中可以看到,虽然我国粮地经营成本 1997—2001 年这一阶段逐年有所下降,但总体呈上升格局。1978—1983 年粮地经营成本基本保持不变,但从 1984 年开始,其上升幅度逐渐开始加大,尤其是 1993 年至 1996 年这三年间,平均每年单位面积成本增加 70.04 元,增幅达 29.75%;1996 年亩均成本达到出现下降趋势前的最高点,为 388.70 元。1997 年粮地经营成本开始下降,并一直持续到 2001 年。该阶段亩均成本之所以降低,主要原因是由于这一期间农业生产资料价格比较稳定并略有下降,以及农村税费改革的全面推进,大大减轻了种粮农民的负担。2002—2006 年,粮地经营成本又迎来第二次上涨格局,2005 年亩均成本突破 400 元,达到 425.02 元;2006 再创历史新高,上涨到 444.90 元。面对我国粮地经营成本不断上涨的局面,是什么原因造成其如此快速的增加呢? 下面就粮地经营成本的构成及其变化情况作进一步的分析。

我国粮地经营总成本包括生产成本和土地成本,其中,生产成本包括物资与服务费用以及人工成本,如表 3-3 所示。进一步从历年粮地经营成本的变化情况来看,生产成本的变化趋势与总成本基本一致:整体以上升为主,1997—2001 年出现下降,然后又迅速回升。在生产成本中,物质与服务费用的变化和与其大致相同,人工成本总体也呈上升格局,但在 1995 和 1996 两年出现大幅攀升,1995 年由上一年的 77.01 元增加到 116.07 元,1996 年又突然上涨到 152.29 元,两年的平均增幅达到 40.96%。至于土地成本,无论是其总量还是其在总成本所占的比重整体均呈上升趋势。1993—1996 年是土地成本上升比较快的三年,由每亩 14.34 元增加到每亩 33.72 元,1997 年有所回落,但 1998 年创下单年土地成本最大增幅,由 1997 年的每亩 30.48 元增加到每亩 52.22 元,增幅达 71.33%,相应在总成本中的比重也从 7.90%上升到 13.60%。1999—2001 年由于国家土地税费改革的实施,使土地成本逐渐下降,但这一局面到 2002 开始逆转,并出现连续五年增加的态势,到 2006 年土地成本已增加到每亩 68.25 元,平均每年增加 10.10%。从上面分析可以看出,粮地经营成本的上涨主要是由于物质与服务费用、人工成本、土地成本的增加,特别是人工成本和土地成本的上涨。

表 3-3　1978—2006 我国粮地经营每亩成本构成及其变化　单位:元/亩

年份	总成本	总成本构成			
		生产成本	生产成本构成		土地成本
			物质与服务费用	人工成本	
1978	58.23	56.00	29.36	26.64	2.23
1979	56.66	53.02	30.86	22.16	2.54
1980	56.34	52.79	31.53	21.26	3.65
1981	59.36	55.81	32.02	23.79	3.58
1982	58.72	54.81	34.14	20.67	3.86
1983	60.25	55.96	36.30	19.66	4.33
1984	71.81	67.39	39.73	27.66	4.32
1985	73.67	68.25	41.85	26.40	5.42
1986	75.10	70.14	44.34	25.80	5.55
1987	89.79	84.41	50.53	33.88	6.20
1988	106.11	98.75	61.13	37.62	7.36
1989	129.63	121.47	77.01	44.46	8.68
1990	142.89	133.52	83.35	50.17	9.37
1991	153.93	142.77	85.89	56.88	11.16
1992	163.79	151.63	89.62	62.01	12.16
1993	178.58	164.24	99.46	64.78	14.34
1994	239.37	219.44	142.43	77.01	19.93
1995	321.76	294.39	178.32	116.07	27.37
1996	388.70	354.98	202.69	152.29	33.72
1997	386.05	355.57	202.57	153.00	30.48
1998	383.85	331.63	195.62	136.01	52.22
1999	370.68	321.15	192.72	128.43	49.53
2000	356.18	309.22	182.87	126.35	46.96
2001	350.61	308.04	179.39	128.65	42.57
2002	370.40	319.37	189.32	130.05	51.03
2003	377.03	324.30	186.64	137.66	52.73
2004	395.45	341.38	200.12	141.26	54.07
2005	425.02	363.00	211.63	151.37	62.02
2006	444.90	376.65	224.75	151.90	68.25

资料来源:根据《建国以来全国主要农产品成本收益资料汇编(1953—1997)》、《全国农产品成本收益资料汇编(1998—2007)》计算整理。

在表3-3中,物质与服务费用占粮地经营成本一半以上,它的增减变动对总成本具有重大的影响,尤其是物质费用中由农业生产资料构成的直接费用,直接影响着广大农民种粮的收益,因此这里有必要对直接费用的构成作进一步的分析。在粮地经营的直接费用中,包括种子费、化肥费、农家肥费、农药费、农膜费、租赁作业费(机械作业费、排灌费、畜力费)、燃料动力费、技术服务费、工具材料费、修理维护费、棚架材料费、其他直接费用共11项费用。下面就构成直接费用的主要成分予以分析。

表3-4　1978—2006我国粮地经营每亩直接费用构成　　单位:元/亩

年份	种子	化肥	农家肥	农药	农膜	机械作业	排灌	畜力
1978	2.98	7.08	6.72	0.84	0.00	0.84	1.12	2.93
1979	3.23	14.39	—	0.80	0.00	1.22	1.00	3.40
1980	3.43	8.48	6.37	0.90	0.00	1.27	1.08	3.35
1981	3.47	8.68	6.04	0.90	0.00	1.24	1.36	3.65
1982	3.69	9.35	6.41	1.00	0.00	1.17	1.37	4.16
1983	3.94	10.20	6.29	1.08	0.00	1.24	1.48	4.52
1984	4.83	12.25	5.76	1.14	0.00	1.63	1.91	5.43
1985	4.83	12.25	5.76	1.14	0.00	1.63	1.91	5.43
1986	5.32	12.92	5.41	1.31	0.00	2.07	2.19	5.55
1987	6.01	15.58	5.37	1.54	0.00	2.44	2.29	6.29
1988	6.72	20.13	5.99	2.06	0.00	3.14	2.92	7.01
1989	9.08	25.03	6.99	2.93	0.67	4.55	3.71	8.43
1990	10.65	27.77	7.35	3.33	0.92	5.00	3.74	8.33
1991	9.45	28.68	7.07	3.63	1.00	5.99	4.51	8.59
1992	9.64	30.01	6.45	3.73	1.30	6.72	5.06	7.80
1993	10.13	33.56	6.71	4.04	1.42	8.04	5.63	8.75
1994	15.82	46.12	8.21	5.85	1.35	12.49	10.29	11.19
1995	22.65	62.79	10.56	7.33	1.71	13.21	9.42	14.07
1996	24.97	72.11	11.85	8.29	2.49	15.74	11.07	15.08
1997	22.63	68.00	11.09	8.30	2.51	18.44	13.88	15.30
1998	20.71	64.43	11.11	8.25	2.72	20.38	12.84	14.28
1999	21.25	62.75	10.40	8.69	2.16	21.22	14.98	12.82
2000	18.94	57.37	8.87	8.12	1.78	22.85	15.67	12.14
2001	18.00	54.76	9.35	8.31	1.93	22.79	15.50	12.01
2002	20.32	57.27	9.16	8.70	1.77	23.78	14.77	11.16
2003	19.07	57.93	9.04	9.22	1.66	24.09	14.72	10.61
2004	21.06	71.44	9.95	11.55	1.63	31.58	15.01	10.13
2005	24.90	84.31	9.03	14.38	2.01	37.73	15.27	10.26
2006	26.29	86.81	8.89	16.15	2.10	46.73	16.79	9.76

资料来源:根据《建国以来全国主要农产品成本收益资料汇编(1953—1997)》,《全国农产品成本收益资料汇编(2007)》计算整理。

表 3-4 与图 3-7 显示了我国粮地经营直接费用构成及其比重的变化情况。从中可以看到,在粮地经营的直接费用中化肥费用所占比重一直是最大的,并且其比重和总量呈不断上涨的态势。1978—1987 年化肥费用比重还在 30.00% - 35.00%阶段波动,1988—2006 年这一比重上升到40.00%左右。2006 年的化肥费用比重达到 39.72%,比 1978 年高出 10.68 个百分点。在比重上升的同时总量也出现快速增加局面,1978 年每亩的化肥费用仅有 7.08 元,到 2006 年已高达 86.81 元/亩,比 1978 年增加了11.26倍。对于化肥具有一定替代作用的农家肥费用,1978—1985 年期间仅次于化肥费用,但随着化肥的推广和应用,农家肥费用所占比重逐渐减少。1978 年农家肥费用为 6.72 元/亩,2006 年也只有 8.89 元每亩,比重已由 1978 年的 27.56% 下降到 2006 年的 4.07%。对于我国粮地种子费用,其数量有所增加但比重相对比较稳定,大致保持在 12.00% - 14.00%左右。1978 年种子费用为 2.98元,2006 年上升为 26.29 元,占直接费用的比重 1978 年为 12.22%,2006 年为 12.03%,略微有所下降。近年来,我国粮地经营的机械费用、农药费用不断增加,尤其是机械费用上涨非常迅速。1978 年机械费用每亩仅有 0.84 元,2006 年达到 46.73 元/亩,其比重由 1978 年的3.45%增加到 2006 年的 21.38%,增长了 520.61%。与机械费用对应的畜力费用总量在 1978—1997 年有所增加,但 1997 年以后开始逐渐减少,其所占比重从 1984 年开始也逐渐下降,1984 年最高时达到 16.12%,2006 年该比重已降到 4.47%。对于粮地排灌费用,总量是不断增加的,但比重近几年呈下降格局。1978—2001 年排灌费用比重以上升为主,2001 年达到最高,为10.35%,但 2002 开始出现下降,2006 年已降到 7.68%。综上分析,化肥、农药、机械费用的增加是导致粮地经营成本直接费用增加的最主要原因,但这些费用的

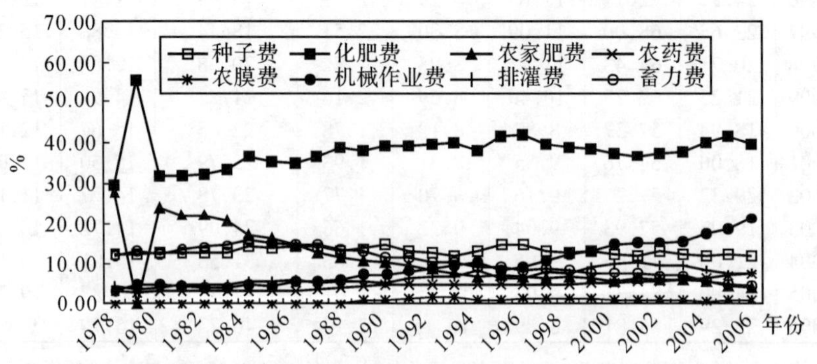

图 3-7 1978—2006 年我国粮地经营每亩直接费用主要成分所占比例变化情况

上升同时说明我国粮地经营正在逐渐向化学化和机械化方向转变。

(2)粮地成本利润率分析

农户作为独立的经营组织,其粮地经营的产值在一定程度上反映了从事粮食生产经营所获得的收入——利润。通常情况,粮地经营产值越高,农户获得的利润也越高。图 3-8 显示了我国 1978 年以来粮地经营产值的变化情况,从中可以看到,1978—2006 年粮地每亩产值总体是上升的,但在个别阶段却出现大幅度下降的局面。1996 年以前,我国粮地经营产值一直呈上升的趋势,虽然在个别年份偶尔下降,但减少幅度并不大。1993—1995 年是该阶段产值增加幅度最大的三年,平均每年每亩增加 112.63 元,年均增幅高达 38.67%。1996 年每亩产值开始下降,而且下降幅度比较大,2000 年达到下降趋势的最低点,产值仅有 352.96 元,比 1995 年减少了 192.71 元,降幅达 35.32%。2001 年粮地经营产值有所回升,2004 年产值突然由上一年的 411.24 元增加到 591.95 元,2006 年这一产值上升到有史以来的最高点,每亩达到 599.86 元。

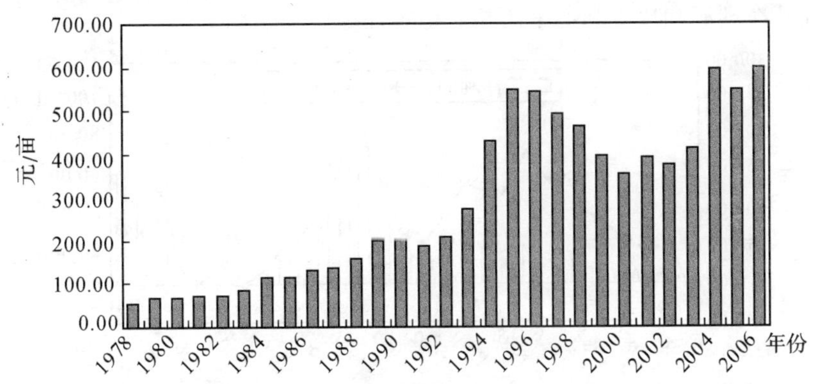

图 3-8 1978—2006 年我国粮地经营每亩产值变化

粮地经营的净利润是每亩粮地产值扣除生产过程中所有投入(资本、劳动力和土地等)后的余额,它反映了粮食生产消耗全部资源的净回报以及农民获得的净收入;而成本利润率则反映了相对于投入全部生产要素的成本,这种净利润的高低。图 3-9 展现了我国粮地经营 1978—2006 年间的每亩净利润以及成本利润率的变化。从中可以看出,绝大多数年份随粮地经营净利润的增加,成本利润率也会增加,反之亦然,但 1995 年是个例外。该年每亩净利润增加了 115.57 元,但成本利润率却下降了 10.09%。之所以出现该种状况,主要是 1995 年粮地经营成本上升幅度较大,达 34.42%。成本利润率 1978—2006 年呈现 M 型曲线的变化规律,即出现两个上涨的波峰后均表现出下降的格局,近几年成本利润率略有上升,但仍然比较低。另外,从图 3-9 还可以看到,净利润的高低与成本利润的高低并没有表现出完全相同的变化特征。有些年份粮地经营的净利润很低,但成本利润率却很高,例如 1984、1985、1986 这三年;反之,有些年份的净利润很高,但成本利润率却比较低,例如 2005 和 2006 年。究其原因,主要是粮地经营的成本和粮食出售的价格的波动,导致两者这种变化趋势的非一致性。

图 3-9 净利润与成本利润率的变化表明,广大农民从事粮食生产经营并不是每年都能够获得正收益,扣除经营成本后个别年份出现了净亏损。1978 年和 2001 年则是农民种粮亏损的两年,这两年的每亩净利润和净利润率均为负,其中,净利润分别为 - 2.18 元、- 3.22,利润率分别为 - 3.73%、- 0.89%。这意味着这两年中农民种粮不但不会有盈利,而且每亩还要亏损2.18元和 3.22 元。由此可看出,农民种粮获得收益往往面临着比其他行业经营主体更大的不确定性和风险性。因此,要想增加粮地经营的收益,减少这种不确定性对净利润的影响,农民有必要提高粮地的生产效率,保证粮地经营净利润和成本利润率的相对稳定性。

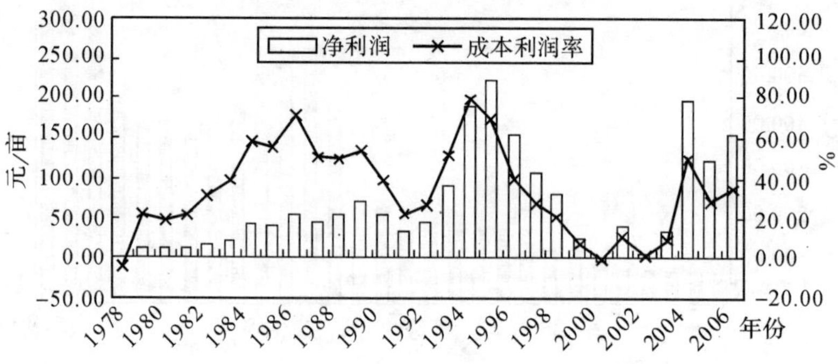

图 3-9 1978—2006 年我国粮地经营每亩净利润与成本利润率变化

3.2 吉林省粮地规模及其效率概况

3.2.1 自然环境与经济发展水平概况

1. 自然环境状况

吉林省地处中国东北地区的中部,位于东经 121°38′ - 131°19′、北纬 40°52′ - 46°18′之间,东部与俄罗斯接壤,界线长 232.7 公里;东南部以图们江、鸭绿江为界,与朝鲜相望,界线长1206公里;南连辽宁省,西接内蒙古自治区,北邻黑龙江省。吉林与朝鲜、韩国、蒙古、日本与中国东北部组成东北亚地区腹心地带,东部珲春市处于东北亚地理位置的几何中心,距日本海15公里,距俄罗斯的波谢特湾4公里,出图们江口入日本海,是中国距俄罗斯、朝鲜半岛东海岸、日本、北美洲的海上最近点。全省总面积18.74万平方公里,约占全国总面积的2%,居全国第14位,设9个省辖市(州),包括20个县级市、17个县、3个自治县和19个市辖区。

吉林省地势由东南向西北倾斜,呈现明显的东南高、西北低的特征。以中部大黑山为界,可分为东部山地和中西部平原两大地貌区。其中,山地面积占全省总面积的36.00%,平原面积约占全省总面积的30.00%。全省拥有耕地面积564.95万公顷左右,占总土地面积的30.15%,人均耕地0.21公顷,是全国的2.13倍;耕地土壤条件优越,土壤结构好,其中黑土、黑钙土、淡黑土、草甸土等肥力较高的土壤占52%,素有"黑土地之乡"之称,土壤有机质含量丰富,适合农作物生长;全省现有林地面积818.30万公顷,森林覆盖率达43.2%,立木蓄积量列全国第六位;草地面积584.22万公顷,主要集中于西部地区和林间草地及林下草场,是全国八大牧区之一。

在气候方面,吉林省属于温带大陆性季风气候,但由于受长白山脉呈东北西南走向高地势阻拦,大陆性气候十分明显,因而形成了春季干燥多风沙,夏季高温多雨,秋季降温快、霜来早,冬季漫长、严寒少雪的气候特点。全省日照时数为2200-3000小时,日照百分率为50%-70%。由于地区差异,总的趋势是日照时数由东向西递增。年平均气温为3-5度;年平均降水量400-600毫米;年无霜期120-160天。全省光、热、水资源在时间分布上主要集中在6-9月份,具有雨热同季的特点,对一季作物的生长十分有利。

肥沃的土壤和适宜的气候,为吉林省粮食生产创造了优越的条件,从而使其成为国家主要产粮区和重要商品粮基地。省内主要粮食作物有玉米、水稻、大豆、高粱、谷子、小麦,以及薯类和其他杂粮,其中,玉米和大豆闻名全国。良好的气候环境,使吉林省中部成为世界上最适合玉米生长的三大"黄金玉米带"之一。20世纪80年代以来,全省人均粮食占有量、粮食商品率、粮食调出量以及玉米出口量连续十几年居全国第一位,大量玉米出口日本等国,现已成为该省外贸出口的大宗商品之一。另外,吉林省的大豆以其优越的品质受到国内外市场的欢迎,素有"大豆之乡"的美称。

2.经济发展水平

2003年党中央提出振兴东北老工业基地的发展战略为吉林省经济发展提供了前所未有的机遇,长期的改革与发展使吉林省逐渐由一个传统农业大省转变成为现代农业大省。2006年末全省总人口为2679.50万人,其中农业人口为1470.70万人,占总人口数的54.89%,乡村劳动力为691.90万人,占农业总人口的47.05%。2006年全省实现国内生产总值(GDP)4275.12亿元,人均15954.92元,其中,第一、二、三产业增加值分别为672.76亿元、1915.29亿元、1687.07亿元,构成比例为15.74:44.80:39.46。在GDP上涨的同时,三次产业的贡献率也由2005年的14.50%、41.40%、44.10%变为4.90%、49.60%、45.50%。2006年全省规模以上工业增加值达13955.01亿元,增长18.50%,比全国平均增幅高出6个百分点。

在国家惠农政策的激励下,2006年吉林省农、林、牧、渔业总产值达到1155.50亿元;粮食总产量再创历史最高水平,达2720.0万吨,比2005年上涨了5.38个百分点。全省猪、牛、羊、禽分别发展到3200.00万头、600.00万头、450.00万只和6.70亿只;肉类总产量315.00万吨,禽蛋产量101.00万吨,牛奶产量34.50万吨;人均肉类占有量236.40斤,连续9年居全国第一位。农产品加工业成为吉林省第三大支柱产业,全省拥有各类农业产业化龙头企业1300多户,粮食实际加工量达到260.00亿斤,农产品加工业销售收入突破1300.00亿元。城镇居民人均可支配收入9775.07,农民人均纯收入3641.13元,两者收入之比为2.68:1;在农民纯收入中,从事第一产业仍是其获得收入的主要来源,人均达到2424.64元,占其总收入的66.59%,其次是工资性收入,人均为605.11元,所占比例为16.62,其他收入占16.79%。

3.2.2 粮地规模及其变化趋势分析

吉林省作为全国的粮食主产区以及商品粮基地,其粮食生产的稳定性对国家粮食安全具有重要的影响。然而,直接决定这一稳定性的则是耕地中用于粮食生产的土地面积,即粮地的经营规模。

1.吉林省耕地规模及其变化趋势分析

从图3-10可以看到,2002年吉林省的耕地总量突然出现增加,主要原因是吉林省从该年开始采取新的统计口径来衡量耕地面积,与此同时运用卫星系统进行航测,从而使耕地数量更加精确,实际耕地面积并没有大幅度增加。因此,这里分两个阶段对吉林省耕地面积变化趋势予以分析。1978—2001年,吉林省的耕地面积一直比较稳定地保持在0.59-0.61亿亩之间,其中,1978—1984年为0.61亿亩,1985—1986年为0.60亿亩,1987—1996年为0.59亿亩,1997—2001年又回到0.60亿亩。2002—2006年期间,在全国耕地总量不断减少的情况下,吉林省的耕地面积却出现连续3年

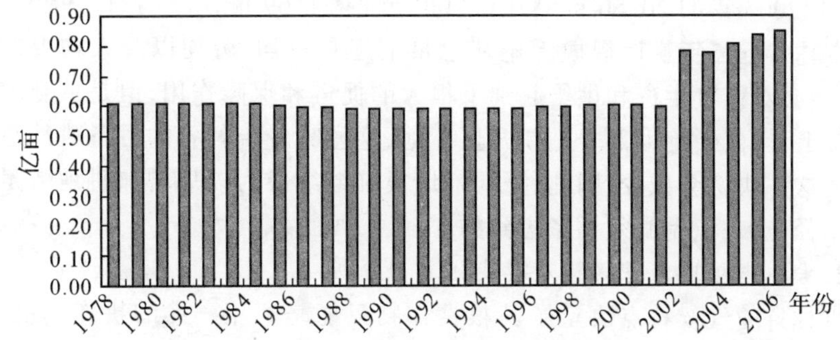

图 3-10 1978—2006 年吉林省耕地面积变化趋势

增加的大好局面。2003 年耕地面积为 0.77 亿亩,到 2006 年增加到 0.85 亿亩,平均每年以 2%的速度上升。在耕地面积有限的情况下,吉林省耕地规模出现大幅增加,与当地农民积极开拓荒地是分不开的。2004 年到 2006 年,吉林省平均每年新开荒地达到 82.91 万亩。

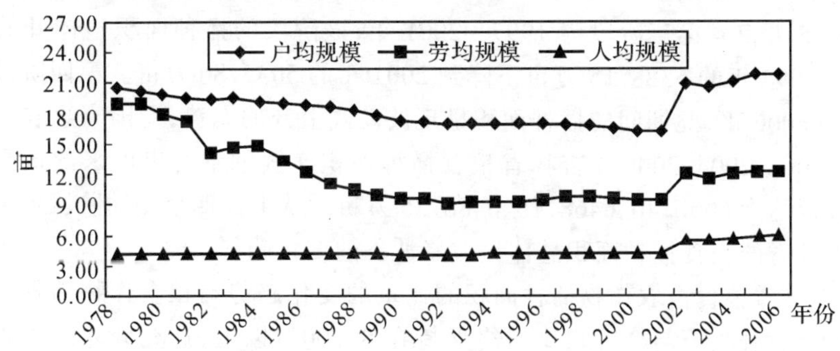

图 3-11 1978—2006 年吉林省农户耕地规模变化趋势

图 3-11 展示了吉林省 1978—2006 年农户耕地规模变化情况。从中可以看到,1978—2001 年户均和劳均耕地规模总体表现为不断下降的趋势,其中下降幅度最大的是劳均规模。1978 年的劳均耕地为 18.96 亩,到 2001 年已降至 9.33 亩,23 年间共减少了 9.63 亩,降幅达 50.79%,平均每年以 2.21%的速度递减。在这一期间,劳均规模降幅最大的是 1982,单年下降幅度达到 18.29%,比 1981 年净减少了 3.16 亩。与劳均规模相比,该期间户均规模下降幅度相对比较小,但总体趋势仍是下降的。1978 年户均耕地 20.58亩,到 2001 年已降为 16.15 亩,降幅达 21.54%,年均下降 0.94%。1978—2001 年的人均规模变化幅度不大,大致在 3.99 - 4.19 亩间细微变动。2002—2006 年四年间,除 2003 年户均、劳均、人均耕地规模有所下降外,其余三年三者均表现为上升格局,其中,户均规模上升幅度相对比较大

一些,由 2003 年的 20.50 亩上升到 2006 年的 21.69 亩,增加了 1.19 亩。

吉林省近三年耕地规模无论从总量上还是户均、劳均以及人均上的增加,无疑会对粮食生产和供给起到了很大的促进和保障作用,但是从新增耕地来源上看,由于绝大部分是新开垦荒地,这意味着吉林省的后备耕地总量中荒地这一块将会减少,因此,开垦荒地很难继续成为以后增加耕地数量的有效途径,这一点是必须要考虑到的。

2. 吉林省粮地经营规模及其变化趋势分析

吉林省的气候特点决定了其粮食作物只能是一年一熟的耕作制度,因此,粮食作物的播种面积能够更加准确地反映粮地的生产经营规模。从表 3-5 可以看到,吉林省粮食作物的播种面积的变动大致可分为四个阶段:第一阶段为 1978—1985 年,该阶段总体表现为下降的趋势,其中 1985 年的播种面积降到改革开放以来的最低点,仅有 4925.19 万亩。第二阶段为 1986—1996 年,这一期间的播种面积总体为上升阶段,虽然个别年份有所下降,但下一年又迅速恢复,1996 年的播种面积增加到该期间的最高点,达到 5436.75 万亩。第三阶段为 1997—2001 年,该阶段的播种面积整体开始下滑,由 1997 年的 5388.15 万亩下降到 2001 年的 5035.80 万亩。第四阶段是 2002—2006 年,此期间的播种面积呈现波动式上升的态势,受国家惠农政策影响,2002、2004、2006 年吉林省粮食播种面积连续创下有史以来的最高纪录,分别达到 6056.40、6468.15、6488.25 万亩。从上面四个变动阶段可观察到,吉林省的粮食播种面积总体呈波峰波谷的变化趋势。

吉林省粮食占农作物播种面积的比重的变化趋势与粮食作物播种面积变化大致相同,但与全国相比始终保持在 80.00% 以上,这充分体现了吉林省作为全国农业大省和粮食主产区的重要地位。虽然吉林省粮食播种面积比重较高,但各年之间的波动幅度也比较大。1985 年,粮食播种面积比重降到改革开放以来的最低点,勉强保持在 80.00%,仅有 80.80%;1996 年,比重达到 1978 年以来的最高,为 89.21%,接近 90.00%。吉林省该比重的波动受多方面因素影响,但对其影响最大的还是国家的农业政策,尤其是粮食政策。

与全国相比,吉林省粮地播种面积的户均、人均、人均规模远高于全国的平均规模,其变化趋势和本省的耕地户均、人均、人均规模变化几乎是一致的,这主要是由于吉林省粮地播种面积占耕地比重较大,每年耕地的变动主要是粮食播种面积的变化,因此两者的变化格局基本相同。1978—2001 年户均和劳均规模总体波动下降,其中降幅最大的仍然是劳均规模,从最高 1978 年的 16.87 亩降到 2001 年的 7.87 亩。但 2001 年并不是改革开放以

表 3-5 1978—2006 吉林省总体及农户粮食播种面积变化情况

年份	粮食作物播种面积(万亩)	粮食占农作物播种面积比重(%)	户均规模(亩)	劳均规模(亩)	人均规模(亩)
1978	5404.70	88.90	18.31	16.87	3.65
1979	5400.15	88.66	18.02	16.78	3.65
1980	5286.41	86.87	17.40	15.64	3.58
1981	5263.95	86.12	16.98	14.93	3.56
1982	5332.80	87.45	16.93	12.38	3.60
1983	5379.75	88.13	17.12	12.96	3.64
1984	5252.55	85.83	16.56	12.78	3.55
1985	4925.19	80.80	15.50	10.94	3.36
1986	5204.25	85.95	16.38	10.70	3.59
1987	5228.55	86.35	16.31	9.65	3.61
1988	5133.75	84.82	15.78	8.98	3.55
1989	5146.35	85.32	15.53	8.65	3.54
1990	5288.79	87.28	15.51	8.61	3.61
1991	5313.00	87.11	15.44	8.56	3.60
1992	5305.29	87.36	15.26	8.20	3.59
1993	5290.05	87.06	15.19	8.28	3.61
1994	5350.05	87.86	15.36	8.31	3.70
1995	5365.35	88.11	15.38	8.28	3.74
1996	5436.75	89.21	15.48	8.64	3.78
1997	5388.15	88.31	15.22	8.74	3.77
1998	5350.80	87.83	14.95	8.68	3.73
1999	5270.10	86.45	14.46	8.40	3.65
2000	5035.65	82.57	13.61	7.86	3.50
2001	5035.80	82.98	13.62	7.87	3.51
2002	6056.40	86.13	16.11	9.23	4.20
2003	6020.70	85.09	15.93	9.00	4.18
2004	6468.15	87.93	16.94	9.64	4.49
2005	6441.75	86.70	16.79	9.40	4.46
2006	6488.25	86.78	16.61	9.38	4.50

资料来源:根据《吉林统计年鉴》(1979—2007)计算整理。

来最低的一年;2000 年降到最低,仅有 7.86 亩,虽然仅比 2002 年少 0.01 亩,但这却意味着劳均规模不断下降的必然趋势,在我国农业劳动生产效率原本非常低下的情况下,劳均规模的缩小无疑会进一步导致该效率的降低。对于户均规模而言,1978—1985 年和 1997—2001 年这两个阶段波动下降幅度较大,年均降幅分别达到 2.19% 和 2.63%;1986—1996 年期间降幅较小,年均下降仅有 0.55%。与户均和劳均规模相比,1978—2001 年吉林省人均规模变化幅度不大,在 3.36 - 3.78 亩之间波动,其中 1993—1996 年略显阶段上升趋势,1997—2001 年逐渐有所下降。2002—2006 年,户均和劳均规模总体表现为先上升后下降的格局,2004 年两者达到该阶段的最高,分别为 16.94 亩、9.64 亩,之后连续两年开始下降。对于人均规模该阶段则呈现波动上升态势,由 2003 年最低的 4.18 亩增加到 2006 年的 4.50 亩。

3. 吉林省主要粮食作物播种面积及其变化趋势分析

与全国主要粮食作物稻谷、小麦、玉米不同,吉林省的主要粮食作物是玉米、大豆和水稻,其中,玉米一直是省内最主要的粮食作物,其播种面积以及在农作物总播种面积中所占比例历年始终是最高的,其次是大豆和水稻。如表 3-6 所示。另外,通过对表 3-6 进一步观察可以看到,1978—1990 年这一期间大豆播种面积一直高于水稻播种面积,1990 年以后,水稻的播种面积逐渐开始超过大豆的播种面积。

吉林省玉米播种面积自 1978 年以来,总体表现为波动上升趋势,但在 2000 年突然出现了一个小的低谷,由 1999 年的 3563.27 万亩降到 2000 年的 2731.67 万亩,降幅达 23.34%,之后又逐渐回升。根据这一变化,吉林省玉米播种面积的变化可大致分为两个阶段:第一阶段 1978—1999 年,该阶段玉米播种面积及其比重以上升为主,中间出现小幅波动,1996 年达到这一期间的最高,为 3721.95 万亩,占粮食作物播种面积的 68.32%,之后的三年略微有所下降。第二阶段为 2000—2006 年,这一阶段播种面积在 2000 年突然减少后呈现新一轮的上涨格局,2004 年播种面积达到 4352.22 万亩,比例为 67.29%,是该阶段总量和比重最大的一年,接下来的两年出现小幅下降。水稻播种面积与玉米相比,变化的总体趋势是相同的,均表现为上升,但其各个年间波动的幅度相对较小,绝大多数年份表现为上升。2002 年水稻播种面积达到历史最高,为 999.15 万亩,比重为 16.50%。2003 年出现小幅下降后再次呈现不断增加的态势。

表 3-6 1978—2006 吉林省主要粮食作物播种面积及其比重变化情况

单位:万亩

年份	玉米		大豆		水稻	
	面积	比重(%)	面积	比重(%)	面积	比重(%)
1978	2280.11	42.19	876.11	16.21	417.11	7.72
1979	2393.40	44.32	864.90	16.02	390.75	7.24
1980	2522.81	47.72	834.71	15.79	378.80	7.17
1981	2326.95	44.21	907.95	17.25	380.55	7.23
1982	2408.25	45.16	880.50	16.51	390.60	7.32
1983	2572.35	47.82	749.55	13.93	399.45	7.43
1984	2782.20	52.97	595.65	11.34	427.05	8.13
1985	2519.40	51.15	717.20	14.56	483.71	9.82
1986	2984.85	57.35	733.65	14.10	522.75	10.04
1987	3183.30	60.88	729.15	13.95	551.25	10.54
1988	2980.95	58.07	817.35	15.92	569.40	11.09
1989	2974.65	57.80	805.95	15.66	584.55	11.36
1990	3328.61	62.94	695.70	13.15	627.60	11.87
1991	3420.20	64.37	646.80	12.17	650.10	12.24
1992	3351.11	63.17	656.19	12.37	663.60	12.51
1993	3058.50	57.82	910.05	17.20	641.55	12.13
1994	3150.30	58.88	906.30	16.94	624.75	11.68
1995	3516.15	65.53	698.85	13.03	636.15	11.86
1996	3721.95	68.46	511.50	9.41	651.15	11.98
1997	3681.33	68.32	464.33	8.62	679.68	12.61
1998	3631.94	67.88	456.44	8.53	688.44	12.87
1999	3563.27	67.61	417.44	7.92	697.80	13.24
2000	2731.67	54.25	808.44	16.05	725.97	14.42
2001	2890.85	57.41	715.26	14.20	698.10	13.86
2002	3869.25	63.89	622.50	10.28	999.15	16.50
2003	3940.80	65.45	645.00	10.71	811.50	13.48
2004	4352.22	67.29	788.85	12.20	900.15	13.92
2005	4162.80	64.62	757.25	11.76	981.00	15.23
2006	4208.55	64.86	672.60	10.37	996.00	15.35

资料来源:根据《吉林统计年鉴》(1979—2007)计算整理。

1978—2006 年大豆播种面积及其总播种面积的比重表现为剧烈波动下降的趋势。1993 年是 29 年中大豆播种面积最大的一年，达到 910.05 万亩，比重为 17.20%；其次是 1994 年，达到 906.30 万亩，比重为 16.94 万亩；此后几年大豆播种面积连续下降，1999 年已跌到 417.44 万亩，所占比重仅有 7.92%，是 1978 年以来的最低；2000 年又迅速增加到 808.44 万亩，波动幅度非常大，比 1999 年增加了 93.67%。

3.2.3 粮地效率状况及其变化趋势分析

1. 粮地经营土地产出率分析

吉林省作为粮食主产区，其粮地产出率的稳定增长对保障国家粮食供给的稳定具有重要的意义。从图3-12可看到，吉林省粮地产出率仍然以上升为主，这一点与全国基本相同，但其各年间的波动上要比全国剧烈得多。除 1978—1980 年，1991—1995 年以及 2002—2006 年的粮地产出率变化较稳定外，其余年份均呈现较大幅度的上升或下降。1982 年吉林省每亩粮地产量仅有 187.53 公斤，到 1983 年则一跃超过 200.00 公斤，达到 274.73 公斤，上升幅度高达 46.50%，紧接着 1984 又增加到 311.17 公斤。自 1985 年以后的 10 年中，粮地产出率一直在 250.00 - 350.00 公斤左右徘徊。1996 年粮地产出率首次突破 400.00 公斤，达 427.94 公斤。1998 年吉林省每亩粮地产量创下有史以来的最高点，达到 468.34 公斤，但到 2000 年却出现急剧下降的格局，亩产量由 1999 年的 437.49 公斤突然跌倒 325.28 公斤，跌幅为 25.65%。2005 在国家政策的激励下，粮地产出率又恢复到 400.00 公斤。

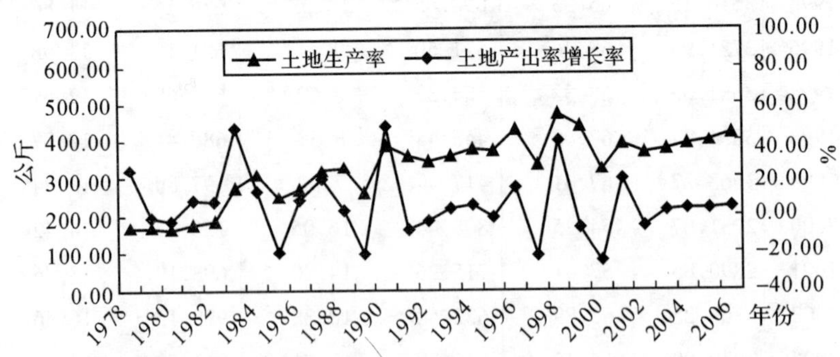

图 3-12　1978—2006 年吉林省粮地产出率及其增长率变化

土地产出率的不稳定性导致其年增长率出现非常剧烈的波动，如图3-12所示。1978—2002 年粮地产出率增长率年均波动幅度高达 15.01%，其中，1983、1990、1998 年是吉林省粮地增长率上升最高的三年，分别达到

46.50%、47.37%、39.55%;而1985、1989、1997、2000年则是其下降较大的四年,分别为20.05%、20.39%、21.58%、25.65%。从2003年开始,增长率波动幅度逐渐缩小。吉林省粮地产出率之所以出现如此大的波动,原因是多方面的,但粮食价格和国家宏观政策在其中起到了决定性的作用。

2.粮地经营劳动生产率分析

吉林省粮地劳动生产率在国内是比较高的,其劳均产粮量是全国的2.50倍左右。从图3-13我们可观察到,历年农业劳动力人均粮食产量波动幅度较大,但这并没有改变总体上升的趋势。在改革开放初期,吉林省粮地劳动生产率不但没有上升,反而出现连续四年下降的格局,1982年降到1978年以来的最低,仅有2416.72公斤,这种局面一直到1983年才开始发生转变。吉林省之所以出现这种状况,究其原因,主要是与全国其他地区相比,其推行家庭联产承包责任制相对比较滞后,直到1984年才在全省大范围铺开,从而拉动了该年劳均产粮量的上升,并突破4000.00公斤,达到4074.94公斤,但家庭联产承包责任制的实施并没有使劳动生产率保持持续增长的态势。

1985年每一劳动力粮食产量反而出现了下降,虽然1986和1987两年有所回升,但在1989年又跌回2400.00公斤这一产量,仅比1978年高出44.64公斤。1998年,劳动生产率达到有史以来的最高,为4597.32公斤。但这一纪录并没保持多久,2000年劳均产量出现大幅下降,由1999年的4183.63公斤降至2803.35公斤,一年减少了1380.28公斤,降幅达32.99%。2004—2006年,国家对种粮农民的补贴促使吉林省劳动生产率三年连续稳定增长。

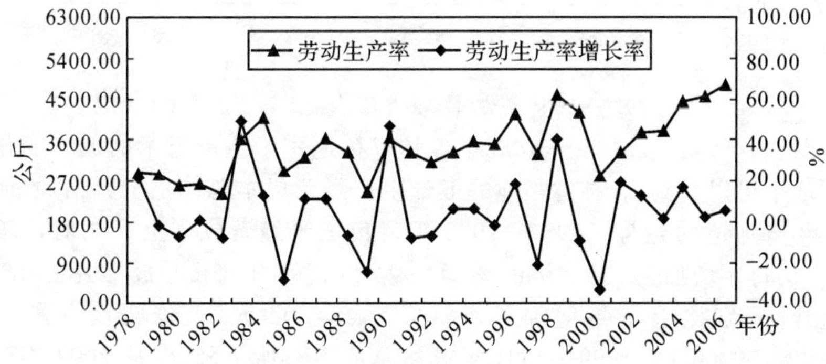

图3-13 1978—2006年吉林省粮地劳动生产率及其增长率变化

吉林省粮地劳动生产率增长率的变化,在各个年间波动幅度非常大,而且没有出现趋于稳定的格局,但通过对图3-13进一步观察可发现,其呈现一定规律性的变化特征,即每 5 - 7 年便出现一个 W 型的变化曲线。1978—2006 年 29 年中出现了 5 个这种变化周期,分别是 1978—1983、1983—1990、1990—1996、1996—2001、2001—2006。吉林省劳动生产率增长率这一变化规律的展现,可以使有关部门更加准确地把握省内劳均产粮量的变化,并且可在今后的某一阶段,有针对性地调整粮地劳动生产率。

3.粮地经营成本利润率分析

(1)粮地成本分析

吉林省粮食种植结构相对比较单一,玉米是省内主要的粮食作物,20 世纪 80 年代其播种面积占整个粮食作物播种面积比重在 45.00% - 50.00% 徘徊,到 90 年代,该比重已增加到 60.00% 以上,并且至今仍保持这一较高的比例。因此,本研究对吉林省粮地经营成本利润率的概括分析,主要针对的是玉米生产成本利润率的分析。另外,由于《建国以来全国主要农产品成本收益资料汇编(1953—1997)》中缺少吉林省 1978 年的玉米成本收益记录,所以这里的成本利润率变化分析从 1979 年开始,但缺少一年并不影响本研究对粮地玉米成本利润率整体变化趋势的分析。

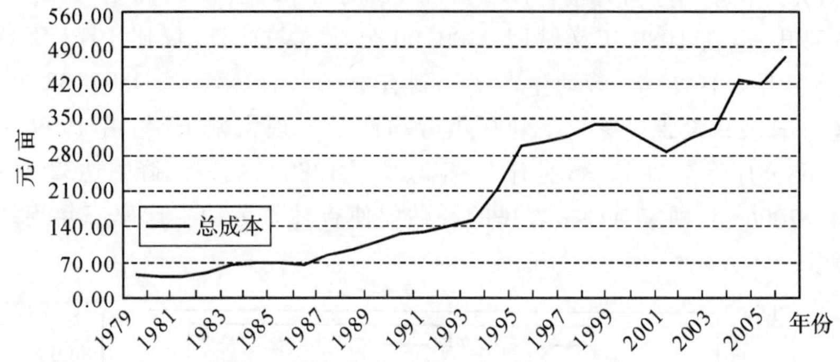

图 3-14 1979—2006 年吉林省粮地玉米生产每亩成本变化趋势

图 3-14 显示了 1979—2006 年吉林省粮地用于生产玉米的成本变化趋势。从中可以看到,吉林省粮地的玉米生产经营成本总体呈上升格局,而且近几年有加速的趋势。1987—1993 年每亩玉米经营成本上升相对比较平缓,平均每年增加 12.35 元/亩,然而 1994 和 1995 年每亩总成本突然出现大幅上升,分别比上一年增加了 59.32 元、84.02 元,上涨幅度分别达到 38.89%、39.66%。1999—2001 年虽然总成本有所下降,但从 2002 年开始再度出现大幅度上升的格局,尤其是 2004 年粮地玉米经营成本由 2003 年每亩的 332.10 元增加到 427.49 元,涨幅达 28.72%。2005 年总成本略微有所下降,2006 依然保持这种上升的趋势。导致粮地的玉米生产经营成本增加的原因是多方面的,下面就其成本构成予以进一步的分析。

表 3-7　1979—2006 吉林省粮地玉米生产每亩成本构成及其变化单位:元/亩

年份	总成本	总成本构成			
		生产成本	生产成本构成		土地成本
			物质与服务费用	人工成本	
1979	46.78	42.15	28.95	13.20	4.63
1980	43.49	38.74	27.94	10.80	4.75
1981	43.97	39.42	26.82	12.60	4.55
1982	50.26	45.22	32.12	13.10	5.04
1983	64.59	59.18	45.82	13.36	5.41
1984	68.68	63.63	45.78	17.85	5.05
1985	69.73	63.47	48.77	14.70	6.26
1986	66.12	60.43	46.78	13.65	5.69
1987	84.13	76.64	56.20	20.44	7.49
1988	92.59	84.24	62.46	21.78	8.35
1989	110.63	101.39	75.96	25.43	9.24
1990	126.70	115.00	86.29	28.71	11.70
1991	131.69	122.74	87.46	35.28	8.95
1992	139.34	129.30	92.64	36.66	10.04
1993	152.55	142.33	101.21	41.12	10.22
1994	211.87	199.24	141.16	58.08	12.63
1995	295.89	282.00	215.63	66.37	13.89
1996	302.60	277.70	223.70	54.00	24.90
1997	316.25	294.61	214.51	80.10	21.64
1998	339.44	281.00	194.51	86.49	58.44
1999	337.87	289.69	185.52	104.17	48.18
2000	314.10	275.01	180.41	94.60	39.09
2001	285.87	238.35	161.79	76.56	47.52
2002	314.02	257.18	186.88	70.30	56.84
2003	332.10	276.56	183.60	92.96	55.54
2004	427.49	313.19	178.55	134.64	114.30
2005	417.98	299.42	179.77	119.65	118.56
2006	471.65	348.39	220.66	127.73	123.26

资料来源:根据《建国以来全国主要农产品成本收益资料汇编(1953—1997)》、《全国农产品成本收益资料汇编(2007)》计算整理。

从表3-7吉林省粮地生产玉米每亩的成本构成及其变化情况可以看出，每亩总成本的增加主要是由于生产成本和土地成本的大幅上涨造成的。1979—2006年生产成本的变化趋势与总成本几乎是一致的，而且在1995年以前，两者在数值上非常接近，年均相差仅有7.88元。1996年开始，随着每亩土地成本的增加，两者差距才逐渐加大。在生产成本中，物质与服务费用总体趋势是不断上升的，但在个别阶段出现短期下降的局面。1979—1996年物质与服务费用以上升为主，1996年该费用达到历史最高点，为223.70元。1997年随着农业生产资料价格的降低，每亩的物质与服务费用开始下降，这一趋势一直持续到2001年，之后其又恢复到逐渐上涨的格局。至于生产成本中的人工成本，则呈波动上涨的格局。近几年随着农民就业的多元化，农民种粮的机会成本不断增加，这使得每亩的人工成本也不断上涨，1979年每亩人工成本仅有13.20元，2006已上升到127.73元，但这并不是最高的一年。2004人工成本达到有史以来的最高，为134.64元/亩。总成本中的土地成本，1979—1997年这一期间增长相对比较缓慢，截至1997年每亩土地成本也仅有21.64元，1998—2003年该成本上升到了50.00元左右。2004年受国家种粮政策的激励，土地成本出现大幅增长，由2003年每亩55.54元增加到114.30元，增幅达105.80%。2006年土地成本继续保持上涨的趋势，并且已达到123.26元/亩。

每年玉米生产经营的物质与服务费用在总成本中占近一半的比重，如表3-7所示，该费用的变化直接影响着当年玉米生产成本的增减变动，因此，要了解总成本的变化，有必要对构成物质与服务费用主体的直接费用作进一步的分析。

表3-8与图3-15展示了吉林省粮地玉米生产经营直接费用构成及其比重的变化情况。从中可以看到，对于所占比重最大的化肥费用，无论是总量还是所占比重均表现出不断上涨的格局，尽管1997—2001年这一期间有所下降，但并未改变这一格局，而且近几年呈现加速上涨的趋势。1979年每亩玉米地的化肥费用仅有10.90元，2006年这一费用已上升到113.78元，增长了10.44倍。1994—1995年与2004—2006年是化肥费用增长速度最快的两个阶段，年均增速分别达到44.41%、22.89%。畜力费用是每亩玉米生产直接费用中的第二大费用，2002年以前该费用仅低于化肥费用，由此可见，畜力在玉米耕作中发挥着重要的作用，另一方面也说明农业机械化在吉林省的发展相对比较缓慢。1997年以前每亩的畜力费用一直是上升的，1996年达到历史最高峰，每亩为48.45元，之后逐年下降。2002年每亩机械作业费用和种子费用超过了畜力费用，尤其是机械作业费取代了畜力费逐渐成为第二大费用。1979—2001年粮地的玉米机械作业费用呈上升的格

局,但每年增加的幅度并不大,直到 2002 年该费用才出现较大幅度上涨,2006 年达到 37.37 元/亩。种子费用是直接费用中一直处于第三位的费用,1978—2006 年每亩种子费用的变化趋势与化肥费用基本一致,即整体以上升为主,1996—2001 年出现短期下降,之后又迅速回升,2006 年种子费用已达到 29.84 元/亩。

表 3-8 1979—2006 吉林省粮地玉米生产每亩直接费用主要成本构成及变化

单位:元/亩

年份	种子	化肥	农家肥	农药	农膜	机械作业	排灌	畜力
1979	1.50	10.90	0.00	0.07	0.00	1.67	0.04	5.27
1980	1.21	8.26	1.64	0.04	0.00	1.94	0.00	5.41
1981	1.75	7.60	1.75	0.22	0.00	1.07	0.00	5.70
1982	2.48	9.20	2.23	0.37	0.00	1.28	0.05	7.27
1983	4.21	16.40	1.46	0.43	0.00	1.81	0.00	11.99
1984	4.90	14.72	4.58	0.40	0.00	0.40	0.08	12.10
1985	4.70	16.48	4.04	0.11	0.00	1.50	0.04	11.68
1986	4.66	18.38	0.45	0.62	0.00	1.80	0.02	11.35
1987	6.46	20.81	0.68	0.50	0.00	3.98	0.45	10.26
1988	6.31	22.98	3.99	0.38	0.00	2.90	0.00	11.99
1989	6.12	27.68	7.40	0.93	0.00	4.98	0.00	13.31
1990	10.56	32.49	5.03	0.82	0.76	4.60	0.00	12.82
1991	8.68	36.29	5.62	1.09	0.03	4.45	0.00	14.78
1992	8.74	40.17	4.60	1.03	0.00	5.78	0.00	15.22
1993	9.75	41.41	5.53	1.32	0.00	6.34	0.00	17.51
1994	12.78	63.01	6.02	1.42	0.00	7.02	0.00	27.94
1995	31.82	86.11	8.17	14.71	0.11	7.16	0.00	33.19
1996	30.24	86.65	12.35	2.02	0.00	7.22	1.34	48.45
1997	20.73	84.77	10.29	2.53	0.08	10.79	5.71	39.91
1998	19.28	81.16	9.61	2.45	0.71	12.78	4.19	26.04
1999	18.70	76.24	11.28	2.24	0.00	13.01	5.86	22.74
2000	18.43	68.85	8.61	3.66	0.00	13.69	4.17	25.36
2001	17.24	57.36	8.20	3.53	0.54	14.60	9.31	19.50
2002	22.49	62.63	8.11	7.37	0.27	21.89	1.86	14.38
2003	19.74	61.86	9.86	7.29	0.00	24.21	4.19	14.37
2004	23.10	77.16	8.39	7.64	0.12	21.43	10.35	10.83
2005	26.17	85.34	5.50	10.32	0.05	30.10	3.40	7.77
2006	29.84	113.78	6.66	8.43	0.00	37.37	3.18	13.41

资料来源:根据《建国以来全国主要农产品成本收益资料汇编(1953—1997)》、《全国农产品成本收益资料汇编(2007)》计算整理。

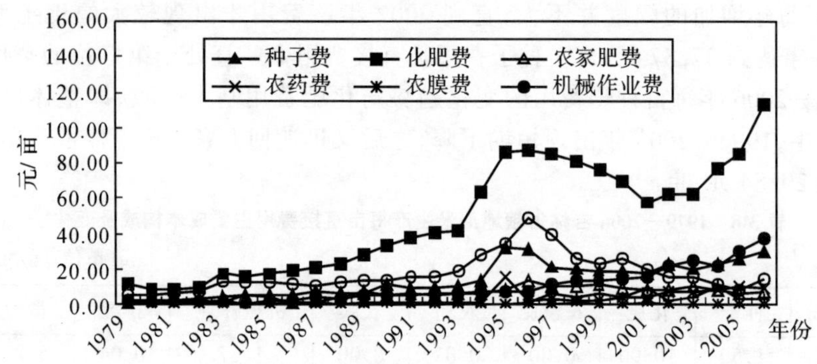

图 3-15　1979—2006 年吉林省粮地玉米生产每亩直接费用主要成分比例变化

至于农家肥、农药、农膜、排灌费用，在直接费用中所占比重比较小，尤其是农膜费用绝大多数年份为零。农药费用 1979 年以来表现出波动上涨的格局，1979—2001 年期间年均上升幅度非常小，2002 出现大幅增加，由上一年的每亩 3.53 元增加到 7.37 元，上涨了 108.78%；2006 该费用达到 8.43 元/亩。对于每亩粮地玉米的排灌费用 1996 年以前非常少，几乎为零，只有近几年才有所增加，但各年间波动幅度较大，这与吉林省当年降雨量有很大的关系。农家肥费用 1979—1996 年这一期间有所增加，1996 达到最高，为 12.35 元/亩；1997 年开始减少，所占比重也不断下降，这说明尽管农家肥成本费用较低，但广大农民更加倾向于用化肥来提高产量。

(2)成本利润率分析

粮地产值的变化反映了从事粮食生产经营利润的变化。图 3-16 是吉林省 1979 年以来粮地生产玉米每亩产值的变化情况。从中可以观察到，1979—1990 年每亩产值呈波动上升格局，1991—1992 略微有所下降，但波动幅度并不大。1993—2000 年是每亩产值剧烈波动阶段，并形成“M”型曲线的波动趋势。1993—1995 年是产值迅速上升的三年，年均增幅高达 42.72%，1995 年达到最高峰，每亩为 502.40。1996—1997 年是产值连续下降的两年，尤其是 1997 年产值出现骤降，从 1996 年的 471.30 元/亩下降到 253.92 元/亩，降幅达 81.79%。1998 年每亩产值又出现骤升，恢复到 461.60元，比 1997 年增加了 207.68 元。然而好景不长，1999—2000 年产值连续两年减少。2001—2006 年每亩产值走出剧烈波动阶段，呈现逐年增加的格局。吉林省粮地生产玉米产值的变化表明，长期而言种植玉米的总收益是增加的，但并不能保证每年都获得稳定的收益。

每亩产值反映了广大玉米种植农户从每亩粮地上获得的利润总额，但

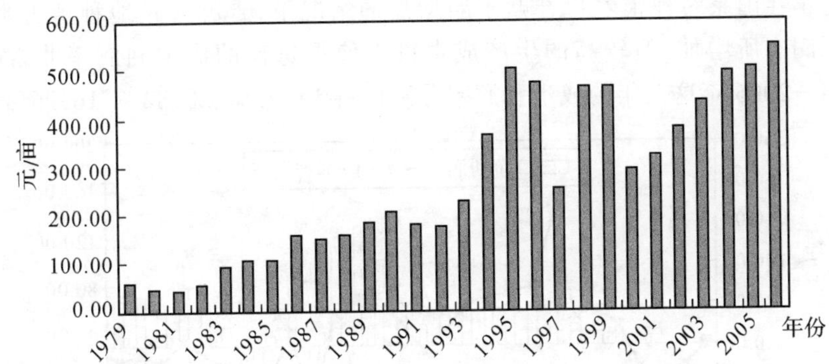

图 3-16　1979—2006 年吉林省粮地玉米生产每亩产值变化

是该收益中包含了大量的生产经营投入，既有人工、土地投入，也有资本的投入。因此，要想真正体现粮地种植玉米获得的纯收益以及投入的生产效率状况，这里有必要对净利润和成本利润指标作进一步的分析。图 3-17 展现了 1979—2006 年吉林省粮地种植玉米每亩净利润与成本利润率的变化情况。从该图可以看到，每亩净利润与成本利润率在各年间波动幅度较大。在绝大多数年份中，净利润增加，成本利润率也随之上升，反之亦然。但在个别期间却表现出相反的变化格局。1988—1990 年是净利润连续增加的三年，但成本利润率却呈现连续下降的局面；1996 年粮地种植玉米每亩净利润大幅度增加，由 1995 年的 149.63 元增加到 206.51 元，增幅达 38.01%，然而成本利润率却比上一年下降了 0.83%。两者变化的差异表明，净利润的增加未必会带来成本利润率的上涨，究其原因，主要是在某些年份每亩生产经营成本的上涨速度往往要快于净利润的上涨速度。

从图 3-17 我们还可以发现，净利润非常高的年份，成本利润未必高，相反也是如此。1994—1996 年是改革开放以来每亩净利润最高的三年，分别达到 149.63 元、206.51 元、168.70 元，然而成本利润率却分别只有70.62%、69.79%、55.75%；相反，1986 年的净利润仅有 89.62 元，成本利润率竟高达到 135.54%，造成如此高的利润率主要是由于家庭联产承包责任制在吉林省的全面铺开，激发了广大农民生产的积极性，提高了劳动力等要素的利用效率。由此可以看出，净利润与成本利润率除受玉米和生产资料价格影响外，投入生产要素的利用效率也是影响两者差异的重要因素。1997 年和 2000 年是吉林省粮地种植玉米亏损的两年，这两年的净利润与成本利润率均为负，每亩分别亏损 62.33 元和 22.42 元，成本利润率分别为 －19.71%和 －7.14%。这两年玉米价格的下跌是导致粮地种植玉米亏损的主要原因。

近几年在国家对种粮农户补贴不断增加的情况下，吉林省粮地种植玉米的净利润有所增加，但较高的生产成本投入使得每亩的成本利润率非常低，2004—2006 年这三年的成本利润率分别仅有 14.99%、20.82%、16.26%。

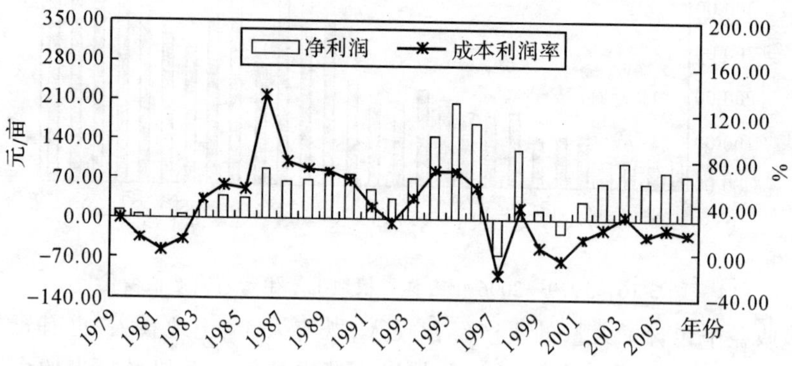

图 3-17　1979—2006 年吉林省粮地玉米生产每亩净利润与成本利润率变化

3.3　本章小结

本章基于传统粮地规模效率评价指标（土地生产率、劳动生产率、成本利润率）对我国及吉林省粮地规模效率变化趋势进行了概括分析。从全国历年粮地面积变化来看，无论是总量还是农村户均、劳均以及人均规模，均呈现不断下降的趋势，而且粮食播种面积在农作物总播种面积中所占的比重也在不断缩小。进一步从三种主要粮食作物的播种面积及其占粮食总播种面积比重来观察，发现稻谷和小麦总体表现出下降的格局，而玉米却呈现不断上升的趋势。与粮地规模的变化趋势相对应，其生产率则表现出不同的变化态势。土地生产率和劳动生产率逐年以上升为主，而成本利润率表现出剧烈波动的状况。导致成本利润率不稳定的重要原因是，粮食销售价格和生产资料价格在各年间波动比较大。

对于吉林省而言，历年粮地总量以及农村户均、劳均和人均规模整体仍表现出下降的趋势，但近几年在国家对种粮农户的大力支持下，粮地规模略有所回升，农民开垦荒地的数量也在不断增加。从吉林省三种主要粮食作物的播种面积及其占粮食总播种面积比重分析，玉米和稻谷的播种面积逐年以上升为主，而大豆播种面积却表现出萎缩的局面。吉林省的土地生产率、劳动生产率与全国变化趋势大致相同，但波动幅度要比全国要剧烈得多。玉米的成本利润率在 1986 年达到最高之后，总体呈现波动下降的态势。

全国及吉林省粮地规模效率变化趋势表明，虽然随粮地规模缩小，土地生产率和劳动生产率逐年以上升为主，但这并不能保证粮食产量增长的稳定性。由于成本利润率的大幅波动，广大种粮农户无法获得相对稳定的收益，其粮食生产的积极性很难保证长期的持续，这势必影响粮食产量的稳定增长。而且，历年土地生产率上升空间总体表现下降的格局，粮地增产的潜力正在逐渐缩小。因此，随着我国经济发展和人口的增加，要实现粮食产量的稳定上升，除了要保证广大农民种粮的积极性外，还有必要进一步挖掘粮地增产的潜力，提高粮地利用效率。

4 基于 DEA 分析法的农户粮地经营规模效率研究

4.1 引 言

粮食安全问题对于我国这样一个人口大国来说,始终是一个不可忽视的战略性问题。从建国到改革开放初期,是我国粮食数量极其短缺的时期,此时农业生产的主要目标是不断增加粮食产量。改革开放后,家庭联产承包责任制的实施极大地提高了农民生产的积极性,使我国粮食产量有了大幅度的增加,到 20 世纪 90 年代初期,人民生活温饱问题得到基本解决。90 年代中后期,随着粮食产量的增加,出现总量供大于求的局面,此时从中央到地方政府逐渐对粮食生产有所忽视,农民种粮积极性开始下降,最终导致 2003 年我国粮食无论是总量还是库存量均大幅度下降。粮食产量的减少及其价格大幅上涨,再次成为制约我国经济发展和社会稳定的一个主要矛盾。与此同时,世界各国粮食产量和国际市场的供给量也开始出现减少,但国际和国内对粮食的需求却有增无减。所有的这一切再次为我国粮食数量安全敲响了警钟。

另外,随着我国经济的快速增长,大量用于粮食生产的耕地被占用,从历年耕地总量变化趋势来看,耕地减少似乎已成为不可改变的事实。面对我国一方面耕地数量不断减少,另一方面对粮食需求不断增加的矛盾,众多学者以及实践工作者开始认识到,要想解决这一矛盾,除了扼制耕地快速减少的趋势外,还必须提高粮地的生产效率及其资源的利用率。在这一背景下,如果从提高粮地效率角度来保证我国粮食的安全,那么当前粮地的生产效率状况又如何呢?众所周知,影响粮地生产效率的因素是多方面的,在技术水平不变的情况下,粮地经营规模成为影响其生产效率的重要因素。针对这一事实,本研究将从粮地经营规模的角度来研究其生产效率状况,探讨粮地规模与其生产效率的关系，以揭开两者的变化规律。

20世纪90年代，国内众多专家学者对粮地经营规模效率展开了激烈的讨论。基于当时粮食生产的宏观目标——增加粮食产量、确保粮食安全，绝大多数研究均以土地生产率作为粮地经营规模的效率评价指标，并且对粮地规模的扩大是否会提高土地产出率的看法不一。有的学者认为粮地规模经营不但不会提高粮地产出率（万广华、程恩江，1996；罗必良，2000），反而会导致产出率的降低（任治君，1995；林善浪，2000；姚监复，2000）。持反对观点的学者认为，规模扩大与提高土地产出率并行不悖（农业部改革试验区办公室，1994；张光辉，1996；孙自铎，2001；郭江平，2003），粮地适度规模经营是社会经济发展的必然趋势（陈躬林、屈艳芳，2002；王良群，2004）。由于专家学者的看法与结论不尽一致，因此，有人认为粮地规模经营的利弊"尚待权衡"（徐明华，1998）。截至目前，对实行粮地规模经营是否有效的观点仍然没有统一。

以往对粮地经营规模效率的评价主要选择土地生产率、劳动生产率、资本利润率指标予以衡量，虽然这些指标非常直观地给出了随规模变化投入与产出的关系，但是根据文中对粮地规模效率的界定，其无法反映出要素最大的生产潜力，即粮地规模既定下所能达到的最大产出水平，或在固定产出条件下所能实现的最小粮地投入水平。而且各个指标在进行比较时经常出现优劣上的矛盾及权衡上的困难。鉴于此，本研究改变传统衡量粮地规模效率的做法，采用客观反映效率内涵的技术效率对粮地规模效率进行测度与评价，揭示不同规模粮地效率的内在变化规律。为此，本文在粮地规模效率具体测度方法上，主要运用的是数据包络分析法（DEA），该方法在对粮地规模效率测度时，充分考虑粮食生产投入的全要素效率和家庭总体规模效率的变化情况，而且要素权重不受人为主观因素的影响，尤其是该方法能够同时给出非效率农户投入、产出调整的方向与空间。

4.2 样本农户粮地实际经营规模与收益状况

4.2.1 农户家庭粮地经营规模状况

我国农户粮地的实际经营规模绝大多数是村集体根据村里所拥有的土地数量，按照一定标准（家庭人口或劳动力）承包给各个农户的耕地面积。吉林省作为国家粮食主产区，虽然耕地总量与全国其他省份相比较多一些，户均耕地规模也相对比较大，但绝大多数种粮农户的粮地规模仍然非常狭小,而且在一家一户如此小的规模上又被划分成多个地块,进一步加剧了粮地规模的细碎化。从图4-1可以看到722个样本农户家庭粮地经营规模状况。截至2006年末,样本农户的平均粮地规模为22.40亩,劳均规模为7.12亩,人均规模5.91亩,块均规模5.48亩。由此可以看出,虽然农户家庭粮地规模相对较大,但劳均规模和人均规模并不容乐观,并且由于地块的分割,平均每块地的规模也非常小。

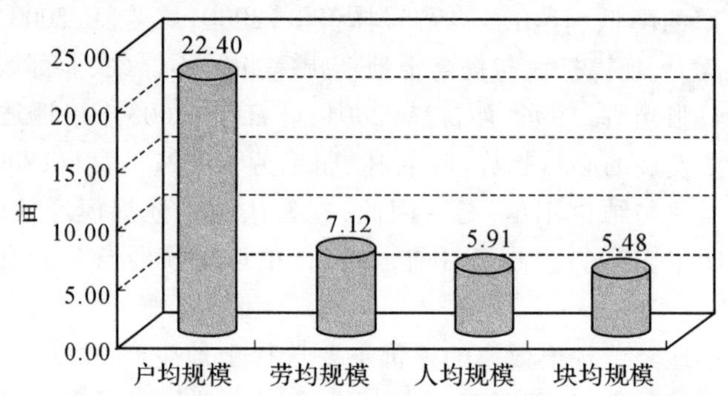

图4-1 样本农户家庭粮地经营规模状况

在样本户中平均每户耕种的粮地被分割成4.09块,分割块数最多的农户家庭竟达到17块之多。图4-2具体展示了农户家庭粮地的分割情况。从中可以看到,虽然家庭粮地被分成1-3块的农户所占比例最大,达到50.69%,但仍有接近一半的农户家庭粮地规模在3块以上,其中4-6块的占36.01%,6-9块的占9.00%,9块以上的占4.29%。如果按每户4人计算(实际调查3.79人/户),有58.31%的农户家庭人均粮地规模不到5.00亩,多数农户家庭的粮地规模仍处于"超小规模"的经营阶段。

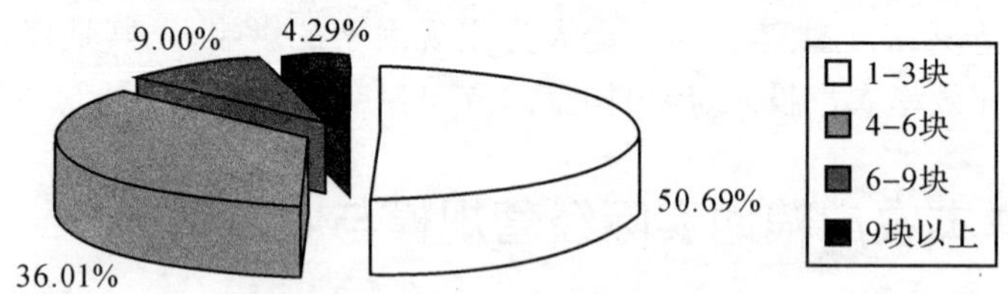

图4-2 样本农户家庭粮地分割情况

4.2.2 农户家庭粮地经营规模分布

表4-1是不同粮地经营规模农户分布及各规模占粮地总规模比例分布情况。从户数分布来看,5-10亩和10-15亩这两个区间的农户所占比例

最多,其中5-10亩的有157户,占样本户总体的21.75%,其次是10-15亩的有151户,占总体的20.91%,如果再加上1-5亩区间农户的比例,样本农户中有近一半以上的种粮农户家庭经营规模不足1.00公顷,由此可见,吉林省多数农户家庭的粮地规模仍然非常小。随着规模的增加,农户所占的比例也不断减少,50亩以上的农户有60户,比例为8.25%,略高于1-5亩农户的比例。

从粮地分布来看,随着农户经营粮地规模的扩大,不同区间经营粮地数量占粮地总量的比例也在不断地提高。1-5亩区间农户经营粮地数量所占比例最小,仅有1.26%,其次是5-10亩的粮地数量,比例为8.09%。农户家庭粮地规模50亩以上这一区间粮地数量所占比例最高,达到28.50%,如果再加上30-50亩区间粮地数量比例,那么30亩以上农户粮地数量将达到总量的51.17%,这表明吉林省规模经营大户经营粮地总量所占比例还是比较高的。

表4-1 不同粮地经营规模农户及粮地比例分布情况

规模(亩)	5以下(5)	5-10(10)	10-15(15)	15-20(20)	20-30(30)	30-50(50)	50以上
户数(户)	59	157	151	110	94	91	60
户数分布(%)	8.17	21.75	20.91	15.24	13.02	12.52	8.25
粮地分布(%)	1.26	8.09	12.17	12.44	14.87	22.67	28.50

资料来源:根据调查数据整理。

4.2.3 农户家庭粮地经营收益状况

农户家庭经营粮地的收益状况在一定程度上决定了其种粮的积极性,进而影响粮地的生产效率状况。对于我国玉米主产区的吉林省而言,随着国家惠农政策的出台以及对粮食种植农户的大力扶持,玉米种植农户无论是粮食产量还是家庭收益均有了显著的提高。并且近几年市场对玉米需求的增加,极大地提高了玉米的销售价格,使农户对玉米种植更是信心倍增。所有的这些条件都在一定程度上促进了吉林省粮地经营效率的提高。表4-2是样本农户家庭粮地经营产出与收益状况,从中可以看到,在玉米种植户中平均每户产量达到17562.03公斤,家庭人均产量达到4634.43公斤,劳均产量达5583.35公斤,亩产量达784.03公斤。在收入方面,2006年吉林省玉米种植农户家庭取得了相对较高的收入,其中户均收入达到18313.79元,人均达4832.81元,劳均收入达5822.35元,亩收益达817.59元。

表 4-2 样本农户家庭粮地经营产出与收益状况

	玉米产量(公斤)	收入(元)
户　均	17562.03	18313.79
人　均	4634.43	4832.81
劳　均	5583.35	5822.35
亩　均	784.03	817.59

资料来源:根据调查数据整理。

4.3 前提假设

4.3.1 农户"经济理性"假设

经济理性假设是经济学中最基本的人性假设,该假设源于亚当·斯密不朽名著《国民财富的性质和原因的研究》。亚当·斯密认为,人的行为动机根源于经济诱因,人都要争取最大的经济利益。约翰·斯图亚特·穆勒最先明确定义了"经济人",认为"经济人就是会计算,有创造性,能寻求自身利益最大化的人"(刘海生,2003)。对经济理性假设的另一种解释是"效用最大化",即人们总是根据主观上的价值判断,追求其行为或物品的效用最大化。林毅夫(1988)认为,经济理性是指个人在选定目标后对达成目标可供选择的方案根据成本—收益或趋利避害的原则作出决策,他会选择一个令其效用得到最大满足的方案。农户作为农业生产体系最基本的经营单位,就其经济学特征而言,这个组织同其他组织并没有多少差异,追逐经济利润和效用的最大化是其发展的重要目标,与此同时,他的投资、用工以及土地的配置也以效率最大化为指导(史清华,2005)。在资源配置上,农户服从效率优化导向原则,即存在舒尔茨假说(舒尔茨,1987),其行为经济理性的这一基本前提同样适用于我国社会主义市场经济(林毅夫,2005)。

4.3.2 农业资源"稀缺性"假设

稀缺性假设作为经济学理论的基石,是人类研究一切效率的前提。在经济学中稀缺(scarcity)是指这样种状态:相对于人类欲望即人类不断增长的物质文化需求而言,用于满足这一需求的资源总是不足的(保罗·萨缪尔森、威廉·诺德豪斯,2004)。这种状态不仅包括绝对稀缺状态即各种资源总量有限而且逐渐减少——总量的有限性,同时也包括相对需求状态即针对单个市场主体可用于交换的资源的有限性。正是由于资源稀缺性的存在，人类不得不面对效率这一问题——如何有效地使用社会资源来缓解资源稀缺性的限制。对于我国从事粮食生产活动的农户而言，这种稀缺性表现得更加明显，他们不仅面临着耕地的稀缺、资本的稀缺，在新时期还面临着信息的稀缺、制度的稀缺。在众多稀缺性中，耕地稀缺性对于像我国这样的超级人口大国显得格外突出。随着经济的发展和城市的扩张，我国耕地稀缺性呈现出越来越严重的态势。一方面随人口增长和生存空间的扩大使大量耕地被不断占用；另一方面，非农产业的发展导致大量农业用地转为非农业用地。与此同时，河水冲蚀、海平面上升、土壤沙漠化等自然灾害也使我国耕地资源不断减少，从而进一步加剧了农业用地的稀缺性。

4.3.3 粮农“机会成本”假设

机会成本假设以稀缺性假设为基础。由于资源是稀缺的，人们必须不断地决定如何利用有限的资源，这种资源不单单指物资资源，还包括时间资源、信息资源等资源。机会成本是指在这些资源有限的情况下，用该资源从事某项活动就不得不放弃从事其他活动所付出的代价或丧失的潜在利益（保罗·萨缪尔森、威廉·诺德豪斯，2004）。这种代价或潜在利益是有机会从事其他活动可能获得利益最高的估价。机会成本假设反映了稀缺与选择两者之间的基本关系。有限的资源常常有多种用途，即有多种使用的“机会”，但用在某一方面，就不能同时用在另一方面。因此在选择资源用途的决策中，必须把已放弃方案可能获得的潜在收益，作为被选取方案的机会成本，这样才能对选取的方案的经济效益作出全面正确的评价。随着我国市场经济的发展，广大农民就业机会空间出现前所未有的扩大，其从事农业劳动的机会成本也开始不断增加，而且越来越高。以往对粮地规模效率的研究，农民从事粮食生产的人力、资本和土地的机会成本经常被忽略，这无疑会影响粮地规模效率判断的正确性。因此，在我国经济转型时期的新经济背景下，粮地规模效率的评价应该充分考虑农民粮食生产的机会成本，客观揭示粮地经营规模与效率的变化规律。

4.3.4 粮地“规模经济”假设

规模经济假设是研究规模效率最重要的前提假设，其核心内涵是指，在一特定时期内，产出增加的比例超过要素投入增加的比例，即规模收益递增，从而使单位产品的平均成本随产量的增加而降低，形成规模经济；反之，当产出增加的比例小于要素投入增加比例，即规模收益递减，单位产品平均成本随产量的增加而上升,导致规模不经济。在一定的技术水平下,规模的适度扩大之所以能够产生规模经济,不仅仅在于各个要素规模的大小,而且也取决于生产要素之间的配合比例以及要素与技术水平的适应程度。当要素组合与技术适应度得到改善时,规模经济才会产生,规模效益也会得以增加。当生产规模过于狭小,生产要素未处于这种组合状态时,部分要素的潜能往往没有得到充分的发挥,此时增加短缺要素的数量必然会带来一定的规模效益。对于我国从事粮食生产的农户而言,家庭粮地的规模在很大程度上决定了其生产经营规模。兼顾公平的家庭联产承包责任制,使广大种粮农户家庭经营规模过于狭小,人口与耕地配置不合理的局面造成很多生产要素的潜能没有得到充分的发挥,从而导致部分资源的闲置和浪费。要素配置的不合理已严重制约了我国种粮农户生产效率的提高,此时扩大粮地的生产规模往往会带来更多的规模收益。

4.4 基于 DEA 方法农户粮地经营规模效率评价模型的构建

4.4.1 DEA 方法的基本原理

数据包络分析(DEA)方法的基本原理是利用包络线代替微观经济学中的生产函数,通过数学规划来确定经济上的最优点,以折线将最优点连接起来,形成一条效率前沿的包络线,然后将所有决策单元(DMU)的投入、产出映射于空间中,并寻找其边界点,凡是落在边界上的决策单元,认为其投入产出组合最有效率,并将其绩效指标定为 1;而不在边界上的决策单元则被认为无效率,同时以特定的有效率点为基准,给予每个决策单元一相对的绩效指标。DEA 方法中的效率最优仍然是建立在帕累托(Pareto)效率最优概念基础之上的,即没有人可以在不损害他人的情况下,而增加另一个人的效益。根据帕累托效率最优的观点,只有在下列情况下决策单位才能实现效率最优:(1)除非增加资源的投入或减少其他产出项的产量,否则某一产出项的产量无法增加;(2)除非减少产出项的产量或增加其他产出项的资源投入,否则某一投入项的投入量无法减少。

运用 DEA 方法来衡量效率的思想最初源自于法国数量经济学家 Farrell (1957),他通过“最优生产前沿”(the best practice frontier)来判断决策单元是否有效率。Farrell 利用数学规划的方法求出最优生产前沿,即效率边界,来评估技术效率和配置效率,然后将技术效率与配置效率相乘,即可求出决策单位总的生产效率。Farrell 的该理论主要基于三个基本假设:(1)生产前沿由最有效率的决策单元构成,相对无效率的决策单元位于生产前沿之下;(2)决策单元的规模报酬是固定的;(3)生产前沿凸向远点,且每一点的斜率皆不为正。Farrell评价效率的模式仅限于单一产出的生产经济主体,该方法虽然简单且不受函数形式限制,也无需估计生产函数的参数,但运用其分析拥有两个或两个以上产出时却十分困难。

1978年美国著名运筹学家Charnes、Cooper和Rhodes基于Farrell投入与产出衡量效率的模式,应用对偶理论(Duality Theory),提出衡量多投入多产出效率的方法,即固定规模报酬下的CCR模型。CCR模型使用对每个决策单元的输入、输出数据,直接建立DEA模型,并利用线性规划的对偶理论和使用非阿基米德无穷小的技巧,用一步计算去判别决策单元的DEA有效性。成功地实现了对有效性的计算。发展至今,该方法不但能评估各决策单元的效率值,还能指出无效率的决策单元投入与产出的调整幅度与方向,如以较少的投入来获得相同的产出,或以相同投入得到更多的产出,提高其生产效率。自Charnes等人创建CCR模型至今,已逐渐形成了关于效率、生产可能集、生产前沿面等概念完整的理论、方法和模型的DEA研究领域。

4.4.2 DEA方法的效率评价模型

自第一个DEA理论中的CCR模型创建以来,为适应各种新领域、新条件下的需要,不少学者发展了许多种类DEA模型,Banker于1984年给出了BCC模型;Charnes等人于1985年给出了C^2GS^2模型;Färe和Grosskopf于1985年提出了FG模型;Charnes等人于1986年研究了具有无穷多个决策单元的半无限规划的C^2W模型;Charnes等人于1989年得到体现决策者偏好的锥比例C^2WH模型;Sengupta(1987)年和Land(1993)等人建立了随机的DEA模型,Huang和Li于1996年探讨了机会约束的DEA模型等等。截至目前,DEA理论中已有百余变种模型,在这些模型中按照不同的标准,可分为不同的种类。由于本研究的对象是粮地经营规模效率,所以这里按照两个标准对DEA模型予以分类,即规模报酬不变和规模报酬可变假设下的两种DEA模型,再根据面向输入、输出的不同假设,可进一步将DEA模型分为四种类型。由于数据包络分析中的CCR(CRS)模型和BCC(VRS)模型可用来专门评价农户家庭总体生产规模的有效性,因此,这里仅就这两个模型予以介绍。

1.固定规模报酬的CCR模型

CCR模型以固定规模报酬为假设前提,将多项投入与单一产出的效率衡量观念扩展为多项投入与多项产出,且利用线性组合将其转化为单一的实质投入与产出,并以两个线性组合的比值来估计效率生产可能性边界,从而衡量各个决策单元(下面简写为DMU)的相对效率,其效率值介于1和0之间。

CCR原始分式规划模型如下:

假设DMU有 m 种投入,s 种产出,共有 n 个DMU,则有

$$\text{Max } h_{j0} = \frac{\sum_{r=1}^{s} U_r Y_{rj0}}{\sum_{i=1}^{m} V_i X_{ij0}} \tag{5.1}$$

$$\text{s.t. } \frac{\sum_{r=1}^{s} U_r Y_{rj}}{\sum_{i=1}^{m} V_i X_{ij}} \leqslant 1$$

$$U_r \geqslant \varepsilon > 0,\ V_i \geqslant \varepsilon > 0$$

$$r = 1,2,\cdots,s;\ i = 1,2,\cdots,m;\ j = 1,2,\cdots,n$$

其中 h_{j0} 表示某个特定DMU的相对效率值,$h_{j0} \leqslant 1$,Y_{rj} 表示第 j 个DMU的第 r 向产出,X_{ij} 表示第 j 个DMU的第 i 向投入,U_r 为第 r 个产出项权重,V_i 为第 i 个投入项的权重,ε 为非阿基米德数(一个极小的正数,在计算时可取 10^{-6})。

基于DEA的CCR模型将一个DMU的投入产出当作目标方程,而其他的DMU的投入产出作为限制,寻找对该DMU最有利的投入、产出的权重(U_r,V_i),以得到最大效率值。每个DMU都有机会为目标方程,且每个分式规划所对应的限制条件完全相同,从而导致分式规划求解非常困难,因此,将CCR模型转化为线性规划,并分别以投入和产出两种方式求解。

(1) 投入导向的CCR模型

投入导向是指在产出既定的前提下,如何减少投入以达到效率最优。基于该假设,令投入项的加权和为1,使产出的加权和为最大。

$$\text{Max } h_{j0} = \sum_{r=1}^{s} U_r Y_{rj0} \tag{5.2}$$

$$\text{s.t. } \sum_{i=1}^{m} V_i X_{ij0} = 1$$

$$\sum_{r=1}^{s} U_r Y_{rj0} - \sum_{i=1}^{m} V_i X_{ij0} \leqslant 0$$

$$U_r \geqslant \varepsilon > 0,\ V_i \geqslant \varepsilon > 0$$

$$r = 1,2,\cdots,s;\ i = 1,2,\cdots,m;\ j = 1,2,\cdots,n$$

由于限制式 $s+m+n+1$ 个,变数有 $s+m$ 个,计算起来非常繁琐,因此通过其对偶形式式来简化限制式,经转换后的模型如下两种:

第一种:

$$\text{Min } h_{j0} = \theta_0 \tag{5.3}$$

$$\text{s.t. } \sum_{j=1}^{n} \lambda_j X_{ij} \leqslant \theta_0 X_{ij0}$$

$$\sum_{r=1}^{n} \lambda_j Y_{rj} \geqslant Y_{rj0}$$

$$\lambda_j \geqslant 0$$

$$r = 1,2,\cdots,s;\ i = 1,2,\cdots,m;\ j = 1,2,\cdots,n$$

$\lambda_j \neq 0$ 对应的所有 j 恰为被评价 DMU 的参数集合,由 $\sum_{j=1}^{n}\lambda_j$ 可判断各 DMU 规模报酬处于哪一阶段:

当 $\sum_{j=1}^{n}\lambda_j < 1$ 时,代表 DMU 处于规模报酬递增阶段;

当 $\sum_{j=1}^{n}\lambda_j = 1$ 时,代表 DMU 处于规模报酬不变阶段;

当 $\sum_{j=1}^{n}\lambda_j > 1$ 时,代表 DMU 处于规模报酬递减阶段。

第二种:给出松弛变量(slack variable)

松弛变量指实际值与效率最优值之间的差额,以此来了解投入和产出还有多少改善的空间。因此,松弛变量不仅给出投入与产出改进的方向,而且还给出具体改进的大小。通过图 4-3 可对松弛变量予以进一步的说明。

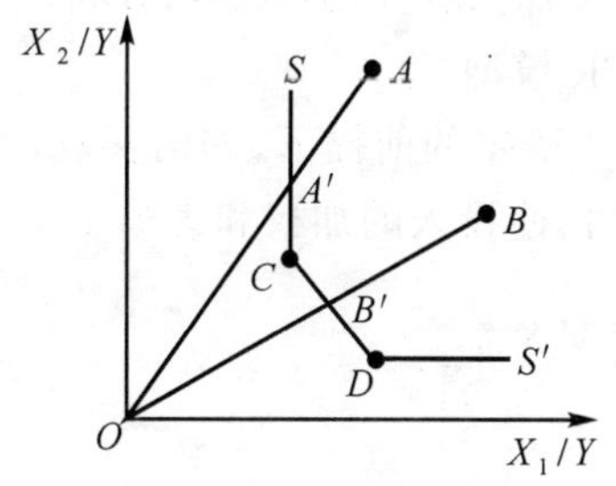

图 4-3　松弛变量分析

假设每一DMU均以投入 X_1、X_2 来生产单一产出 Y,点 A'、C 均位于等产量曲线 SS' 上,所以这两点均具有效率。然而,虽然 A'、C 有相同的产出和相同的投入 X_1,但 A' 点却比 C 点多投入了 X_2,因此 A' 点相对于 C 点是无

效率的,线段 $A'C$ 称为 imput slacks。此时,可将模型(5.3) 转化为:

$$\text{Min } h_{j0} = \theta_0 - \varepsilon\left(\sum_{i=1}^{m} S_{ij0}^{-} + \sum_{r=1}^{s} S_{rj0}^{+}\right) \tag{5.4}$$

$$\text{s.t. } \sum_{j=1}^{n} \lambda_j X_{ij} - \theta_0 X_{ij0} + S_{ij0}^{-} = 0$$

$$\sum_{j=1}^{n} \lambda_j Y_{rj0} - S_{rj0}^{+}$$

$$\lambda_j \geqslant 0,\ S_{ij0}^{-} \geqslant 0$$

$$r = 1,2,\cdots,s;\ i = 1,2,\cdots,m;\ j = 1,2,\cdots,n$$

S_{ij0}^{-} 与 S_{rj0}^{+} 分别代表投入和产出的松弛变量。θ_0 为某一DMU的乘积,是该决策单元所有投入等比例缩减的潜在额度。若 $h_{j0} = 1$,且 $S_{ij0}^{-} = S_{rj0}^{+} = 0$,则表示该决策单元处于生产可能边界上,即相对于其他DMU是有效率的,无需作任何调整。若DMU未在生产可能边界上,可根据松弛变量作如下调整:

$$\hat{X}_{ij0} = \overset{*}{\theta}_0 X_{ij0} - S_{ij0}^{-*}$$

$$\hat{Y}_{ij0} = Y_{rj0} + S_{ij0}^{+*}$$

其中,X_{ij0}、Y_{rj0} 为无效率的投入和产出;$\hat{X}_{ij0}$、$\hat{Y}_{rj0}$ 为转换后有效率的投入与产出;$\overset{*}{\theta}_0$ 表示所有投入为达到有效率等比例缩减的潜在额度;S_{ij0}^{-*} 表示为达到有效率应减少的投入量;S_{ij0}^{+*} 表示为达到有效率应增加的产出量。从该式可以看出,若对无效率的DMU每项投入减少 $1 - \hat{\theta}$ 倍,即成为 $\hat{\theta}X_{ij0}$,产出仍相同。若 $S_{ij0}^{-*} > 0$,减少 S_{ij0}^{-*} 的投入量而不会影响产出,且投入量减少至极限时,S_{ij0}^{+*} 的产出仍可增加。经过以上调整后,DMU才会转变为相对有效率。

(2) 产出导向的CCR模型

产出导向是指在投入既定的前提下,如何实现产出的最大化。基于该假设令产出项的加权和为1,使投入的加权和为最小。

$$\text{Min } z_{i0} = \sum_{i=1}^{m} V_i X_{ij0} \tag{5.5}$$

$$\text{s.t. } \sum_{r=1}^{s} U_r Y_{rj0} = 1$$

$$\sum_{r=1}^{s} U_j Y_{rj0} - \sum_{i=1}^{m} V_i X_{ij0} \leqslant 0$$

$$U_r \geqslant \varepsilon > 0,\ V_i \geqslant \varepsilon > 0$$

$$r = 1,2,\cdots,s;\ i = 1,2,\cdots,m;\ j = 1,2,\cdots,n$$

$1/z_{i0}$ 表示相对效率值,通过其对偶形式来简化限制式,经转换后的模型有如下两种:

第一种:

$$\text{Max } z_{j0} = \phi_0 \tag{5.6}$$

$$\text{s.t. } \sum_{j=1}^{n} \lambda_j X_{ij} \leqslant X_{ij0}$$

$$\sum_{j=1}^{n} \lambda_j X_{rj} \geqslant \phi_0 Y_{rj0}$$

$$\lambda_r \geqslant 0$$

$$r = 1,2,\cdots,s;\ i = 1,2,\cdots,m;\ j = 1,2,\cdots,n$$

$\lambda_j \neq 0$ 对应的所有 j 恰为被评价 DMU 的参数集合,由 $\sum_{j=1}^{n} \lambda_j$ 可判断各 DMU 规模报酬处于哪一阶段:

当 $\sum_{j=1}^{n} \lambda_j < 1$ 时,代表 DMU 处于规模报酬递增阶段;

当 $\sum_{j=1}^{n} \lambda_j = 1$ 时,代表 DMU 处于规模报酬不变阶段;

当 $\sum_{j=1}^{n} \lambda_j > 1$ 时,代表 DMU 处于规模报酬递减阶段。

第二种:给出松弛变量

$$\text{Max } z_{j0} = \phi_0 + \varepsilon\left(\sum_{i=1}^{m} S_{ij0}^{-} + \sum_{r=1}^{s} S_{rj0}^{+}\right) \tag{5.7}$$

$$\text{s.t. } \sum_{j=1}^{n} \lambda_j X_{ij} - X_{ij0} + S_{ij0}^{-} = 0$$

$$\sum_{j=1}^{n} \lambda_j Y_{rj} - \phi_0 Y_{rj0} - S_{rj0}^{+} = 0$$

$$\lambda_j \geqslant 0,\ S_{ij0}^{-} \geqslant 0,\ S_{rj0}^{+} \geqslant 0$$

$$r = 1,2,\cdots,s;\ i = 1,2,\cdots,m;\ j = 1,2,\cdots,n$$

若 $z_{j0} = 1, S_{ij0}^{-} = S +_{rj0} = 0$,表示该 DMU 处于生产可能性边界,即相对其他 DMU 是有效率的,无需任何的调整。若该 DMU 未在生产可能性边界上,则根据松弛变量作如下调整:

$$\hat{X}_{ij0} = X_{ij0} - S_{ij0}^{-*}$$

$$\hat{Y}_{ij0} = \phi_0 Y_{ij0} + S_{ji0}^{+*}$$

其中,X_{ij0},Y_{rj0} 分别为无效率的投入和产出;$\hat{X}_{ij0}$,$\hat{Y}_{ij0}$ 为转换后有效率

的投入与产出；ϕ_0 表示所有产出达到有效率等比例增加的潜在额度；S_{ij0}^{-*} 表示为达到有效率应减少的投入量；S_{rj0}^{+*} 表示为达到有效率应增加的产出量。

2.可变规模报酬的BCC模型

CCR模型以规模报酬不变为假设前提来衡量效率，这种假设与现实情况往往不符。当DMU无效率时，除了可能由配置效率引起的外，还有可能是规模不合理造成的，而非技术无效率。1984年Banker、Charnes和Cooper在CCR模型的基础上，提出了规模可变的BCC模型。BCC模型将CCR模型规模报酬固定假设改为可变(VRS)，将技术效率分解为纯技术效率(pure technical efficiency)与规模效率(scale efficiency)的乘积，来衡量DMU的技术效率与规模效率。通过图4-4可进一步解析技术效率、纯技术效率及规模效率三者之间的关系。

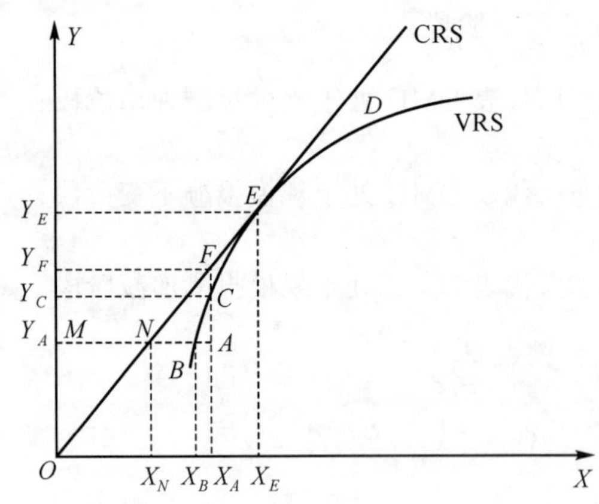

图4-4 BCC模型效率分析

①技术效率

点O、N、F、E为固定规模报酬生产可能集合，投入导向的A、N有相同产出量Y_A，但A点的投入量X_A大于生产可能集上N点的投入量X_N，所以A点是无效率的，其技术效率为$X_N/X_A = M_N/M_A$。

②纯技术效率

点B、C、E、D为变动规模报酬生产可能集合。投入导向的A、B有相同的产出量Y_A，但A点的投入量X_A大于生产可能集上B点的投入量X_B，所以A点是无效率的，其技术效率$X_B/X_A = M_B/M_A$，该值为BCC模型的纯技术效率，即指在特定的产出下位于生产可能性边界上的投入与实际投入的比值。

③规模效率

在 A 点技术效率与纯技术效率的基础上，可以得到其规模效率。A 点的规模效率为 $(X_N/X_A)/(X_B/X_A)=(M_N/M_A)/(M_B/M_A)$，从而得到规模效率 $=X_N/X_B=M_N/M_B$，从图4-4可以看到，E 点在固定规模报酬下具有技术效率；在可变规模报酬下既具有技术效率又具有规模效率。实质上决策单元的规模效率＝CCR模型的技术效率/BCC模型的纯技术效率。

了解技术效率、纯技术效率与规模效率之间的关系后，则在CCR模型基础上可得到如下的BCC模型：

$$\text{Max } h_{j0}=\frac{\sum_{r=1}^{s}U_rY_{ij0}}{\sum_{i=1}^{m}V_iX_{ij}+V_{j0}} \tag{5.8}$$

$$\text{s.t. } \frac{\sum_{r=1}^{s}U_rY_{ij0}}{\sum_{i=1}^{m}V_iX_{ij}+V_{j0}}\leqslant 1$$

$$U_r\geqslant\varepsilon>0,\ V_i\geqslant\varepsilon>0$$

$$r=1,2,\cdots,s;\ i=1,2,\cdots,m;\ j=1,2,\cdots,n$$

(1) 投入导向的BCC模型

$$\text{Max } h_{j0}=\sum_{r=1}^{s}U_rY_{rj0}-V_{j0} \tag{5.9}$$

$$\text{s.t. } \sum_{i=1}^{m}V_iX_{ij0}=1$$

$$\sum_{r=1}^{s}U_rY_{ij}-\sum_{i=1}^{m}V_iX_{ij}-V_{j0}\leqslant 0$$

$$V_i\geqslant 0,\ U_r\geqslant 0$$

$$r=1,2,\cdots,s;\ i=1,2,\cdots,m;\ j=1,2,\cdots,n$$

V_{j0} 代表规模报酬指标，因此，由 $\overset{*}{V}_{j0}$ 可判断DMU的规模报酬属于哪个阶段：

当 $\overset{*}{V}_{j0}<0$ 时，该DMU处于规模规模报酬递增；

当 $\overset{*}{V}_{j0}=0$ 时，该DMU处于规模规模报酬不变；

当 $\overset{*}{V}_{j0}>0$ 时，该DMU处于规模规模报酬递减。

上式对偶形式如下：

$$\text{Min } h_{j0}=\theta_0 \tag{5.10}$$

$$\text{s.t.} \sum_{i=1}^{m} \lambda_j X_{ij} \leqslant \theta_0 X_{ij0}$$

$$\sum_{j=1}^{n} \lambda_j X_{rj} \geqslant Y_{rj0}$$

$$\sum_{j=1}^{n} \lambda_j = 1$$

$$\lambda_j \geqslant 0$$

$$r = 1,2,\cdots,s;\ i = 1,2,\cdots,m;\ j = 1,2,\cdots,n$$

(2) 产出导向的 BCC 模型

$$\text{Min } z_{j0} = \sum_{i=1}^{m} V_i X_{ij0} + V_{j0} \tag{5.11}$$

$$\text{s.t.} \sum_{r=1}^{s} U_r Y_{rj0} = 1$$

$$\sum_{r=1}^{s} U_r Y_{rj} - \sum_{i=1}^{m} V_i X_{ij} - V_{j0} \leqslant 0$$

$$V_i \geqslant 0,\ U_r \geqslant 0$$

$$r = 1,2,\cdots,s;\ i = 1,2,\cdots,m;\ j = 1,2,\cdots,n$$

V_{j0} 代表规模报酬指标,因此,由 $\overset{*}{V}_{j0}$ 可判断 DMU 的规模报酬所属阶段:

当 $\overset{*}{V}_{j0} < 0$ 时,该 DMU 处于规模规模报酬递增;

当 $\overset{*}{V}_{j0} = 0$ 时,该 DMU 处于规模规模报酬不变;

当 $\overset{*}{V}_{j0} > 0$ 时,该 DMU 处于规模规模报酬递减。

其对偶形式如下:

$$\text{Max } z_{j0} = \phi_0 \tag{5.12}$$

$$\text{s.t.} \sum_{j=1}^{n} \lambda_j Y_{rj} \leqslant \phi_0 Y_{rj0}$$

$$\sum_{j=1}^{n} \lambda_j = 1$$

$$\lambda_j \geqslant 0$$

$$r = 1,2,\cdots,s;\ i = 1,2,\cdots,m;\ j = 1,2,\cdots,n$$

4.4.3 运用 DEA 方法评估效率的利弊分析

当前 DEA 方法已成为一种有效的绩效诊断工具,但任何一种研究方法都不是十全十美的,作为评价效率的 DEA 方法也是如此。为了更好地采用该方法对农户粮地经营规模效率进行客观的评价,下面就运用 DEA 方法评价效率的益处与弊端予以分析(Lewin etc.,1982、1986;马立杰,2007)。

1.运用DEA方法评价效率的益处

(1)DEA方法可用于多项投入与多项产出的效率评估。与以往仅能够处理单项产出的效率评估方法不同,该方法能够处理多投入与多产出,而且无须构建生产函数对参数进行估计。

(2)DEA方法不受投入产出量纲的影响。DEA方法不会因为计量单位的不同而影响最终的效率评估结果,只要所有DMU使用相同的计量单位,仍然能够求出效率值。

(3)DEA方法以综合指标评价效率。该指标代表资源使用的情况,适合描述全要素生产效率状况,并且可对DMU之间的效率作出比较。

(4)DEA方法中的权重不受人为主观因素的影响。该方法中的权重由数学规划产生,不需预先赋予权重值,对DMU的评价相对比较公平。

(5)DEA方法对非效率的DMU提出改善的方向。DEA方法通过对松弛变量的分析,可进一步了解非效率DMU资源使用状况,并对其非效率的资源提出改进的方向和大小,从而为决策者提供改善效率的途径。

从DEA的这些优点可以看出,运用该方法可以对农户经营的粮地规模进行非常客观的评价,而且能够对粮地规模非效率农户指出改进效率的方向和空间,因此,对规模效率的评价更加富有针对性和实用性。

2.运用DEA方法评价效率的弊端

虽然DEA方法在评价效率时存在上面提到的诸多益处,但在运用上仍存在着一定的限制。

(1)DEA方法只是对DMU的相对效率评估,而非绝对效率评估。该方法对所有DUM的相对效率予以测定,并非绝对效率,因此DEA并不能完全取代传统比率分析法对绝对效率的分析。

(2)DEA方法无法衡量产出为负的状况。线性模型假设使DEA分析简化,但产出为正是线性规划求解的前提,若产出为负,在该方法下则无法衡量。

(3)DEA方法中投入与产出项的选择对效率评估结果有决定性的影响。若投入项与产出项选取不当,则会影响生产前面的形状和位置,从而影响效率评估的准确性。

(4)DEA方法虽然可以对效率作出评价,但造成有效率或无效率的原因仍然需要进一步的考察。

(5)DEA方法评价的DMU必须有足够的数量,即受评估的DMU个数应为投入与产出项个数之和的两倍或两倍以上,否则将导致大多数DMU有效。

针对DEA评估效率方法的弊端,本文在评价农户粮地规模相对效率的基础上,对其绝对效率作出适当的评价,并根据实地调查和以往文献选取相应的投入与产出,对影响农户粮地规模效率的因素作进一步的分析,从而更加客观地揭示农户粮地规模效率的内在变化规律。

4.4.4 构建农户粮地经营规模效率评价模型

DEA方法的研究与应用在国内开始较早,1986年周泽昆、陈珽在国内系统工程杂志上发表了关于DEA的第一篇文章——评价管理效率的一种新方法,该篇文章对DEA方法予以了介绍。目前DEA方法已在国内制造业、服务业、区域技术经济等评价中进行了许多成功的应用,不过,从目前已有研究成果看,运用DEA方法评估农户粮地规模效率的文献还尚未见到。以往绝大多数研究对粮地规模效率的考察是在其他要素投入不变的情况下,土地的增减对产出的影响。这种仅仅用要素生产率来衡量效率的方法在一定程度上忽略了土地与其他要素之间的关联性与协同性,没有考虑土地变化的同时其他生产要素效率的变化。针对以往研究存在的不足,这里运用DEA方法首先对农户家庭粮食生产投入要素的总体纯技术效率和规模效率予以衡量,然后通过计量结果中给出的粮地潜在投入(目标投入)与潜在产出(目标产出)来进一步测度粮地的规模效率。

1.评价粮地规模效率DEA模型的确立

通过上面对DEA方法中的分析CCR和BCC两个模型的介绍可知,前者假设决策单元处于最优生产规模下,即规模报酬固定,后者将模型中的固定规模(CRS)假设解除,衡量决策单元在可变规模下的效率。面对当前我国农村市场经济的不断发展、农村劳动力每年的大量转移以及内部土地流转市场的逐渐形成,所有的这一切都为扩大粮地经营规模、提高其生产效率创造了前所未有的良好条件。所以,假设固定规模报酬的CCR模型对衡量粮地规模效率不太适合,而规模报酬可变的BCC模型比较符合当前的实际状况。此外,BCC模型将技术效率分解为纯技术效率与规模效率,可直接对农户粮食生产全要素的整体规模效率作出评价。但是在规模报酬可变的前提假设条件下,鉴于投入法和产出法所计算的效率往往存在差异(Färe、Lovell,1978),因此本文在测度粮地经营规模效率过程中同时采用投入法和产出法。

2.构建粮地经营规模效率评价模型

虽然BCC模型适合本文评价农户粮地规模效率,但上面关于BCC模型中的规模效率测度存在着一个缺陷,即对于规模无效的种粮农户来说,不能由该效率值直接看出被评价农户家庭总体规模是处在规模报酬递增阶段还是处在规模报酬递减阶段,这就降低了对农户粮地规模效率的分析力度。1996年Coelli提出可以通过另外求解一个规模报酬非增(NIRS)的DEA模型来判断被考察的决策单元规模处于哪个区域,将(5.10)与(5.12)式所表示的VRS模型中的约束条件 $\sum_{j=1}^{n}\lambda_j = 1$ 改为 $\sum_{j=1}^{n}\lambda_j \leqslant 1$,即得到如下模型:

投入导向:

$$\text{Min } h_{j0} = \theta_0 \tag{5.13}$$

$$\text{s.t. } \sum_{j=1}^{n}\lambda_j X_{ij} \leqslant \theta_0 X_{ij0}$$

$$\sum_{j=1}^{n}\lambda_j X_{rj} \geqslant Y_{rj0}$$

$$\sum_{j=1}^{n}\lambda_j \leqslant 1$$

$$\lambda_j \geqslant 0$$

$$r = 1,2,\cdots,s;\ i = 1,2,\cdots,m;\ j = 1,2,\cdots,n$$

产出导向:

$$\text{Max } z_{j0} = \phi_0 \tag{5.14}$$

$$\text{s.t. } \sum_{j=1}^{n}\lambda_j X_{ij} \leqslant X_{ij0}$$

$$\sum_{j=1}^{n}\lambda_j Y_{rj} \geqslant \phi_0 Y_{rj0}$$

$$\sum_{j=1}^{n}\lambda_j \leqslant 1$$

$$\lambda_j \geqslant 0$$

$$r = 1,2,\cdots,s;\ i = 1,2,\cdots,m;\ j = 1,2,\cdots,n$$

通过比较NIRS条件下的技术效率 TE_{NIRS} 与VRS模型的技术效率 TE_{VRS} 值可判断被评价的非效率种粮农户处于规模报酬的那个阶段。当 $TE_{NIRS} \neq TE_{VRS}$ 时,表明被评价的种粮农户处于规模报酬上升阶段,其规模无效是因规模过小产生的,可通过扩大规模来提高效率;当 $TE_{NIRS} = TE_{VRS}$ 时,表示被评价的种粮农户处于规模报酬递减阶段,家庭经营规模偏大导致规模无效,需要通过缩小规模来提高效率。

以上对种粮农户规模效率评价是对家庭粮食生产经营的纯技术效率和总体规模效率的评价,还不能够直接得出粮地的经营规模效率。但是通过模型(5.13)可以获得农户在当前技术条件下达到技术效率最优的目标粮地规模，而模型(5.14)可获得在当前技术条件下达到技术效率最优的目标粮地产出。因此，根据粮地规模效率的定义可构建如下模型：

投入导向下的粮地规模效率：

$$LSE_i = \frac{ALI_i - LLI_i}{ALI_i} = 1 - \frac{LLI_i}{ALI_i} = \frac{TLI_i}{ALI_i} \tag{5.15}$$

产出导向下的粮地规模效率：

$$LSE_i = \frac{AO_i \big/ ALI_i}{(AO_i + LO_i) \big/ ALI_i} = \frac{AO_i \big/ ALI_i}{TO_i \big/ ALI_i} = \frac{AO_i}{TO_i} \tag{5.16}$$

其中，i 表示第 i 个粮地规模区域(本研究对农户不同粮地规模进行了分区)，LSE(Land Scale Efficiency)为粮地规模效率。

对于投入导向下的 LSE 而言，ALI(Actual Land Input)为粮地实际投入规模，LLI(Loss land Input)为粮地投入损失的规模，TLI(Target Land Input)为粮地投入的目标规模，即在当前的生产技术水平下，种粮农户为实现一定的产出所需要的最优(最小)的粮地规模。从该模型可以看到 ALI－LLI 即为粮地效率最优的规模 TLI。当粮地规模不存在效率损失时，LLI＝0，此时的粮地实际规模就是效率最优规模；当 LLI＞0 时，粮地的实际规模存在效率损失，即实际规模大于效率最优规模。

对于产出导向下的 LSE 而言，AO(Actual Output)为实际产出，LO(Loss Output)为损失的产出，TO(Target Output)为当前的生产技术水平下粮地规模效率最优的目标产出即潜在产出。由模型可知 AO＋LO 即为目标产出 TO。$\frac{AO}{ALI}\Big/\frac{TO}{ALI}$则为粮地单位面积的实际产出与潜在产出比例，其可转化为 $\frac{AO}{TO}$，即为粮地的规模效率。

无论是投入导向还是产出导向下的粮地规模效率，均是一个不大于 1 的正数。本研究所测度的粮地经营规模效率最优不仅仅指粮地规模这一个效率的最优，而是在粮地规模效率最优的同时还要满足家庭纯技术效率和总体规模效率同时达到最优。

值得注意的是，当农户经营的粮地规模处于非效率时，为了使其达到有效，并不意味着仅仅调整土地规模一个生产要素，粮地规模的非效率也有可能是其他要素投入比例不当造成的。因此，实现粮地规模有效，除了粮地规模调整外，往往还要伴随着其他生产要素投入的调整。因此，本研究在给出非效率农户粮地规模调整方向与数量的同时，相应地给出其他投入要素的调整方向与调整空间。

4.5 粮地经营规模效率评价指标体系的建立

4.5.1 建立指标体系的目的

任何生产经营主体在从事经济活动时,为了达到预期目标,往往需要一套符合自身特点和要求的效率评价指标体系作为其绩效衡量的标准。作为自然再生产和经济再生产相互交织的粮食生产,其土地规模效率一直是理论界和实务界争论的焦点。一种观点认为规模与效率是正相关关系,即效率随土地经营规模的扩大不断提高;另一种观点认为两者不一定是正相关关系,甚至是负相关关系,即土地经营规模越小,效率反而越高。由此可以看出,对同一问题的认识产生的却是完全不同的观点,究其原因主要在于衡量粮地规模效率的评价指标(标准)不统一,尚未形成一个公认的客观评价指标体系。

首先,粮地规模效率评价研究选择的指标比较单一,缺乏完善的指标体系。以往绝大多数对粮地规模效率的评价以土地生产率、劳动生产率、商品率等指标为衡量指标,但均未形成一个系统、有效的评价指标体系,而且对粮地效率评价指标研究的深度也不够。这种只从某个要素角度强调不同规模农户产出效果的分析,并未从整体上反映宏观主体——国家和微观主体——农户的各自的利益,从而客观反映规模与效率的变化规律。

其次,即使采用多个指标对粮地规模效率予以评价,各指标之间往往缺乏严密的逻辑性。作为一个"指标体系","体系"内的指标,应该是相互联结、互为补充的有机统一体。然而在很多研究中往往把各个分析指标独立开来,并未对"指标体系"内部各个指标之间的相互关系予以深入分析。再次,评价指标没有反映市场经济的本质内容。随着我国市场经济的发展,粮食的商品率和市场化水平不断提高,农户作为粮地的经营主体客观上要求进行成本收益核算,如果还是简单地运用土地产出率或劳动生产率对粮地规模效率进行评价,很难反映市场经济条件下粮地的经营规模效率,这也与市场经济本质要求相悖。

最后,粮地规模效率评价指标未反映地区间的差异。农业生产具有和工业生产完全不同的特性,它受自然条件的直接影响,诸多经常变化的不可控因素的细微变动都会在很大程度上影响到最终产出。众所周知,我国幅员辽阔,各个地区、各个省之间无论是气候还是经济发展水平差异较大,这导致各个区域的粮地规模效率存在着明显差异,如果就某一地区的粮地规模经营效率指标来概括全国规模与效率的关系，往往会导致以偏概全，从而忽视地区间的规模效率水平差异。

从以上分析可以看出，要对粮地规模效率进行客观评价，首先应建立一个客观的效率指标评价体系，只有这样才能在衡量规模效率时有的放矢，进而在新背景下对不同规模粮地生产效率有一个全面、客观的认识，从而揭示不同粮地规模效率的变化规律，把握不同规模农户的生产行为特征，为国家制定更加富有针对性的激励政策提供理论与实践依据。

4.5.2 建立指标体系的原则

对粮地经营规模效率的评价既要保证粮食生产最基本的目标——不断满足我国人口生存、生产发展的需要即粮食安全的需要，又要保证广大粮食生产者、经营者的收益不断增长和生产的可持续性需要，充分考虑社会主义市场经济发展的基本规律。因此，粮地规模效率评价指标体系的建立要以粮地规模效率的自然属性特征为基础，并结合粮地规模效率的经济、社会属性特征，既要具有一般属性，又要具有当地特色。具体而言，粮地经营规摸效率指标体系的建立应把握以下几条原则：

1.反映粮食生产不同利益主体目标原则

粮地规模效率评价指标体系应反映不同利益主体不同时期所追求的目标，既要保证国家的整体利益目标，又要保证农户的个体利益目标，从而把宏观利益与微观利益有机结合起来。在计划经济体制下，由于我国农业发展水平不高，农产品长期供应短缺，此时国家的主要目标是提高粮食总产量，增加粮食供给。但是当时国家为了实现宏观目标，却忽视和抹煞了农户的经济利益，甚至出现了不计成本、不讲效益的地步。在这种背景下，农户的利益并没有受到应有的重视。改革开放以后，家庭承包责任制度在全国农村推行，市场经济的发展使得农业发展水平和粮食商品率迅速提高，农户的经济利益得到一定程度的承认和尊重。广大农民成为土地的经营者和管理者，他们在粮食生产经营活动中客观上要求独立核算，以收抵支，并有盈余。然而1997年以后，我国粮食收购价格和市场价格的下跌使得种粮亏本成为全国普遍现象(夏永祥，2002)。到2003年，全国粮食产量出现大幅度下降，农民种粮积极性陷入低谷，大量耕地被“撂荒”、“弃耕”。所有的这一切恰恰是对市场经济下广大农民独立核算经济理念的最好诠释和证明。

由此可见，单纯以产量为目标追求规模效率，其结果将与预期是相反的。而以农业市场化为前提，根据社会主义市场经济的本质要求来提高粮地规模效率，结果与预期才是吻合的(陈欣欣、史清华、蒋伟峰，2000)。况且市场经济的本质就是要优化资源配置，提高资源配置效率，以尽可能少的资源耗费获得尽可能多的净收益，即盈利。在当前市场经济条件下，粮食生产的国家宏观目标是保持粮食总量均衡供给，并有一定的节余，从而保证整个农产品市场的物价稳定。而广大种粮农户的生产经营目标则由最初的解决温饱逐渐转到增加家庭收入、提高生活水平上来。即当前宏观主体国家目标仍然是粮食总量的供给问题，而广大种粮农户关心的则是如何通过种粮来增加自身收入的问题。粮地规模效率评价指标体系必须兼顾宏观主体——政府和微观主体——农民的双方利益，并把两者的利益有机结合起来。

2.坚持土地及其他农业资源的充分有效利用原则

土地对于农民而言是一种特殊的生产资料，粮食生产在一定程度上限定了其用途，而且粮食作为土地密集型产品，土地的稀缺性要求必须不断提高土地的生产效率和利用率。众所周知，我国是一个土地极度稀缺的国家，1952年，全国耕地面积仅为16.20亿亩，人均耕地面积为2.80亩，当时世界人均耕地面积是5.50亩；2004年，我国人均耕地面积由1.41亩进一步减少到2006年的1.40亩，仅为世界平均水平的40.00%。从1.41亩到1.40亩，虽然仅仅是0.01亩的变化，却反映出我国耕地面积持续减少的趋势尚未发生根本改变。虽然我国耕地面积排世界第4，仅次于美国、俄罗斯和印度，但人均耕地面积排在126位以后，加拿大是我们的18倍，印度是我们的20倍[①]。与此同时，随着我国经济和人口增长，必将进一步扩大对粮食的需求。因此，为了满足我国未来对粮食的需求，有必要进一步增加单位面积的粮食产量，提高有限农业资源的利用效率。这些资源不但包括土地、人力资源，而且也涵盖资金、技术等资源，粮地经营规模效率评价指标体系应该也必须以该目标为构建的宗旨。因此，本文所建立的评价指标体系是建立在家庭全要素生产效率衡量基础上的粮地规模效率评价。

3.体现社会主义市场经济发展的基本规律原则

粮地经营规模效率评价指标体系不能违背社会主义市场经济发展的基本规律。该规律要求在市场配置资源起基础性作用、社会生产力充分发展的基础上，实现粮农增收、农村发展和农业现代化。粮地规模效率评价指标体系应满足社会主义市场经济发展要求，并符合其运行机制。对于我国经济发展而言始终面临着两大经济问题，即资源稀缺和经济效率问题。而社会主义市场经济正是为解决这两大经济问题而确立的一组机制——竞争机

① http://xk.cn.yahoo.com/articles/070915/1/3pi0.html.

制、价格机制、供求机制等。这些机制对激励和规范生产经营者具有重要的作用。粮地经营规模效率评价指标体系只有与这些机制结合,才能真正反映市场对资源的配置效率,从而实现农业资源的有效配置以及粮食总供求的基本平衡。与此同时,指标体系的建立还要坚持效率优先、兼顾公平的原则,即粮地规模效率评价指标体系的建立必须以家庭联产承包责任制为基础。家庭联产承包责任制是我国农民的伟大创举,这一制度是当前一切土地制度改革的前提。粮地规模效率评价指标体系不能脱离这一前提。

4.与农业经济全球化相接轨原则

2001 年 12 月 11 日我国正式加入世贸组织,这意味着我国农产品贸易同样也要按国际规则进行,其成本核算目标已经不仅仅控制在国内市场价格之下,更要控制在国际市场价格之下。以往不计成本、不搞核算或仅仅在本国市场范围内进行成本收益核算的做法很难与农业国际化接轨,这也与当前经济全球化大趋势相悖。另外,众多专家学者认为"入世"在给我国进入国际市场带来便利的同时,也会给国内的许多行业带来巨大的冲击,其中最为严重的就是农业。究其原因,不仅仅在于我国农产品品种单一、质量不高,更重要的还在于我国农产品尤其是粮食生产成本过高(小麦、玉米、大豆等成本普遍高于国际市场 50.00%左右)(夏永祥,2002)。随着我国农产品市场逐渐对外开放,发达国家的优质、廉价农产品将大批进入国内市场,此时不仅城镇居民要选择购买外国的农产品,使本国农产品失去国内市场,甚至有可能连农民自己消费的农产品也要购买外国产品,犹如近代外国优质廉价的纺织品进入我国后,最终淘汰了我国农民长期自给自足的土织布一样。因此,粮地经营规模效率评价指标体系的建立,不仅仅要遵循社会主义市场经济发展的基本规律,同时还要与农业国际化、经济全球化大环境相接轨,这样才能促使粮地生产出高产、优质、高效的粮食,从而进一步提高我国农业的国际竞争力和农民的生产经营管理水平。

5.突出重点、切合区域实际原则

一般而言,粮地规模效率评价没有绝对的标准,任何标准都是相对的,都是以现实为基础提出来的。换言之,任何评价标准都具有社会性、历史性和局限性。在选择指标时,既要考虑周全、覆盖面广,同时选择的指标还要符合区域的实际和特点。首先,规模效率指标体系应反映与粮地规模相对应的各个投入要素。其次,指标体系全面衡量并不等于事无巨细、面面俱到,要在能够比较全面反映规模效率的基础上,突出重点,避繁就简,指标数目做到少而精,否则会导致指标体系过于庞杂,分不清主次。最后,指标体系的建立还要考虑在目前条件下,能够取得必要的数据资料以及取得这些数据资料的成本,使评价具有可操作性、实用性。

4.5.3　建立粮地经营规模效率评价指标体系

在中国这样的农业大国,粮食生产的重要性不仅仅体现在关系到人民的生存温饱,而且还包含着社会稳定等诸多方面的含义,这使得对粮地经营规模效率的评价在很大程度上取决于目标和评价标准的选择,但是当前即便将劳动生产率、土地生产率以及其他诸如粮食商品率等指标全部综合起来,也难以准确和全面地对粮地经营规模的效率作出客观的评价。另外,在家庭联产承包经营制度下农民作为经营主体追求的目标与宏观目标并不完全一致,这使得在效率评价中指标的合理选择成为一件十分困难的事情。而粮地规模效率评价指标的确立往往关系到效率评价结果和实证研究的优劣与成败。针对此种情况,本研究通过设置基于微观与宏观粮食生产目标下的效率评价指标体系来反映不同主体对粮食生产目标的要求,从而探求规模与效率的复杂关系,应该是一种较为可行的思路和办法。

根据上面对建立粮地规模效率评价指标体系目的与原则的分析,以及所选取的 DEA 效率评价方法,本研究建立如下指标体系(表 4-3)。指标体系中的具体投入指标的选取主要依据《全国农产品成本收益资料汇编(2007)》核算指标体系以及问卷的实际调查。

表 4-3　粮地经营规模效率评价指标体系

效率评价	产出指标	投入指标	
粮地经营规模效率	微观生产目标:种粮货币收益 宏观生产目标:粮食产量	直接投入	种子费、化肥费、农药费、机耕费、机割费、排灌费、运输费、脱粒费、其他费用
纯技术效率		间接投入	固定资产折旧、税金、保险费、管理费、财务费、销售费
家庭总体规模效率		劳动投入	粮食生产用工总量
		粮地投入	粮地播种面积

从表 4-3 可以看到,这里的效率指标不仅仅包括粮地规模效率自身,同时包括了全要素纯技术效率和家庭总体规模效率。本研究之所以给出这两个效率指标,关键在于,在对粮地规模效率评价的同时,充分考虑到其他生产要素的效率状况以及家庭总体经营规模的效率状况。纯技术效率恰恰反映了在当前技术条件下,包括土地在内的所有投入要素在粮食生产中是否充分发挥了其生产潜能,或是否存在着浪费情况。而家庭总体规模效率则反映了农户粮食生产中包括土地在内的所有要素投入规模是否达到家庭总

体收益最大化所要求的规模。粮地规模效率则在这两个效率的基础上,对粮食生产中最重要的生产要素——土地投入规模效率的评价。

在产出指标中,这里分别采用农户种粮货币收益和总产量作为产出项对粮地规模效率进行评价。从微观——农户角度分析,在市场经济条件下更加关注的是种粮收益的价值量,因此用货币收益来反映农户粮食生产的微观目标比较现实;从宏观——政府角度分析,粮食总量安全问题始终是政府关注的焦点,政府更加关注的是粮食生产的实物量,因此这里用总产量来反映粮食生产的宏观目标比较适合。由于产出项的不同,基于 DEA 方法得出微观与宏观生产目标下的粮地效率往往也不同,对于这一假设文中将予以验证。

在投入指标中主要包括直接投入、间接投入、劳动投入、粮地投入,这几个指标囊括了粮食生产中的所有投入。

直接投入:指在粮地生产过程中发生的,可以直接计入其成本中的投入(不包括劳动和土地投入),包括种子、化肥、农药、机械作业等。直接投入是农户从事粮食生产经营投入重要的组成部分,它占据了农户每年绝大部分的现金支出。因此,直接投入的多少在很大程度上决定了当年粮食的生产成本。

间接投入:指与粮地生产过程有关、但需要分摊才能计入其成本的费用,包括固定资产折旧、税金、保险费、管理费、财务费、销售费。

劳动投入:指农户家庭当年从事粮食生产经营的实际用工量。在以往研究中对劳动投入确认主要采用的是家庭劳动力数量,这种做法在农民就业空间狭窄,劳动力流转非常少的情况勉强可以,但在当前我国农民就业渠道的多元化和每年非农用工量较多的情况下却不太适合,因此选择家庭种粮的实际用工量比较符合现实。

粮地投入:指农户家庭当年粮食(玉米)的播种面积总量。由于本研究所调查的区域是一年一熟的吉林省,因此农户粮地的播种面积基本反映了其家庭粮地的经营规模。

表 4-4 运用软件 stata10.0 对种粮货币收益与各个投入的相关性进行了分析。从中可以看到,粮食生产的货币收益与直接投入、间接投入、劳动投入以及粮地投入相关性均比较高,尤其是粮地投入规模的相关性最高,相关系数达到 0.912,这充分表明农户经营的土地规模在很大程度上决定着其家庭的种粮收益。

表4-4　各项投入与粮食生产货币收益相关分析

	种粮货币收益	直接投入	间接投入	劳动投入	粮地投入
种粮货币收益	1.000				
直接投入	0.764	1.000			
间接投入	0.606	0.695	1.000		
劳动投入	0.563	0.214	0.207	1.000	
粮地投入	0.912	0.804	0.679	0.167	1.000

表4-5给出了粮食产量与各个投入的相关性。从中可看出，粮地投入规模与粮食产量的相关性仍然是最高的，相关系数为0.913。与粮地投入相比劳动投入的相关系数比较低，这表明农户家庭劳动投入的变化对粮食产量变化的影响并不十分明显。

表4-5　各项投入与粮食产量相关分析

	粮食产量	直接投入	间接投入	劳动投入	粮地投入
粮食产量	1.000				
直接投入	0.794	1.000			
间接投入	0.616	0.695	1.000		
劳动投入	0.560	0.214	0.207	1.000	
粮地投入	0.913	0.804	0.679	0.167	1.000

4.6　基于DEA方法的农户粮地经营规模效率实证研究

4.6.1　变量选取与定义

根据建立的粮地规模效率评价指标体系，本研究以农户粮食生产经营的货币收益和总产量作为产出指标，以粮食生产经营的直接投入、间接投入、劳动投入以及粮地投入为投入指标，运用DEA方法对粮地规模效率进行评估。

种粮的货币收益等于粮食销售价格与产量的乘积，总产量为农户收获粮食的实物量。

直接投入等于种子费、化肥费、农药费、机耕费、机割费、排灌费、运输费、脱粒费以及其他费用的汇总。

对于粮食生产的间接投入而言，由于该指标在实际调查中难以直接获得，尤其是固定资产折旧与管理费更是如此，所以在计算该项投入时采用《全国农产品成本收益资料汇编(2007)》中吉林省每亩的间接费用数据。与此同时，从对吉林省玉米种植农户的实际调查来看，家庭拥有的固定资产非常少，每年转移到粮食中的成本则更少，因此用《全国农产品成本收益资料汇编(2007)》中的间接费用数据替代所调查样本的间接费用，基本能够反映其间接投入情况。农户家庭的间接费用在数值上等于粮地经营规模与每亩间接费用的乘积。

劳动投入，采用的是家庭粮食生产的实际用工量，在数值上等于家庭所有劳动力从事粮食生产用工天数总和与雇工总天数(雇工人数×雇工天数)的加总。

粮地投入为种粮农户家庭当年的粮食总播种面积。

4.6.2 数据处理与说明

本研究对农户粮地规模效率的研究主要以吉林省722个农户玉米生产投入产出数据为基础，但并不是对这722个样本中每个农户的粮地规模效率及其影响因素一一进行评价与分析。这种对每个农户分析的做法在大样本下既不现实、也缺乏一定的科学性，因为再详细的调查与分析也很难把影响农户生产的所有信息都考虑到，毕竟每个农户家庭成员的个体特征以及生产、生活环境存在着很大的差别，所有的这一切都有可能对农户的粮地规模效率产生影响。因此，根据农户的某一特征对其进行分类是一种比较可行的做法。基于研究对象是农户家庭经营的粮地规模，因此这里根据农户家庭粮地规模和种粮收益对不同规模农户进行聚类分析。聚类方法主要采用层次聚类法中的聚集法，即把每个农户个体作为一类，然后按照粮地规模及其种粮收益逐步归类。通过 Spss15.0 版本中 Analyze-Classify-Hierarchical Cluster 模块对农户规模的最终聚类结果如下：

从表4-6可以看到，通过聚类分析将722个不同粮地规模农户共分成24个规模区域，每个区域的投入与产出为该规模区域农户的平均值。从不同规模投入产出变化情况来看，直接投入与间接投入随着粮地规模扩张呈现不断增加的趋势，劳动投入表现为先增加后下降的格局，这主要是由于大规模农户增加了机械投入，用机械替代人力的结果；农户种粮的总收益和总产量随家庭经营粮地规模增加，同时表现为上升的格局。

表4-6 不同粮地规模区域下的投入产出状况

编号	规模区域（亩）	投入				产出	
		直接投入（元）	间接投入（元）	劳动投入（天）	土地投入（亩）	收益（元）	产量（公斤）
1	0－3(≤3)	833.00	16.40	153.95	2.31	2289.07	2044.05
2	3－6(≤6)	1587.94	36.50	132.59	5.19	5146.94	4681.02
3	6－9(≤9)	2708.10	48.90	151.87	7.77	7382.34	6855.85
4	9－11(≤11)	3922.48	70.10	206.13	10.17	9480.34	8657.67
5	11－14(≤14)	4059.16	80.99	220.62	12.70	12606.38	11671.06
6	14－17(≤17)	5282.21	88.01	229.26	15.43	15125.06	13788.24
7	17－19(≤19)	5514.59	103.08	227.48	18.15	18495.56	16787.04
8	19－21(≤21)	7305.28	141.53	247.02	20.07	17926.46	17217.27
9	21－23(≤23)	6281.83	108.61	278.67	22.53	19296.67	17800.00
10	23－26(≤26)	8611.84	130.66	231.24	24.93	25821.60	23400.00
11	26－28(≤28)	10836.57	145.36	228.86	27.83	26021.43	24642.86
12	28－31(≤31)	12641.50	186.71	290.60	30.11	32618.50	28850.00
13	31－34(≤34)	13276.88	163.88	265.00	33.00	31771.25	31062.50
14	34－36(≤36)	15572.92	169.14	223.58	35.37	33969.17	30083.34
15	36－39(≤39)	12500.00	187.98	218.00	39.17	35063.18	35563.18
16	39－42(≤42)	16149.57	231.17	260.74	40.22	38218.33	34290.44
17	42－45(≤45)	15918.33	232.16	205.83	44.83	42772.50	35291.67
18	45－52(≤52)	21572.38	288.05	326.67	50.19	50978.19	44957.15
19	52－62(≤62)	25047.75	291.71	269.90	58.80	53348.00	47762.50
20	62－75(≤75)	29000.00	319.33	255.50	71.25	65633.40	56351.25
21	75－80(≤80)	21520.00	383.67	88.67	79.60	84933.33	68333.34
22	80－90(≤90)	21300.00	421.75	150.00	87.50	46278.40	41320.00
23	90－100(≤100)	38140.00	469.95	217.50	97.50	99000.00	85000.00
24	100－110(≤110)	54200.00	531.65	87.65	107.58	130350.00	118500.00

资料来源：根据调查数据整理。

4.6.3 微观生产目标下的粮地规模效率实证分析

对于微观主体农户而言，实现家庭总收益的最大化是其从事粮食生产经营的重要目标，因此，在衡量粮地经营规模效率时，这里首先对微观生产目标下的农户粮地规模效率进行分析，即以种粮收益为产出项，直接生产费用、间接生产费用、劳动投入和粮地投入为投入项。

1. 投入导向下的粮地经营规模效率分析

这里采用 Coelli 小组开发的专用软件 DEAP(Version2.1)来计量农户家庭粮食生产的粮地规模效率、总体纯技术效率和规模效率。具体计量结果如下：

表 4-7 微观目标下的投入导向粮地规模效率

规模区域(亩)	实际规模(ALI)	目标规模(ALI)	粮地规模效率(LSE)	纯技术效率(PTE)	总体规模效率(SE)	规模报酬(RTS)
0-3(≤3)	2.307	2.307	1.000	1.000	0.889	递增
3-6(≤6)	5.189	5.190	1.000	1.000	0.913	递增
6-9(≤9)	7.766	7.033	0.906	0.905	0.947	递增
9-11(≤11)	10.173	8.639	0.849	0.849	0.973	递增
11-14(≤14)	12.703	11.764	0.926	0.926	0.980	递增
14-17(≤17)	15.431	13.909	0.901	0.901	0.984	递增
17-19(≤19)	18.152	17.265	0.951	0.951	0.988	递增
19-21(≤21)	20.066	16.269	0.811	0.811	0.987	递增
21-23(≤23)	22.533	18.102	0.803	0.842	0.949	递增
23-26(≤26)	24.928	23.523	0.944	0.944	0.992	递增
26-28(≤28)	27.829	23.220	0.834	0.834	0.992	递增
28-31(≤31)	30.107	28.636	0.951	0.951	0.994	递增
31-34(≤34)	33.000	28.124	0.852	0.852	0.994	递增
34-36(≤36)	35.367	29.313	0.829	0.860	0.973	递增
36-39(≤39)	39.170	32.574	0.832	0.854	0.977	递增
39-42(≤42)	40.217	33.792	0.840	0.840	0.995	递增
42-45(≤45)	44.833	38.615	0.861	0.861	0.996	递增
45-52(≤52)	50.190	44.408	0.885	0.885	0.997	递增
52-62(≤62)	58.800	46.541	0.792	0.792	0.997	递增
62-75(≤75)	71.250	56.774	0.797	0.866	0.991	递增
75-80(≤80)	79.600	79.600	1.000	1.000	1.000	不变
80-90(≤90)	87.500	54.211	0.620	0.691	0.797	递增
90-100(≤100)	97.500	87.504	0.897	0.900	0.999	递增
100-110(≤110)	107.581	107.581	1.000	1.000	1.000	不变
平　均	39.258	32.756	0.878	0.888	0.971	—

从表4-7基于投入导向的粮地规模效率计量结果来看,农户家庭规模在0-3亩和0-6亩这两个区域纯技术效率和粮地的规模效率均为1,这表明家庭投入粮食生产的全部要素是有效率的,粮地投入自然也是有效率的,但由于这两个区域的家庭总体经营规模过小,从而导致其总规模没有效率,效率值分别仅有0.889、0.913。从6-9亩一直到62-75亩粮地规模区域,无论是家庭总体纯技术效率、规模效率还是粮地规模效率都小于1,从而表明这些区域农户家庭从事粮食生产的投入要素整体是无效率的,包括土地在内也是如此,而且此时家庭整体经营规模依然偏小,始终处于规模报酬递增的状态。75-80与100-110亩这两个规模区域出现家庭纯技术效率、总体规模效率和粮地规模效率同时达到最优,效率值均为1,这表明粮地规模效率在家庭纯技术效率与总体规模效率达到最优的基础上也实现了最优。因此,在充分考虑家庭其他要素效率与整体规模效率基础上确定这两个区域的粮地规模效率是最优的。

表4-8 微观目标下投入导向非有效规模农户投入项调整

规模区域(亩)	直接投入(元)		间接投入(元)		劳动投入(元)		土地投入(亩)	
	径量	差额	径量	差额	径量	差额	径量	差额
6-9(≤9)	-256.747	0.000	-4.636	-1.049	-14.398	0.000	-0.737	0.000
9-11(≤11)	-590.368	0.000	-10.551	-12.958	-31.024	-25.944	-1.531	0.000
11-14(≤14)	-299.233	0.000	-5.970	-13.640	-16.264	-58.116	-0.936	0.000
14-17(≤17)	-520.685	0.000	-8.675	-7.700	-22.599	-61.937	-1.521	0.000
17-19(≤19)	-268.936	0.000	-5.027	-10.531	-11.094	-74.783	-0.885	0.000
19-21(≤21)	-1383.565	0.000	-26.805	-31.801	-46.784	-57.139	-3.801	0.000
21-23(≤23)	-991.069	0.000	-17.135	0.000	-43.965	-93.933	-3.555	-0.873
23-26(≤26)	-485.904	0.000	-7.372	-5.853	-13.047	-81.041	-1.407	0.000
26-28(≤28)	-1795.102	0.000	-24.079	-5.145	-37.911	-52.850	-4.610	0.000
28-31(≤31)	-618.806	0.000	-9.140	-35.478	-14.225	-141.789	-1.474	0.000
31-34(≤34)	-1961.604	0.000	-24.213	-0.088	-39.153	-91.225	-4.876	0.000
34-36(≤36)	-2178.200	0.000	-23.658	0.000	-31.272	-57.469	-4.947	-1.109
36-39(≤39)	-1830.033	0.000	-27.521	0.000	-31.916	-56.492	-5.735	-0.861
39-42(≤42)	-2581.208	0.000	-36.948	-27.608	-41.674	-88.719	-6.428	0.000
42-45(≤45)	-2206.696	0.000	-32.183	-10.605	-28.533	-51.820	-6.215	0.000
45-52(≤52)	-2485.325	0.000	-33.186	-37.419	-37.635	-165.800	-5.782	0.000
52-62(≤62)	-5221.914	0.000	-60.815	-3.287	-56.268	-92.083	-12.259	0.000
62-75(≤75)	-3880.622	0.000	-42.731	0.000	-34.190	-106.634	-9.534	-4.942
80-90(≤90)	-6580.895	0.000	-130.305	-26.231	-46.344	0.000	-27.034	-6.255
90-100(≤100)	-3829.790	0.000	-47.190	0.000	-21.840	-106.269	-9.790	0.206

进一步从粮地规模与其效率的变化趋势分析，从表4-7可以看到，虽然微观生产目标投入导向下的各个规模区域粮地规模效率差距较大，但随着粮地规模的不断扩张，其效率大致呈U型曲线的变化规律，即31亩以下的小规模农户和75亩以上的大规模农户的粮地规模效率较高，而31－75亩之间的中等规模农户的粮地规模效率相对偏低。虽然小规模与大农户粮地规模效率都较高，但与大规模农户相比小规模农户家庭总体规模效率偏低，包括土地在内的其他生产要素的规模过小，因此，要想增加种粮农户的收入，除了调整粮食价格等政策外，有必要扩大其粮地经营规模。

表4-8给出了基于投入导向的非有效农户投入的调整方向和调整空间，从调整的差额来看，造成绝大多数中等规模农户效率低的一个重要原因是土地以外的其他生产要素投入过多，尤其是间接投入和劳动投入，从而使各个要素之间配置比例失调。要达到要素间配合平衡，各个规模需要调整的主要是粮食生产过程中的间接投入和劳动投入，直接费用投入和土地投入调整需要调整不大，尤其是直接投入需要调整的数量一直为0，这表明从要素间配合角度分析，种粮农户在生产过程中的直接物质费用投入比例较适中，土地投入相对也比较合理。在家庭当前规模下，劳动投入需要相应减少，过多的劳动投入产生了其较大的松弛值，其中45－52亩这一区域劳动松弛值最高，达到165.80天。中间投入也需要相应的减少，过多的中间投入表明农户种粮的管理费用、销售费用等中间费用投入过高，存在较多的浪费。

仅仅对要素差额调整还不能使非有效规模农户粮地规模效率和纯技术效率达到最优，差额调整在一定程度上解决了各个要素间配合平衡问题，但要实现粮地规模效率、纯技术效率和家庭总体规模效率达到最优，必须同时调整各个要素的径量。由表4-8可知，随着规模的不断扩张，各个投入项径量整体表现增加的趋势，这表明由规模扩张导致要素损失比较明显，尤其是直接投入和劳动投入，相比之下间接投入和粮地投入径量调整不是很多。

2.产出导向下的粮地经营规模效率分析

表4-9 微观目标下的产出导向粮地规模效率

规模区域（亩）	实际货币收益(AO)	目标收益(TO)	粮地规模效率(LSE)	纯技术效率(PTE)	总体规模效率(SE)	规模报(RTS)
0-3(≤3)	2289.071	2289.071	1.000	1.000	0.889	递增
3-6(≤6)	5146.937	5146.937	1.000	1.000	0.913	递增
6-9(≤9)	7382.337	8344.937	0.885	0.885	0.969	递增
9-11(≤11)	9480.345	11212.096	0.846	0.846	0.977	递增
11-14(≤14)	12606.382	13633.045	0.925	0.925	0.982	递增
14-17(≤17)	15125.059	16811.163	0.900	0.900	0.986	递增
17-19(≤19)	18495.556	19458.865	0.950	0.950	0.988	递增
19-21(≤21)	17926.463	22183.515	0.808	0.808	0.990	递增
21-23(≤23)	19296.667	23165.370	0.833	0.833	0.960	递增
23-26(≤26)	25821.600	27383.222	0.943	0.943	0.992	递增
26-28(≤28)	26021.429	31246.102	0.833	0.833	0.993	递增
28-31(≤31)	32618.500	34312.495	0.951	0.951	0.994	递增
31-34(≤34)	31771.250	37330.032	0.851	0.851	0.995	递增
34-36(≤36)	33969.167	39713.641	0.855	0.855	0.978	递增
36-39(≤39)	35563.175	41895.306	0.849	0.849	0.983	递增
39-42(≤42)	38218.330	45544.792	0.839	0.839	0.996	递增
42-45(≤45)	42772.500	49703.437	0.861	0.861	0.997	递增
45-52(≤52)	50978.190	57654.327	0.884	0.884	0.997	递增
52-62(≤62)	53348.000	67476.705	0.791	0.791	0.998	递增
62-75(≤75)	65633.400	75982.425	0.864	0.864	0.994	递增
75-80(≤80)	84933.333	84933.333	1.000	1.000	1.000	不变
80-90(≤90)	46278.400	84054.433	0.551	0.551	1.000	不变
90-100(≤100)	99000.000	108030.792	0.916	0.916	0.981	递减
100-110(≤110)	130350.000	130350.000	1.000	1.000	1.000	不变
平　均	37688.587	43244.002	0.881	0.881	0.981	—

从表4-9基于产出导向的粮地规模效率、纯技术效率与总体规模效率计量结果分析，0-3亩和0-6亩农户的粮地规模效率、纯技术效率值仍然为1，整体规模还是处于规模报酬递增阶段。对于不同区域粮地规模效率整体而言，与投入导向结果存在一定的差异。但6-75亩规模区间的效率状态与投入导向基本相同，即各个区间的粮地规模效率值始终小于1，而且由于纯

技术效率值与粮地规模效率值相同,两者的变化趋势相同,从而表明这些区域包括土地在内的生产投入要素运用并不是有效的,即投入的这些资源没有充分发挥生产潜力,导致其存在较多的损失和浪费。与此同时,这些规模区域的家庭总体规模效率偏低,使其始终处于规模报酬递增的状态。该结果与我国农村的实际情况基本相符。由于我国农村人多地少,人地比例不协调,从而导致家庭粮地规模偏小,劳动力等资源存在大量的闲置与浪费。在80－90亩这一规模区域首次出规模报酬递减,这表明随着粮地规模的扩张,如果不及时调整家庭其他生产要素,必然会导致粮地效率的下降。75－80亩和100－110亩规模区间同时达到粮地规模效率、纯技术效率和家庭总体规模效率最优。基于产出导向75－80亩与100－110亩这两个区间粮地规模效率在纯技术效率和家庭总体规模效率最优的基础上实现了最优。

表4-10 微观目标下产出导向非有效规模农户投入与产出项调整

规模区域（亩）	直接投入（元）	间接投入（元）	劳动投入（天）	土地投入（亩）	产 出（元）
	差额	差额	差额	差额	径量
6－9(≤9)	0.000	－6.496	－2.245	0.000	962.597
9－11(≤11)	0.000	－16.209	－58.136	0.000	1731.756
11－14(≤14)	0.000	－15.154	－75.137	0.000	1026.665
14－17(≤17)	0.000	－9.131	－85.742	0.000	1686.103
17－19(≤19)	0.000	－11.347	－86.602	0.000	963.305
19－21(≤21)	0.000	－40.490	－106.879	0.000	4257.055
21－23(≤23)	0.000	0.000	－140.925	－0.823	3868.700
23－26(≤26)	0.000	－6.526	－95.200	0.000	1561.622
26－28(≤28)	0.000	－7.237	－94.266	0.000	5224.672
28－31(≤31)	0.000	－37.582	－157.104	0.000	1693.995
31－34(≤34)	0.000	－1.039	－134.040	0.000	5558.782
34－36(≤36)	0.000	0.000	－92.334	－1.104	5744.471
36－39(≤39)	0.000	0.000	－93.097	－0.813	6332.126
39－42(≤42)	0.000	－33.885	－135.227	0.000	7326.462
42－45(≤45)	0.000	－13.180	－85.226	0.000	6930.937
45－52(≤52)	0.000	－42.994	－207.669	0.000	6676.137
52－62(≤62)	0.000	－5.572	－157.360	0.000	14128.705
62－75(≤75)	0.000	0.000	－147.351	－5.528	10349.025
80－90(≤90)	0.000	－41.986	－60.636	－8.722	37776.033
90－100(≤100)	0.000	－11.022	－133.239	－2.440	9030.792

从粮地规模与其效率的变化趋势分析，微观生产目标产出导向下的粮地规模效率与投入导向的变化趋势基本相同，仍然呈现U形曲线的变化规律，这表明小规模与大规模农户的粮地的生产潜力得到了有效的发挥，而中等规模农户的粮地规模存在较大的效率损失，尤其是超过28－31亩这一规模区间后效率下降比较明显。

表4-10给出了基于产出导向的非有效农户投入和产出的调整方向与空间。从该表可看到，对于非有效的种粮农户而言，为了达到粮地规模效率、纯技术效率和总体规模效率最优，需要调整投入项差额的主要内容与产出导向的基本一致，仍然是间接投入和劳动投入，这再次说明了过多的间接投入和劳动投入导致粮食生产要素比例不协调，影响了效率的提高。不同规模区域农户家庭劳动投入存在较多的浪费，要提高家庭粮地规模效率、纯技术效率、总体规模效率必须减少一定的劳动投入；另外，间接投入也要相应地予以调整，需降低管理、销售等费用。直接投入在各个规模区间均不需调整，个别区间的粮地规模需要相应地进行调整，但调整的数量并不大。在投入项差额调整后，产出项径量变化，表明各个规模区间的农户种粮收益将得到明显的增加，尤其是80－90亩这一规模区间，收益将增加37776.03元。

4.6.4　确定微观生产目标下的粮地效率最优规模

从上面分析可以看到，75－80亩和100－110亩这两个规模区间无论在投入导向还是产出导向下的粮地规模效率、总体纯技术效率和规模效率均达到了最优，也就是说在基于纯技术效率和规模效率最优基础上的粮地规模效率最优解并不唯一。因此，为了确定一个效率最优的规模区间，本研究将对两者的绝对效率予以进一步的比较。根据农户家庭从事粮食生产经营利润最大化这一目标，对75－80亩和100－110亩区间绝对效率的衡量采用成本利润率这一指标。

农户家庭粮食生产经营总成本的核算对衡量其成本利润率至关重要，总成本的大小直接决定着成本利润率的高低。以往对种粮农户生产经营成本核算中往往忽视农户自用工成本和家庭承包的土地成本，而且对间接费用如固定资产折旧、管理费用、销售费用等也均未予以考虑，从而导致核算出的粮农成本利润率与实际差距较大，即多数情况下偏高。这里对总成本的核算充分考虑种粮农户的自用工成本、土地成本以及间接费用的投入。其中，自用工成本用家庭粮食生产用工量与当地单位劳动力被雇务农每天可获得的收入乘积衡量（劳动机会成本）；土地成本用家庭土地数量与当地单位土地年租金的乘积衡量（土地机会成本）；间接费用用家庭粮地数量与

《全国农产品成本收益资料汇编(2007)》中玉米生产每亩的间接费用乘积衡量。利润总额用家庭粮食产量与粮食销售价格的乘积衡量。具体核算结果如表4-11所示。

从表4-11效率最优规模区间的成本利润比较来看,75-80亩规模区间农户家庭的成本利润率远高于100-110亩规模区间的成本利润率,前者比后者高出86.60%。由此可见,75-80亩规模区间农户以成本利润率为衡量指标的绝对效率高于100-110亩的农户,因此,微观生产目标下的粮地效率最优规模是75-80亩这一规模区间。

表4-11 效率最优规模区域成本利润率差异分析

投入产出项	规模区间(亩)	
	75-80(≤80)	100-110≤(110)
直接投入(元)	21520.00	54200.00
间接投入(元)	383.67	531.65
劳动投入(元)	3413.33	3600.00
土地投入(元)	10320.00	27575.00
利润总额(元)	84933.33	130350.00
净利润(元)	49296.33	44443.35
成本利润率(%)	138.33	51.73

注:总投入=直接投入+间接投入+劳动投入+土地投入;净利润=利润总额-总投入;成本利润率=净利润/总投入。

4.6.5 宏观生产目标下的粮地规模效率实证分析

与微观主体农户利润最大化生产目标相比,宏观主体——政府更加关注的是粮食产量。因此,基于产量目标下的粮地规模效率与基于利润目标下的粮地规模效率往往存在着很大的差异。下面以粮食产量为产出项,直接生产费用、间接生产费用、劳动投入和粮地投入为投入项,对不同规模区域的粮地效率予以分析,从而进一步确立宏观生产目标下的粮地效率最优规模。

1.投入导向下的粮地经营规模效率分析

从表4-12效率计量结果来看,在投入导向下以粮食产量为产出项的粮地效率最优规模区间与以货币收益为产出项的存在明显的不同。除了75-80亩和100-110亩这两个规模区间在纯技术效率、家庭总体规模效率最优基础上实现粮地规模效率最优外,17-19亩规模区间也实现了这一基础上的粮地规模效率最优。从不同区间粮地规模效率整体分析,0-3亩、3-6亩和36-39亩三个规模区间的粮地规模效率和纯技术效率的效率值均为

1,这表明这三个区间的农户家庭包括土地在内的所有投入要素均达到了效率最优,但是由于家庭规模偏小,三个区间的总体规模效率未达到最优,在规模报酬上处于规模报酬递增阶段。其他规模区间的粮地规模效率、纯技术效率以及家庭总体规模效率都处于非有效状态。就规模报酬整体变化来看,随着农户家庭粮地规模的增加,绝大多数规模区间处于规模报酬递增阶段,这表明农户家庭的生产经营规模仍然非常小,虽然个别规模区间段(42-45亩)出现规模报酬递减现象。

表4-12 宏观目标下的投入导向粮地规模效率

规模区间(亩)	实际规模(ALI)	目标规模(ALI)	粮地规模效率(LSE)	纯技术效率(PTE)	总体规模效率(SE)	规模报(RTS)
0-3(≤3)	2.307	2.307	1.000	1.000	0.912	递增
3-6(≤6)	5.189	5.189	1.000	1.000	0.973	递增
6-9(≤9)	7.766	7.268	0.936	0.935	0.982	递增
9-11(≤11)	10.173	8.861	0.871	0.871	0.986	递增
11-14(≤14)	12.703	12.516	0.985	0.985	0.995	递增
14-17(≤17)	15.431	14.490	0.939	0.939	0.995	递增
17-19(≤19)	18.152	18.150	1.000	1.000	1.000	不变
19-21(≤21)	20.066	17.739	0.884	0.884	0.997	递增
21-23(≤23)	22.533	20.480	0.909	0.942	0.968	递增
23-26(≤26)	24.928	24.771	0.994	0.994	0.996	递增
26-28(≤28)	27.829	24.982	0.898	0.898	0.995	递增
28-31(≤31)	30.107	28.368	0.942	0.942	0.999	递增
31-34(≤34)	33.000	31.482	0.954	0.954	0.993	递增
34-36(≤36)	35.367	29.055	0.822	0.850	0.981	递增
36-39(≤39)	39.170	39.170	1.000	1.000	0.991	递增
39-42(≤42)	40.217	34.219	0.851	0.851	0.998	递增
42-45(≤45)	44.833	37.113	0.828	0.828	0.998	递增
45-52(≤52)	50.190	43.849	0.874	0.874	0.999	递减
52-62(≤62)	58.800	47.078	0.801	0.801	0.998	递增
62-75(≤75)	71.250	55,167	0.774	0.837	0.994	递增
75-80(≤80)	79.600	79.600	1.000	1.000	1.000	不变
80-90(≤90)	87.500	54.211	0.620	0.691	0.884	递增
90-100(≤100)	97.500	86.989	0.892	0.893	0.999	递增
100-110(≤110)	107.581	107.581	1.000	1.000	1.000	不变
平　均	39.258	33.385	0.988	0.915	0.985	—

与微观生产目标投入导向下的粮地规模效率变化趋势相比，以产量为产出项的粮地规模与效率呈现多个 U 型曲线的变化规律，但总体仍然是小规模和大规模农户的粮地规模效率较高，39 - 75 亩的中等规模农户粮地规模效率比较低。

表 4-13　宏观目标投入导向非有效规模农户投入项调整

规模区间（亩）	直接投入(元)		间接投入(元)		劳动投入(元)		土地投入(亩)	
	径量	差额	径量	差额	径量	差额	径量	差额
6 - 9(≤9)	-174.792	0.000	-3.156	0.000	-9.802	0.000	-0.502	0.000
9 - 11(≤11)	-504.833	0.000	-9.022	-7.208	-26.529	-48.338	-1.309	0.000
11 - 14(≤14)	-58.917	0.000	-1.176	6.080	-3.202	-38.769	-0.184	0.000
14 - 17(≤17)	-321.737	0.000	-5.361	0.000	-13.964	-31.983	-0.940	0.000
19 - 21(≤21)	-848.415	0.000	-16.437	-26.338	-28.688	-35.800	-2.331	0.000
21 - 23(≤23)	-364.833	0.000	-6.308	0.000	-16.184	-112.216	-1.308	-0.742
23 - 26(≤26)	-55.009	0.000	-0.835	0.000	-1.477	-44.374	-0.159	0.000
26 - 28(≤28)	-1108.948	0.000	-14.875	0.000	-23.420	-23.309	-2.848	0.000
28 - 31(≤31)	-731.231	0.000	-10.800	-27.185	-16.809	-101.224	-1.742	0.000
31 - 34(≤34)	-610.826	0.000	-7.540	0.000	-12.192	-115.039	-1.518	0.000
34 - 36(≤36)	-2337.871	0.000	-25.392	0.000	-33.565	-42.895	-5.310	-1.005
39 - 42(≤42)	-2409.670	0.000	-34.493	-18.729	-38.905	-20.864	-6.001	0.000
42 - 45(≤45)	-2740.039	0.000	-39.962	-2.741	-35.430	0.000	-7.717	0.000
45 - 52(≤52)	-2725.493	0.000	-36.393	-28.774	-41.272	-99.883	-6.341	0.000
52 - 62(≤62)	-4993.382	0.000	-58.154	0.000	-53.806	-69.094	-11.722	0.000
62 - 75(≤75)	-4724.627	0.000	-52.025	0.000	-41.626	-58.963	-11.608	-4.475
80 - 90(≤90)	-6580.895	0.000	-130.305	-26.231	-46.344	0.000	-27.034	-6.255
90 - 100(≤100)	-4070.955	0.000	-50.161	0.000	-23.215	-91.971	-10.407	-0.104

表 4-13 展示了宏观目标下投入导向非有效农户投入项的调整方向与具体额度。从差额项来看，各规模区间需要调整的投入差距较大，但绝大多数主要调整的是间接投入和劳动投入，从而表明家庭粮食生产的要素比例不协调主要是这两项投入造成的。从具体调整量观察，21 - 23 亩、28 - 31 亩、31 - 34 亩这三个规模区间劳动投入调整较大，要实现粮地规模效率、纯技术效率和总体规模效率最优，每个区间需分别减少劳动投入 112.22 天、101.22 天、115.04 天，而且 21 - 23 亩区间还需相应调整土地 0.74 亩，三个区间的间接费用调整并不多，仅有 28 - 31 亩区间需减少 27.19 元。需调整土地投入数量的规模区间非常少，除了 21 - 23 亩区间外，还有 34 - 36 亩、62 - 75 亩、80 - 90 亩、90 - 100 亩这四个规模区间，其中 80 - 90 亩区间需要减少土地投入的规数量最大，为 6.26 亩，其次是 62 - 75 亩区间需减少土地 4.48

亩。所有区间的直接费用投入差额均不需调整。

投入项差额的调整实现了各个要素投入比例的协调化,但要实现粮地规模效率、纯技术效率和总体规模效率最优这一目标,还必须相应地调整径量。由表4-13可知,宏观生产目标投入导向的各个要素径量均需作出调整。家庭粮地规模越大,其径量调整的额度相对也越多。其中,直接投入、间接投入、劳动投入的随规模扩张需减少的径量增加比较明显,土地的变化不是很大。80－90亩这一区间直接投入、间接投入和土地投入需调整最多,降低投入的数量分别达到4070.96元、130.31元和6.26亩。52－62亩区间需减少劳动投入径量最多,达到53.81天。

2.产出导向下的粮地经营规模效率分析

从表4-14宏观目标下的产出导向粮地规模效率可以看到,0－3亩、3－6亩、36－39亩这三个区间的粮地规模效率和纯技术效率值为1,但家庭总体规模效率小于1,从而表明这些区间农户家庭包括土地在内的投入要素生产效率均达到了最优,但由于家庭经营规模小,总体规模效率并没有达到最优,使其规模报酬处于上升的阶段。52－62亩和80－90亩区间虽然家庭总体规模效率最优,但粮地规模效率和纯技术效率并不是最优的,这说明虽然两个区间的家庭总体规模非常适中,但包括土地在内的所有投入要素都没达到有效利用的程度。宏观目标下产出导向家庭规模报酬虽然仍以递增为主,但超过36－39亩这一规模区间后表现出规模报酬递减的区间明显增多,39－42亩、42－45亩、45－52亩、90－100亩规模区间均为规模报酬递减,这表明农户家庭的粮地规模并不是越大越好,当粮地规模超过家庭现有生产资源所能承受的经营规模时,其他生产要素如果没有作出相应调整,则必然会导致粮地规模效率的下降。因此,粮地的规模效率能否充分发挥,不仅仅取决于粮地自身的数量,同时还取决于其他生产要素的有效配置。

宏观生产目标产出导向的粮地规模效率变化趋势与投入导向下的差异并不是很大,虽然在各个规模区间有所波动,出现多个规模区间粮地规模效率达到最优,即这些区间的粮地的生产潜能得到了充分发挥,但总体趋势仍呈U形曲线的变化规律。根据本研究对粮地效率最优规模的定义,即粮地规模效率、纯技术效率和家庭总体规模效率同时达到最优的规模,因此达到这一要求的有三个规模区间,分别是17－19亩、75－80亩、100－110亩,这些区间农户的家庭粮地经营规模是效率最优的规模。

表 4-14 宏观目标下的产出导向粮地规模效率

规模区间(亩)	实际粮食产量(AO)	目标产量(TO)	粮地规模效率(LSE)	纯技术效率(PTE)	总体规模效率(SE)	规模报酬(RTS)
0-3(≤3)	2044.048	2044.048	1.000	1.000	0.912	递增
3-6(≤6)	4681.013	4681.013	1.000	1.000	0.973	递增
6-9(≤9)	6855.843	7348.193	0.933	0.933	0.984	递增
9-11(≤11)	8657.672	9962.936	0.869	0.869	0.989	递增
11-14(≤14)	11671.053	11845.585	0.985	0.985	0.995	递增
14-17(≤17)	13788.235	14697.808	0.938	0.938	0.996	递增
17-19(≤19)	16787.037	16787.035	1.000	1.000	1.000	不变
19-21(≤21)	17217.266	19503.063	0.883	0.883	0.998	递增
21-23(≤23)	17800.000	18948.272	0.939	0.939	0.970	递增
23-26(≤26)	23400.000	23553.594	0.993	0.993	0.996	递增
26-28(≤28)	24642.857	27508.207	0.896	0.896	0.997	递增
28-31(≤31)	28850.000	30632.222	0.942	0.942	0.999	递增
31-34(≤34)	31062.500	32584.223	0.953	0.953	0.994	递增
34-36(≤36)	30083.333	35546.714	0.846	0.846	0.986	递增
36-39(≤39)	35063.175	35063.175	1.000	1.000	0.991	递增
39-42(≤42)	34290.435	40167.753	0.854	0.854	0.995	递减
42-45(≤45)	35291.667	42608.343	0.828	0.828	0.998	递减
45-52(≤52)	44957.143	51345.986	0.876	0.876	0.997	递减
52-62(≤62)	47762.500	59777.458	0.799	0.799	1.000	不变
62-75(≤75)	56351.250	67483.284	0.835	0.835	0.997	递增
75-80(≤80)	68333.333	68333.333	1.000	1.000	1.000	不变
80-90(≤90)	41320.000	67630.773	0.611	0.611	1.000	不变
90-100(≤100)	85000.000	93846.492	0.906	0.906	0.986	递减
100-110(≤110)	118500.000	118500.000	1.000	1.000	1.000	不变
平 均	33517.098	37516.646	0.912	0.912	0.990	—

表 4-15　宏观目标下产出导向非有效规模农户投入与产出项调整

规模区间（亩）	直接投入（元）	间接投入（元）	劳动投入（天）	土地投入（亩）	产　出（元）
	投入差额	投入差额	投入差额	投入差额	径量
6－9(≤9)	0.000	0.000	－12.285	0.000	492.348
9－11(≤11)	0.000	－9.730	－69.540	0.000	1305.266
11－14(≤14)	0.000	－6.315	－40.742	0.000	174.530
14－17(≤17)	0.000	－0.132	－44.959	0.000	909.573
19－21(≤21)	0.000	－31.096	－53.013	0.000	2285.798
21－23(≤23)	0.000	0.000	－129.071	－0.719	1148.272
23－26(≤26)	0.000	0.000	－45.396	0.000	153.594
26－28(≤28)	0.000	0.000	－39.031	0.000	2865.352
28－31(≤31)	0.000	－29.460	－113.284	0.000	1782.222
31－34(≤34)	0.000	0.000	－126.114	0.000	1521.723
34－36(≤36)	0.000	0.000	－75.861	－0.960	5463.379
39－42(≤42)	0.000	－25.506	－71.273	0.000	5877.318
42－45(≤45)	0.000	－5.976	－30.247	0.000	7316.678
45－52(≤52)	0.000	－35.815	－152.877	0.000	6388.841
52－62(≤62)	0.000	0.000	－114.831	0.000	12014.958
62－75(≤75)	0.000	0.000	－98.412	－5.101	11132.034
80－90(≤90)	0.000	－41.912	－60.845	－8.721	26310.773
90－100(≤100)	0.000	－11.022	－133.239	－2.440	8846.492

对于宏观目标下产出导向非有效农户而言，其需要调整的主要是劳动投入和间接费用投入，尤其是劳动投入，所有的非有效规模区间均需相应减少劳动投入。由此可见，农户在粮食生产经营规模过程中，劳动投入存在着较大的浪费，从而造成其劳动生产率低，粮食生产成本偏高。在所有规模区间中，21－23 亩、45－52 亩和 90－100 亩规模区间的农户需要减少劳动投入较多，分别达到 129.07、152.88、133.24 天。间接投入需要调整的规模区间相对比较少。在需调整的规模区间中，家庭规模在 80－90 亩区间的农户需要减少的间接投入最多，达到 41.91 元，其次是 19－21 亩区间的农户，需减少 31.10 元。土地投入需要调整的规模区间是最少的，仅有 21－23 亩、34－36 亩、62－75 亩、80－90 亩、90－100 亩这五个区间需调整，其中 80－90 亩区间需减少的土地投入高达 8.72 亩。所有区间的直接费用投入无需任何调

整。在对投入项作出相应调整后,粮地规模效率、纯技术效率和总体规模效率将达到最优,此时土地的生产潜能将得到有效的发挥,从而使粮食产量得到相应的增加,如表 4-15 产出径量所示。其中,80 - 90 亩规模区间增加最多,达到26310.77公斤,其次是 52 - 62 亩区间,增加 12014.96 公斤。

4.6.7 确定宏观生产目标下的粮地效率最优规模

在宏观生产目标下,无论是产出导向还是投入导向,能够满足粮地规模效率、纯技术效率和家庭总体规模效率最优的规模区间有三个,分别是 17 - 19 亩、75 - 80 亩和 100 - 110 亩区间。因此,通过相对效率的判断,无法确定粮地规模效率最优的唯一规模区间。为确定唯一的粮地最优规模,本研究将通过绝对效率指标的进一步比较来找出这一规模。宏观生产目标下绝对效率指标选择单位成本粮食产量来予以衡量,成本内容与微观目标下的成本投入相同。三个规模区间的单位成本粮食产量核算结果如表 4-16 所示。

表 4-16 效率最优规模区间的成本产粮率差异分析

投入项	规模区间(亩)		
	17 - 19(≤19)	75 - 80(≤80)	100 - 110(≤110)
总成本(元)	21110.93	35637.01	85906.65
总产量(公斤)	16787.04	68333.33	118500.00
成本产粮率(公斤/元)	0.80	1.92	1.38

注:成本产粮率 = 总产量/总成本。

从 17 - 19 亩、75 - 80 亩和 100 - 110 亩这三个最优规模区间的绝对效率指标——成本产粮率分析,75 - 80 亩的单位成本产粮最高,达到 1.92 公斤/元;其次是 100 - 110 亩的,为 1.38 公斤/元;17 - 19 亩的最低,仅为 0.80 公斤/元。由此可见,基于该绝对效率指标衡量的唯一最优规模区间是 75 - 80 亩,该规模区间与微观生产目标下的最优规模区间相同。值得一提的是,虽然宏观生产目标与微观生产目标下的粮地效率最优规模均在 75 - 80 亩规模区间,但这并不能说明微观最优规模一定等于宏观最优规模。两者是否存在绝对差异,还有待于对粮地规模进一步的细分和检验,基于本研究对粮地规模的分区,这里不再予以深入探讨。

4.6.8 基于微观和宏观生产目标的粮地规模效率差异性检验

本研究分别从微观与宏观粮食生产目标视角对粮地规模效率进行评价,主要是基于这样一个前提假设:在微观生产目标和宏观生产目标下的粮地规模效率是不同的，即两者存在着显著差异。为了检验这一假设是否成立，下面将通过配对样本T检验对不同目标下的粮地规模效率差异进行验证。

1.微观与宏观投入导向粮地规模效率差异性检验

从上面投入导向下的粮地规模效率值观察，微观生产目标与宏观生产目标的各个规模区间效率值差异比较明显，但这并不能完全说明差异的显著性，还有必要对其进一步验证。

表4-17 微观与宏观投入导向粮地规模效率配对样本统计量

	均 值	样本量	标准差	均值标准误差
微观投入导向粮地规模效率	0.878	24	0.088	0.018
宏观投入导向粮地规模效率	0.907	24	0.094	0.019

表4-18 微观与宏观投入导向粮地规模效率配对样本相关性

	样本量	相关系数	显著性
微观与宏观投入导向粮地规模效率	24	0.864	0.000

表4-19 微观与宏观投入导向粮地规模效率差异T检验

	均值	标准差	均值标准误差	95%差异置信区间		t值	自由度	显著性
				下限	上限			
微观－宏观投入导向粮地规模效率	－0.029	0.048	0.010	－0.049	－0.009	－2.958	23	0.007

表4-17给出了微观与宏观投入导向粮地规模效率配对样本统计量；表4.18给出微观与宏观投入导向下的粮地规模效率相关性，两者的相关系数为0.864，显著性0.000<0.05，这说明微观与宏观投入导向下的粮地规模效率正相关性比较强。从表4-19两者的差异性检验的结果分析，t值为－2.958，显著性为0.007，远远小于5%的概率水平，这表明微观与宏观投入导向下的具体粮地规模效率确实存在显著差异，投入导向下的两者差异假设得到验证。由此可见，在投入导向下基于微观和宏观生产目标分别对粮地规模效率进行评价这一做法是必要的。

2.微观与宏观产出导向粮地规模效率差异性检验

从产出导向下的粮地规模效率值观察，微观与宏观生产目标的各个规模区间效率并不相同，为了进一步证明两者是否存在显著差异，下面将通过两配对样本 T 验证予以验证。

表 4-20 微观与宏观产出导向粮地规模效率配对样本统计量

	均 值	样本量	标准差	均值标准误差
微观产出导向粮地规模效率	0.881	24.000	0.095	0.019
宏观产出导向粮地规模效率	0.912	24.000	0.091	0.019

表 4-21 微观与宏观产出导向粮地规模效率配对样本相关性

	样本量	相关系数	显著性
微观与宏观产出导向粮地规模效率	24.000	0.876	0.000

表 4-22 微观与宏观产出导向粮地规模效率差异 T 检验

	均值	标准差	均值标准误差	95%差异置信区间		t 值	自由度	显著性
				下限	上限			
微观－宏观投入导向粮地规模效率	－0.031	0.046	0.009	－0.051	－0.012	－3.303	23	0.007

表 4-20 给出了微观与宏观产出导向粮地规模效率配对样本统计量；表 4-21 给出了两者的相关系数为 0.876，显著性为 0.000＜0.05，说明微观与宏观产出导向的粮地规模效率正相关比较强。表 4-22 给出微观与宏观产出导向粮地规模效率差异 T 检验结果。从中可以看到，t 值为－3.303，显著性为 0.003，远远小于 5%的概率水平，这表明微观与宏观产出导向下的具体粮地规模效率差异显著，产出导向下两者存在差异假设得到验证。由此可见，在投入导向下分别对基于微观和宏观生产目标粮地规模效率进行评价也是必要的。

4.7 本章小结

本章在建立粮地规模效率评价模型的基础上，运用非参数 DEA 分析法对粮地规模效率进行了评价。效率衡量指标及其标准的选择对效率评价具有非常重要的影响，因此本章首先根据粮食生产的微观目标和宏观目标建立相应的粮地规模效率评价指标体系。在粮地规模效率衡量方法上，改变了过去采用要素生产率指标评价的方法，充分考虑土地这一生产要素与其他生产要素的互动替代关系，在其他要素效率和家庭整体规模效率最优的基础上，来进一步确定粮地规模效率。

本章运用数据包络分析法（DEA）对粮地规模效率进行了测度，在进入实证分析之前首先对DEA方法的理论基础和相关模型进行了回顾，从而选择了与实际情况相符——规模报酬可变假设的BCC模型。但是该模型只能给出纯技术效率、家庭总体规模效率和生产要素的目标投入量与产出量，无法直接给出粮地规模效率。因此，本章在这一数据的基础上建立了粮地规模效率评价模型，从而得出粮地的规模效率。在实证过程中，首先运用聚类分析方法，根据粮地规模和家庭种粮收益对不同规模农户进行了分区，之后分别从微观和宏观粮食生产目标角度，基于投入法和产出法测量了不同规模区间农户的粮地规模效率，并利用绝对效率指标——成本利润率和成本产粮率确立了微观与宏观粮地效率最优规模区间。粮地规模效率的测度结果表明，无论是微观还是宏观生产目标下的效率，随粮地规模扩大均呈现U型曲线的变化规律，即小规模和大规模农户的粮地规模效率较高，中等规模农户效率偏低。最后，对基于微观和宏观生产目标下的粮地规模效率值进行了差异性检验，结果表明两者确实存在着显著的差异，从而得出分别基于微观和基于宏观生产目标对粮地规模效率进行评价这一做法是必要的结论。

5 基于 Tobit 模型的农户粮地经营规模效率影响因素研究

5.1 引言

粮地经营规模效率影响因素一直是我国农地规模经营研究的重点，能否准确判断粮地规模效率的影响因素直接关系到下一步如何来提高粮地规模效率。对粮地规模效率具体受哪些因素影响，各个专家学者有着各自不同的看法。著名农经学者黄祖辉等(1998)认为粮地经营规模效率需要结合农户家庭的具体情况来分析，它至少要涉及到农户的粮田条件、技术变化、经营规模、复种指数、成本计算以及其自身素质这些因素。林善浪(2000)认为粮地规模效率主要与土地上的各种投入有关，这些投入包括劳动力、固定资产、流动资产(不包括劳动力)和技术，其中技术凝结在劳动力、固定资产和流动资产上，固定资产由机械、建筑物等组成，流动资产主要包括化肥、农药、良种和其他原材料等。罗必良(2000)教授在总结经济组织规模效率若干决定因素的基础上，分析了影响农户粮地规模效率的因素，主要包括交易费用与管理成本、产业性质、物品的特性、资产专用性、外部性以及垄断因素。王秀清等(2002)运用常规生产函数模型和前沿生产函数模型证明了农用地的细碎化是影响其规模效率的重要因素。

从专家们对粮地规模效率影响因素的分析可知，影响农户粮地规模效率的因素可大致可归纳为一般性因素和特殊性因素。一般性因素主要包括农户家庭劳动者的素质及其投入量，流动资本的投入如种子、化肥、农药等，固定的资本投入如农业机械、耕牛、粮食储备设施等，这些因素与粮食生产经营直接相关，对粮地经营规模效率均具有一定的影响。特殊因素主要指对农户粮食生产经营在特定环境下具有影响的因素，如当地的经济发展水平、气候条件、土地流转制度等。对于粮食主产区吉林省而言，粮地效率的高低直接决定着其粮食的产量。那么到底哪些因素影响着当地农户粮地经营规模效率,这些影响因素与粮地规模效率的关系又怎样?接下来本章将对农户粮地经营规模效率的影响因素作进一步分析。

5.2 变量的选择与说明

根据以往文献(黄祖辉、陈欣欣,1998;林善浪,2000;罗必良,2000;王秀清、苏旭霞2002)对粮地经营规模效率影响因素的分析以及实地调查情况,主要选出如下变量作为影响粮地规模效率的解释变量:

1.户主个人特征变量

户主个人变量包括性别、年龄、受教育年限、婚姻状况。其中对于非连续变量性别和婚姻状况,采用男性占所在规模区域总体比例和已婚占所在规模区域总体比例来衡量;年龄取平方,这主要是为了消除年龄呈倒"U"形曲线分布对分析结果的影响。

2.种粮农户家庭特征变量

(1)家庭拥有的资源数量。包括劳动力数量、农用固定资产价值量。

(2)粮食生产投入变量。其中投入变量包括直接物质投入变量(种子、化肥、农药、机械作业),用工量投入,间接投入(固定资产折旧、税金、保险费、管理费、财务费、销售费的汇总),粮地投入。

(3)家庭其他特征变量。非农产业用工量,土地被分割的块数,粮食销售价格。

3.生产服务变量

该变量反映农户技术指导服务可获得性对其效率的影响,用能够获得该服务农户占所在规模区域总体比例来衡量。

4.社会保障变量

该变量反映农户是否加入社会养老保险对其效率的影响,用加入的农户占所在规模区域总体比例来衡量。

5.土地流转制度变量

该变量指村里对农户土地流转制度的规定,用可以流转农户占所在规模区域总体比例来衡量。

被解释变量为微观与宏观生产目标下的投入导向粮地规模效率。这里之所以选择投入导向下的粮地规模效率,关键在于本研究的对象是投入要素粮地,从投入角度分析可深入了解其投入变化对效率的影响;与此同时,在当前市场经济快速发展的条件下,广大农户调整包括粮地在内等生产要素的自由度和灵活性不断增强,投入要素的调整相对比较容易把握,而产出状况在短时间内很难得到大幅度的调整和改善。因此,选择投入导向下的粮地规模效率比较符合当前的现实。

变量的具体情况如表 5-1 所示。

表 5-1 变量数据描述

模 型 变 量	最小值	最大值	均 值	标准差
微观目标粮地规模效率(解释变量)	0.62	1.00	0.91	0.09
宏观目标粮地规模效率(解释变量)	0.62	1.00	0.88	0.09
户主个人特征变量				
男性比例(%)	33.33	100.00	79.37	16.03
年龄^2	256.00	6561.00	2035.76	998.89
已婚比例(%)	75.00	100.00	94.36	6.89
受教育年限	0.00	16.00	7.06	2.63
被调查者家庭特征变量				
劳动力数量	1.00	5.00	2.47	0.83
农用固定资产价值(元)	1000.00	18708.33	10199.81	5089.04
种子费(元)	158.48	6700.00	1639.54	1429.02
化肥费(元)	424.29	13500.00	5492.92	4056.57
农药费(元)	47.62	2725.00	817.19	636.83
机械作业费(元)	38.57	6600.00	1384.06	1355.04
种粮用工量(天)	87.65	326.67	215.31	60.62
非农产业用工量(天)	0.00	720.00	143.37	137.69
间接费用投用入(元)	16.40	531.65	201.97	140.88
粮地规模(亩)	2.31	107.58	39.26	30.05
粮地块数(块)	1.00	17.00	4.10	2.62
粮食销售价格(元/公斤)	1.00	1.25	1.11	0.06
农业生产服务变量				
可获得技术指导服务比例(%)	0.00	100.00	30.09	26.10
农村社会保障变量				
加入社会养老保险比例(%)	0.00	25.00	6.03	6.92
土地制度变量				
土地可流转比例(%)	50.00	100.00	87.34	11.57

资料来源:根据调查数据整理。

5.3　计量模型与分析方法

从第 4 章 DEA 分析法测度的粮地规模效率可以看到,效率值是介于 0 和 1 之间的,这样回归方程中的解释变量则被限制在了这个区间。如果此时直接采用普通最小二乘法,会给参数估计结果带来严重的有偏和不一致。为了进一步了解效率的影响因素及其影响程度,1998 年 T. J. Coelli 在 DEA 分析的基础上衍生出了一种两步法(Two-stage Method)。该方法首先采用 DEA 方法评估出决策单位的效率值,然后以上一步得出的效率值作为被解释变量,以影响因素作为解释变量建立回归模型。为此,第二步采用的是 Tobit 回归分析。采用两步法分析效率及其影响因素在国外的教育学、医院管理中已经比较成熟。T. Kirjavainen 和 H. A. Loikkanen 等早在 1998 年就采用这种方法比较了芬兰高等中学的效率差别及其原因。B. Watcharasriroj 和 J. C. S. Tang(2004)在研究泰国 92 所公立非盈利性医院的效率时也采用了两步法。在我国,该方法于近年引入用于银行系统的效率评价与分析。朱南等(2004)和陈敬学等(2004)同时采用两步法分析了我国商业银行效率;徐清俊等(2004)以中国台湾地区为例讨论了金控公司子银行的经营效率。

Tobit 分析主要用于被解释变量受限制(limited dependent variable)时的一种分析方法,其概念最早由 J. Tobin 教授于 1958 年提出。当因变量为切割值(Truncated)或片断值(Censored)时,运用遵循极大似然法概念的 Tobit 模型分析效率影响因素是一种较好的选择,而且 Tobit 回归还有一个很好的特性,就是回归解释变量可以是连续型数值变量也可以是 0 或 1 型的虚拟变量。当前该方法在分析粮地规模效率中尚未得到应用,将其引入粮地规模研究有利于改变研究缺乏可操作性和偏重定性分析的性质。

具体的 Tobit 模型根据截取点的不同表现为不同的形式。这里首先将 Tobit 模型截取临界点设为 c_i,c_i 对所有的决策单元 i 可以是一样的,但在多数情况下随着决策单元 i 的特征而变化。对于截取点 c_i,这里可以从上截取也可以从下截取,还可以两边同时截取。

当 c_i 从上截取或右端截取时,截取回归模型为:

$$y^* = \beta' x + \varepsilon \tag{6.1}$$

$$y = \min(y^*, c_i)$$

当 c_i 从下截取或左端截取时,截取回归模型为:

$$y^* = \beta' x + \varepsilon \tag{6.2}$$

$$y = \max(y^*, c_i)$$

当 Tobit 模型两边同时截取时：

$$y_i^* = \beta' x_i + \varepsilon_i \tag{6.3}$$

$$y_i = \begin{cases} L_{1i}, & y_i^* \leqslant L_{1i} \\ y_i^*, & L_{1i} < y_i^* < L_{2i} \\ L_{2i}, & y_i^* \geqslant L_{2i} \end{cases}$$

y_i^* 为潜变量(latent dependent variable)，y_i 为观察到的被解释变量，x_i 为解释变量向量，β 为回归系数向量，ε_i 为服从正态分布的独立残差项。

标准的 Tobit 模型是将左端截取点设为 0，则有如下模型：

$$y_i^* = \beta' x_i + \varepsilon_i \tag{6.4}$$

$$y_i = y_i^*, \quad \text{if} \quad y_i^* > 0$$

$$y_i = 0, \quad \text{if} \quad y_i^* \leqslant 0, \qquad i = 1, 2, \cdots, n$$

根据以上 Tobit 模型，本研究构建如下粮地规模效率影响因素分析模型：

$$\mathrm{LSE}_j^* = \alpha x_j + \varepsilon_j \tag{6.5}$$

$$\mathrm{LSE}_j = \begin{cases} \mathrm{LSE}_j^*, & 0 < \mathrm{LSE}_j^* \leqslant 1 \\ 0, & \text{otherwise} \end{cases}, \qquad j = 1, 2, \cdots, 24$$

LSE_j 为第 j 个规模区间的粮地规模效率值，x_j 为该规模区间的影响因素(向量)，LSE_j^* 为潜在的规模效率，服从正态分布，当 $0 < \mathrm{LSE}_j^* \leqslant 1$ 时，$\mathrm{LSE}_j = \mathrm{LSE}_j^*$ 表示可观察到的粮地规模效率值；否则表示粮地规模效率值无法观察到。α 为模型待估系数向量，ε_j 为独立的随机扰动项，$\varepsilon_j \sim N(0, \sigma^2)$。

5.4 微观生产目标下的粮地规模效率影响因素实证分析

5.4.1 回归结果的估计与检验

基于 Tobit 模型对粮地经营规模效率影响因素的分析，采用软件 Stata10.0版本进行回归。回归的具体结果如下。

表 5-2　微观目标下的粮地规模效率影响因素回归结果

解释变量	系数	标准误	T值	显著性	95%的置信区间	
					下限	上限
性别	-0.0057	0.0024	-2.4000	0.0610	-0.0118	0.0004
年龄^2	-0.0002	0.0001	-2.0900	0.0900	-0.0004	0.0000
已婚比例(%)	0.0071	0.0016	4.5700	0.0060	0.0031	0.0112
受教育年限	-0.1232	0.0613	-2.0100	0.1010	-0.2807	0.0343
劳动力数量	-0.1217	0.0991	-1.2300	0.2740	-0.3764	0.1331
农用固定资产价值(元)	-1.7E-05	6.33E-06	-2.7400	0.0410	-3.4E-05	-1.06E-06
种子费(元)	0.0003	0.0001	2.5800	0.0490	1.48E-06	0.0007
化肥费(元)	1.81E-06	2.48E-05	0.0700	0.9450	-6.2E-05	0.0001
农药费(元)	-0.0002	6.88E-05	-2.7700	0.0390	-0.0004	-1.39E-04
机械作业费(元)	2.73E-05	6.15E-05	0.4400	0.6760	-0.0001	0.0002
种粮用工量(天)	-0.0008	0.0007	-1.0700	0.3330	-0.0026	0.0011
非农产业用工量(天)	0.0007	0.0002	4.2600	0.0080	0.0003	0.0012
间接费投用入(元)	0.0031	0.0021	1.4700	0.2020	-0.0024	0.0086
粮地规模(亩)	-0.0233	0.0149	-1.5700	0.1780	-0.0615	0.0149
粮地块数(块)	0.0345	0.0252	1.3700	0.2280	-0.0302	0.0992
粮食销售价格(元/公斤)	1.7123	0.5548	3.0900	0.0270	0.2861	3.1386
获得技术服务比例(%)	0.0036	0.0026	1.3600	0.2320	-0.0032	0.0103
加入养老保险比例(%)	0.0061	0.0034	1.7800	0.1350	-0.0027	0.0149
土地可流转比例(%)	0.0163	0.0066	2.4800	0.0560	-0.0006	0.0333
截距项	-1.3164	0.8977	-1.4700	0.2020	-3.6239	0.9911
卡方值 LR chi2(19)=61.67			显著性 Prob>chi2=0.0000			
似然值 Log likelihood=43.8458			判定系数 $R^2=0.2998$			

注:本次分析采用的置信度为95%。

从粮地经营规模效率影响因素回归结果(表 5-2)可以看到,卡方值为61.67,显著性为0.0000,远远小于0.05的显著概率水平,虽然判定系数 R^2 仅有0.2998,不是很高,但由于这里采用的是截面数据,因此并不影响对影响因素的分析。从影响因素显著性分析,影响粮地规模效率的主要有户主的婚姻状况、家庭拥有的农用固定资产价值、种子投入、农药投入、非农产业用工量以及粮食的销售价格。下面对每个影响因素予以深入的分析。

5.4.2 影响因素分析

1.户主的婚姻状况对粮地经营规模效率具有显著影响。从影响方向分析,已婚户主比例对粮地规模效率正向影响显著。这表明,已婚户主比例占得越多,其家庭粮地规模效率越高。与未婚的农户相比,已婚的农户不仅仅是其家庭成员增加,同时也是劳动力的增加。在农村,家庭妇女的劳动常常被忽视,但是她们的加入却给家庭生产和生活带来实实在在的福利。他们不但承担着照顾子女等各种家务劳动,而且同男主人一样从事农业生产劳动,这无疑会增加粮食生产经营中的劳动投入,提高粮地的精耕细作程度。从而对粮地经营规模效率的提高必然具有一定的促进作用。

2.农户家庭拥有的农用固定资产价值与粮地经济规模效率密切相关,两者呈反向变动关系。这表明农户家庭拥有的农用固定资产越多,价值越大,其粮地规模效率则越低。在调查中发现,农用固定资产多的农户主要是家中拥有一定数量的农用机械设备。这样按照常理农用固定资产越多其效率应该越高,因为机械化必然会提高其劳动生产率。但是如果从单位粮地产出角度分析,情况就未必如此。拥有较多固定资产的农户一般家庭拥有的粮地规模也比较大,其粮食生产从耕种到收获绝大部分靠机械动力来完成,人力的投入非常少。这种耕作方式相对比较粗放,改变了过去小规模精耕细作的生产方式,结果使粮地的生产潜力没有得到充分的发挥。但这并不是说大规模农户的粮地规模效率都低于小规模农户,那些虽然拥有较多农机设备但实现要素配置比例合理的大规模农户,同样能够实现粮地规模效率最优。

3.粮食生产经营中的种子投入对粮地经营规模效率影响较大。与其他投入要素相比,种子投入较多的农户其粮地规模效率也比较高。在调查中我们发现,很多农户在现有的粮地规模条件下,单位土地面积使用了较多的种子,究其原因主要是为了增加秧苗的存活率,保证土地的产出,这在一定程度提高了粮地的规模效率。另外,还有很多种粮农户采用的种子并不是以往的普通品种,他们为了提高产出纷纷购买改进的良种。虽然改进的良种价格比普通种子高很多,但是它能够很好地利用现有的土地增加产出量,从而使粮地规模效率得到有效的提高。

4.农药投入在一定程度上影响着粮地经营规模效率。从两者的变化方向看,农药投入多的农户粮地规模效率反而比较低。当前广大种粮农户喷洒农药已不仅仅是防治病虫害,除草剂在生产中的运用大大增加了其农药的使用量。相比之下,农药使用较多的农户往往是那些家庭粮地经营规模比较大的农户,这改变了过去通过人工除草的生产方式,绝大多数靠喷洒除草剂来完成。这种以农药代替人工的做法虽然在一定程度上提高了劳动生产率,但是却改变了小规模农户精耕细作的生产方式。很多小规模的农户在除草过程中不但将草铲除,而且可对未成活的秧苗及时进行补种,保证了粮地的产出。而农药除草的方式则很难做到这一点,这势必也会影响到粮地的规模效率,这与第二点的性质是相同的。

5.非农产业用工量对粮地经营规模影响非常显著。农户家庭从事非农产业用工量多的农户粮地规模效率反而比较高,这种情况似乎与现实有些相悖。因为,农户的家庭可用工总量是有限的,增加了非农产业用工量必然会影响粮食生产经营的用工量,劳动投入的减少相应也会降低粮地的规模效率。但是从非有效规模区间农户投入调整内容可以看到,要提高包括土地在内的投入要素效率,每个规模区间的农户都需要减少粮食生产中的劳动投入。由于种粮农户家庭土地规模偏小,要素配置比例不合理,尤其是劳动的投入偏多,影响了包括粮地在内所有生产要素的效率。因此,在种粮农户家庭劳动存在大量剩余的情况下,增加非农产业用工量,适当减少粮食生产的用工量反而会提高粮地的规模效率。

6.农户家庭的粮食销售价格是影响粮地经营规模效率的重要因素,两者表现为正相关。在家庭粮食产量相当的情况下,销售价格高的农户其种粮收益往往也比较高。这表明销售价格高的农户在家庭现有的土地规模上获得了更多的货币收益。在以粮食货币收益作为产出项衡量粮地规模效率的情况下,较高的粮食销售价格必然会提高粮地的规模效率。另外,调查结果显示,能够卖出较高价格的农户往往是那些家庭粮地规模不是很大,粮食总产量不是很多的农户,从表 4-7 投入导向粮地规模效率计量结果可以看出,这种小规模农户家庭粮地规模效率通常比较高。

以上六个影响因素的分析,仅是从模型的计量结果中得出对粮地规模效率影响显著的解释变量,其他影响不显著的因素并不意味着它们对粮地经营规模效率没有影响,很多解释变量例如种粮用工量的投入和粮地的投入,如果没有这两项投入粮食生产则很难进行,适当的劳动和土地投入必然会提高粮地规模效率。另外,土地流转制度比较接近 0.05 的显著水平,并表现为可流转土地制度在一定程度上也会提高粮地规模效率。这里粮地规模对其效率影响不显著,充分说明了微观生产目标下的粮地规模与效率之间并不是简单的正向或负向的关系,正如上面所分析的,随规模扩张效率在一定规模范围内呈现 U 型曲线的变化规律。

5.5 宏观生产目标下的粮地规模效率影响因素实证分析

对宏观生产目标的粮地规模效率影响因素的分析,被解释变量为投入导向下的粮食产量作为产出项获得的效率值,解释变量主要包括户主特征变量,家庭特征变量,生产服务变量、社会保障变量以及土地流转制度变量,具体内容见本章5.2。所采用的方法为被解释变量受限的Tobit模型。

5.5.1 回归结果的估计与检验

表5-3 宏观目标下的粮地经营规模效率影响因素回归结果

解释变量	系数	标准误	T值	显著性	95%的置信区间	
					下限	上限
性别	-0.0061	0.0029	-2.0700	0.0830	-0.0132	0.0011
年龄^2	-0.0003	0.0001	-3.1000	0.0210	-0.0006	-0.0001
已婚比例(%)	0.0086	0.0021	4.2000	0.0060	0.0036	0.0137
受教育年限	-0.1001	0.1054	-0.9500	0.3860	-0.3712	0.1709
劳动力数量	-0.1067	0.1185	-0.9000	0.4030	-0.3968	0.1833
农用固定资产价值(元)	-1.7E-05	5.40E-06	-3.1700	0.0130	-3E-05	-4.68E-06
种子费(元)	0.0003	0.0001	3.0300	0.0160	7.45E-05	0.0005
化肥费(元)	1.26E-06	2.96E-05	0.0400	0.9670	-7.1E-05	0.0001
农药费(元)	-0.00021	8.27E-05	-2.5800	0.0420	-0.0004	1.10E-05
机械作业费(元)	0.0001	0.0001	0.8900	0.4130	-0.0002	0.0004
种粮用工量(天)	-0.0006	0.0009	-0.7100	0.5060	-0.0028	0.0016
非农产业用工量(天)	0.0011	0.0002	4.9600	0.0030	0.0005	0.0016
间接费投用入(元)	0.0013	0.0027	0.4900	0.6420	-0.0052	0.0078
粮地规模(亩)	-0.0112	0.0183	-0.6100	0.5640	-0.0561	0.0337
粮地块数(块)	-0.0472	0.0194	-2.4300	0.0450	-0.0931	-0.0013
粮食销售价格(元/公斤)	0.2037	0.5415	0.3800	0.7200	-1.1214	1.5288
获得技术服务比例(%)	0.0038	0.0030	1.2700	0.2510	-0.0035	0.0112
加入养老保险比例(%)	0.0067	0.0041	1.6300	0.1530	-0.0033	0.0168
土地可流转比例(%)	0.0162	0.0082	1.9800	0.0950	-0.0038	0.0363
截距项	0.8629	0.8846	0.9800	0.3670	-1.3017	3.0275
卡方值 LR chi2(19) = 56.75			显著性 Prob>chi2 = 0.0000			
似然值 Log likelihood = 35.9715			判定系数 $R^2 = 0.2445$			

注:本次分析采用的置信度为95%。

表 5-3 给出了粮地经营规模效率影响因素回归结果。从中可以看到，模型拟合的卡方值为 56.75，显著性为 0.0000，小于 0.05 的显著概率水平，判定系数 R^2 为 0.2445，虽然不高但并不影响对影响因素的分析。从解释变量的显著性分析，宏观生产目标下影响粮地规模效率的因素与微观存在一定差异：户主年龄和粮地分割的块数成为显著的影响因素，而粮食销售价格在这里影响并不显著。具体而言主要有以下几个因素影响宏观生产目标的粮地规模效率：户主的年龄、婚姻状况、家庭拥有的农用固定资产价值、种子投入、农药投入、非农产业用工量以及家庭粮地的块数。下面就每个影响因素予以进一步的分析。

5.5.2　影响因素分析

1. 户主的年龄成为影响宏观生产目标粮地规模效率的重要因素，其显著性概率为 0.02。进一步从两者的变化方向分析，年龄越大的户主其粮地经营规模效率越低，相反，年轻的户主其家庭粮地规模效率反而较高。这种户主年龄与规模效率的变化关系与现实情况基本相符。对于年龄比较大的户主而言，随着年龄的上升，其对粮食生产的管理和劳动投入均会在一定程度上有所下降，他们更多的是期望维持现有的生产水平，避免频繁的波动。而对于那些年轻的户主而言，他们从事粮食生产增加家庭收益的欲望比较迫切，因此，无论从管理精力投入还是生产要素数量投入都较年龄大的户主更加多一些，这一切都会促进粮地规模效率的提高。

2. 户主的婚姻状况对粮地经营规模效率影响显著。从表 5-3 可以看到已婚户主所占的比例越高，其粮地规模效率也越高，这表明已婚户主的家庭粮地经营规模效率要高于未婚户主家庭的效率。正如上面所分析的，与未婚户主的家庭相比，已婚户主家庭不仅仅是人口的增加，配偶在粮食的直接生产和辅助生产中均起到了重要的作用。从农户这个特殊的经济组织分析，已婚户主的家庭在某种程度上会产生一定的规模效应，这对降低家庭的生活费用和生产成本都有很大的促进作用，必然有利于农户进一步提高粮地的规模效率。

3. 农用固定资产价值从负面影响着宏观生产目标下的粮地经营规模效率。正如前面所分析的，拥有的农用固定资产少的农户家庭，其粮地经营规模效率反而越高；而那些农用固定资产多的农户，其粮地规模效率往往比较低。农户拥有的农用固定资产主要是农业机械设备，家庭农机设备多的农户经营的粮地规模也比较大，绝大部分生产环节均靠机械来完成，人力投入相对比较少。与主要靠人力精耕细作的小规模农户相比，农机设备多的农户生产经营比较粗放，粮地生产力水平不高，其规模效率水平也比较低。

4.种子和农药投入对粮地经营规模效率均具有显著影响，但两者影响方向存在很大的差异。种子投入与粮地规模效率存在着正向变化关系，即种子投入得越多其粮地规模效率越高，反之则越低。而农药投入则恰好相反，农药投入高的农户粮地规模效率反而比较低。对于种子投入多的农户而言，一方面单位面积上投入相对较多的种子保证秧苗较高的存活率，另一个方面采用优质改良品种提高抗病增产能力，这都会在很大程度上提高粮地的生产潜力，进而提高粮地规模效率。农药的过多投入主要是由于农户除草剂的大量使用。对于用除草剂代替人工除草的规模经营农户而言，并没有因此而比人工除草的农户粮地规模效率高，相反，由于其精耕细作程度的下降，使其粮地规模效率反而降低。

5.农户家庭非农产业用工量适当增加对粮地经营规模效率具有一定的促进作用。粮地的规模过小使农户出现了大量的劳动剩余，这种劳动的相对过剩导致包括土地在内的家庭生产要素的投入比例极不协调，效率也比较低。从第4章宏观目标下非有效规模区域农户投入调整的内容与方向看，要达到粮地规模效率最优，绝大多数均需要减少种粮用工量的投入，最高的甚至需要减少115天的用工量。对于家庭从事非农产业用工量较多的农户，在一定程度上必然减少种粮用工量的投入，但这种适当用工量的调整不但没有降低粮地规模效率，反而使粮地规模效率有所提高。因此，非农产业用工量的适当增加，实际上是把用在粮食生产中过剩的用工量转移出来，这不但会使粮地规模效率提高，同时也会促使其他投入要素效率的提高。

6.与微观生产目标下的粮地规模效率影响因素相比，家庭土地被分割的块数成为影响宏观目标粮地规模效率的又一重要因素。从影响方向上看，家庭粮地块数愈多，其规模效率则愈低。较多的地块分割造成每块地的规模与其相应的要素配置比例不合理，往往是其他要素投入过多而粮地投入过少。过多的其他要素投入反而导致包括土地在内的各个要素自身效率的下降。对于土地分割块数较少的农户而言，其家庭土地比较集中，每块粮地的规模一般也比较大，这样各种生产要素投入比例相对会比较协调，各要素的生产潜力也能得到有效发挥，因此，不但能够提高粮地规模效率以及其他要素的生产效率，同时也会进一步改善家庭总体规模效率，增加规模报酬。

以上是对影响宏观生产目标下粮地规模效率的分析，至于其他影响并不显著的因素，并不意味着它们对宏观生产目标的粮地规模效率没有影响，只是在各个规模之间没有表现出显著差异的特性而已。例如化肥投入，虽然在各个规模区域粮地规模效率的影响未表现出显著差异，但其投入必然会对粮地规模效率产生一定的影响。粮地规模对其效率再次没有表现出显著的影响，由此可以看出在宏观生产目标下的粮地规模与效率也不是人们所想象的正向或负向的关系。

5.6　微观与宏观生产目标下的粮地规模效率影响因素差异分析

通过对微观与宏观生产目标下的粮地规模效率影响因素分析，对粮地规模效率的变化有了更加深入的了解。但是由于粮食生产的微观主体目标与宏观主体目标的不同，导致微观与宏观生产目标下的粮地规模效率值存在差异，从而使两者的影响因素也表现出一定的不同。

在微观生产目标下，粮地规模效率受价格影响比较明显，在宏观生产目标下这一因素影响并不显著。究其原因，主要是由于微观生产目标下的产出项是以粮食生产的货币收益为衡量对象，其收益等于粮食产量与销售价格的乘积，因此，粮食销售价格的变动必然会对农户种粮收益产生影响。收益的变动进而影响粮地的经营规模效率。而在宏观生产目标下，产出项仅仅是粮食产量，粮食价格这里并没有直接影响产出，进而影响粮地规模效率。如果从供给与需求的角度分析，粮食价格的变动应该会影响农户粮食产量，这一点应当予以承认，但是从本研究采用的截面数据无法从时间序列的角度对其进一步作出考察。

在宏观生产目标下，粮地规模效率受户主的年龄和家庭地块分割的数量因素的影响，但在微观生产目标下，这两个因素并没有表现出显著的影响。在农户粮食生产经营中，户主的年龄对其家庭经营的粮地规模以及粮食产量影响非常显著（钱文荣、张忠明，2007），年龄较大的户主由于其生产与管理能力的降低，导致其经营的粮地规模和产量也有所下降，这必然会对以产量为产出项的粮地规模效率带来影响。粮地分割块数的增加会降低粮食的劳动生产率、土地生产率，导致农户粮食产量的下降（王秀清、苏旭霞2002），进而也会影响粮地的经营规模效率。而对于微观生产目标下的粮地规模效率测度，其产出项除了受这两个因素导致的产量影响外，粮食销售价格则起了非常重要的作用。

户主的婚姻状况、家庭拥有的农用固定资产价值、种子投入、农药投入、非农产业用工量这五个因素对微观生产目标和宏观生产目标下的粮地经营规模效率均具有显著的影响，这些要素在微观与宏观生产目标下并不存在差异。

5.7 本章小结

DEA方法能够很好地测度出粮地经营规模效率,但该方法不能进一步给出影响粮地规模效率的因素。为了弄清粮地规模效率受哪些因素影响,本章通过实证的方式对其进行了深入分析。在影响因素分析中,以第4章测度出的投入导向粮地规模效率值为解释变量,但由于其限制在(0,1]这个区间,直接采用普通最小二乘法会给结果带来严重的有偏和不一致,因此,本章采用了专门针对解释变量受限制的Tobit模型来进行分析。在解释变量的选择上,根据以往文献的研究和实地问卷调查,采用了户主特征变量、家庭粮食生产相关的特征变量、生产中的服务变量、社会保障变量以及土地流转制度变量。

在微观生产目标下的粮地规模效率的分析中,得出户主的婚姻状况、家庭拥有的农用固定资产价值、种子投入、农药投入、非农产业用工量以及粮食销售价格对粮地经营规模效率影响显著。在对宏观生产目标粮地规模效率的分析中,得到户主的年龄、婚姻状况、家庭拥有的农用固定资产价值、种子投入、农药投入、非农产业用工量以及家庭粮地被分割的块数对粮地经营规模效率影响显著。对微观与宏观生产目标下的粮地规模效率影响显著因素逐一进行了分析,在此基础上,对不同目标下存在的差异因素予以比较。

值得注意的是,以上对粮地规模效率影响显著的因素是从模型的回归结果中得出的,其他不显著的因素并不意味着对粮地经营规模效率没有影响,只是在5%的显著水平上并没有表现出其对粮地规模效率的影响,而且,粮地投入表现出的不显著充分说明了粮地规模与效率之间并不是简单的正向或负向关系。

6 农户的意愿选择与粮地效率最优规模差异研究

6.1 问题的提出

我国农业在改革开放后取得了很大的成就,但一家一户均田制式的土地分配,导致农业的零碎化生产,带来的是小农生产的延续。为了改变这种小农经济对机械化、科学技术的某种排斥,提高粮地生产效率,全国各地纷纷开始探索粮地规模化经营道路,并取得一定的成功经验(廖洪乐,1998;冯先宁,2004)。但成果的获得也给农村带来了新的问题,尤其是一些地方政府和集体在推行土地规模经营过程中,不顾农民意愿,采用权力和权利两种手段强制执行。该种做法不但激化了农村社会矛盾,影响当地稳定,而且也与我国构建和谐社会方针相悖。在很多地区片面追求粮地规模扩大,当地社会矛盾与干群紧张关系不断升级的情况下,众多专家学者提出了适度经营规模的建议,即规模并不是越大越好,过大的粮地经营规模不但不会提高粮食生产效率,反而会降低效率,从而导致资源的浪费,因此适度的规模才是最有效率的规模。针对这一问题党中央也指出:发展土地规模经营必须尊重广大农民的意愿,从当地实际条件出发,提倡多种形式,适度规模,并要有健全的农业社会化服务体系作支撑(陈锡文、韩俊,2002)。

从微观角度分析,如果家庭粮地适度规模是效率最优规模的话,那么广大具有经济理性的农户为了实现家庭收益的最大化,理应选择这一规模。然而通过进一步分析我们发现,绝大多数农户所期望的粮地经营规模并不是效率最优规模,有的甚至小于其实际规模。那么是什么原因导致了农户意愿规模与效率最优规模的差异?另外,在坚持家庭联产承包责任制的前提下,如果对广大农户的意愿予以尊重,那么在推行适度规模经营过程中首先应当了解农户这方面的意愿,并掌握其家庭意愿经营规模决策的背后影响因素。这样,政府以提高粮地规模效率为目标的规模化经营才会更加具有针对性,兼顾农民意愿的政策也会得到农户的支持和响应。而漠视农户经营规模意愿(仅把尊重当作象征性的口号),缺乏主体认同的政策必然难以落到实处。针对这一课题,本章通过实地调查,深入分析农户粮地经营规模的意愿选择,并对粮地效率最优规模与农户意愿经营规模进行差异分析,找到影响农户选择意愿规模而非效率最优规模的根本原因,从而为提高粮地规模效率,推行土地适度规模经营提供相应的理论与实践依据。

6.2 农户粮地意愿经营规模状况

6.2.1 农户粮地经营规模意愿

掌握农户的粮地经营规模意愿,对实现基于农户意愿基础上的土地适度集中,提高粮地规模效率具有非常重要的意义。粮地经营规模意愿反映了广大种粮农户在家庭当前粮地经营面积的基础上是否期望改变现有规模来实现其家庭收益与效用的最大化。那么种粮农户对家庭粮地经营规模的意愿怎样呢?是希望扩大还是希望缩小,抑或是保持不变?为了掌握种粮农户粮地经营规模意愿,我们在实际调查问卷中设计了"您对改变当前经营土地面积的意向是什么?(1)希望扩大,(2)希望缩小,(3)保持不变,(4)没想过"来对其意愿予以考察,调查结果如表6-1所示。

表6-1 样本农户粮地经营规模意愿构成

意 愿	户数(户)	各意愿所占比例(%)
希望扩大	405	56.09
希望缩小	28	3.88
保持不变	219	30.33
没 想 过	70	9.70
合 计	722	100.00

资料来源:根据调查数据整理。

从吉林省玉米种植农户的实际选择来看,有405户即一半以上的农户选择了"希望扩大"家庭当前粮地经营规模,所占比例最大,为56.09%;其次是希望"保持不变"的农户有219户,比例为30.33%;选择"希望缩小"意愿的农户所占比例最小,仅有28户,比例为3.88%。由此可以看出,试图扩大家庭粮地经营规模的农户非常多,说明这些农户具有一定的规模经营意愿,但是从另一角度分析，由于希望“保持不变”意愿的比例也很高，而且“希望缩小”农户数量极其少，“希望扩大”的农户很难实现家庭粮地经营规模的扩张。

6.2.2 农户粮地意愿经营规模

为了了解广大农户家庭的意愿经营规模状况，在调查问卷中设计了“在当前情况下，您认为种多少亩地比较合适，您的这种选择是基于什么原因考虑的?”结果发现农户家庭粮地期望经营规模无论是户均、劳均还是人均都高于其实际经营规模。如表6-2所示，平均每个玉米种植农户的户均意愿经营规模为30.65亩，比实际经营规模高出8.25亩，劳均、人均意愿规模分别为9.75亩、8.09亩，也比实际规模高出许多。如果进一步从粮地期望经营规模构成来看，不同意愿下的粮地意愿经营规模又存在很大的差异。“希望扩大”意愿下的期望经营规模是最高的，无论是户均、劳均还是人均期望规模均比“希望缩小”、“保持不变”和“没想过”意愿下的期望规模大很多。对于户均期望规模而言，“保持不变”意愿的规模仅低于“希望扩大”的规模，两者相差11.13亩。对于劳均、人均期望规模，“没想过”意愿下的规模仅次于“希望扩大”意愿下的规模。“希望缩小”意愿下的户均、劳均和人均期望经营规模是最小的，分别只有12.96亩、5.34亩、3.86亩。

调查中我们还发现，针对不同意愿下的农户粮地期望经营规模，如果让农户经营大于其意愿规模更多的粮地，绝大多数往往基于多种原因拒绝这一要求，这充分说明了农户“经济理性”的假设。因此，政府在开展粮地规模经营过程中如果有效把握这一规律，往往会起到事半功倍的效果。

表6-2 不同粮地规模意愿下的期望经营规模

规模（亩）	平 均	粮地经营规模意愿			
		希望扩大	希望缩小	保持不变	没想过
户 均	30.68	36.03	12.96	24.90	24.64
劳 均	9.75	10.60	5.34	8.39	9.80
人 均	8.09	9.38	3.86	6.52	6.87

资料来源：根据调查数据整理。

6.3 农户意愿经营规模与粮地效率最优规模的差异分析

粮地效率最优规模是指，农户家庭包括土地在内的所有生产要素效率达到了最优的规模，而且其总体规模效率也是最优的，规模报酬处于不变阶段。此时粮地规模不存在浪费的现象，其生产能力达到了潜在的产出水平。对于农户而言，该效率最优规模也是其成本利润率相对最高的规模。从第5章确定的粮地效率最优规模可以看到，无论是微观还是宏观生产目标下，粮地最优经营规模都是75－80亩这一区间，该规模区间的相对规模效率和绝对规模效率均是最优的。

农户土地意愿经营规模则反映了广大农户根据社会经济条件及其自身的资源状况，希望并且能够经营的土地面积。如果把农户看作是经济理性的话，农户理应选择粮地的效率最优规模，即使个别农户与这一规模存在着差异，但最起码种粮农户总体应该选择这一规模。但从农户意愿规模的实际调查情况来看，户均意愿规模仅有30.68亩。即使是希望扩大家庭粮地经营规模的农户，其意愿规模也只有36.03亩，保持不变和希望缩小农户的意愿规模则更小，远远小于75－80亩的效率最优规模区间。为了进一步说明两者之间的差异，下面将通过T检验予以验证。

表6-3 粮地意愿规模参数统计结果

	样本量	均 值	标准差	均值标准误差
农户粮地意愿规模	722	30.682	26.288	0.978

表6-4 粮地效率最优规模与农户意愿规模差异T检验

	检验值＝79.60					
	t值	自由度	显著性	平均差	95%差异置信区间	
					下 限	上 限
农户粮地意愿规模	－50.000	721	0.000	－48.918	－50.839	－46.997

表6-3给出农户粮地意愿经营规模的标准差为26.288，均值标准误差为0.978。在进行单样本T过程中，以75－80亩规模区间的均值79.60亩为检验值。从表6-4粮地效率最优规模与农户意愿规模检验结果可以看出，t统计量的值为－50.000，得到的相伴概率值为0.000，远远小于给定的显著性水平0.05。由此可以判断，农户的粮地效率最优规模与其意愿规模存在显著的差异。

目前，在粮食生产仍是粮农家庭收入主要来源的情况下，扩大粮地规模能够明显增加收入，那么大多数农民的意愿经营规模理应选择或至少应该接近效率最优规模，但现实恰恰相反。在已经了解影响粮地经营规模效率因素的情况下,不免产生这样的疑问:是什么原因导致种粮农户没有选择效率最优规模?下面将对农户选择非效率最优规模即意愿经营规模的影响因素作进一步的分析。

6.4 农户选择非效率最优规模影响因素研究:基于意愿规模的分析

6.4.1 变量的选择与定义

影响农户粮地意愿经营规模的因素是多方面的,并且各个因素随着经济环境与制度的发展也在不断发生改变,因此,在对该问题自变量的选择上,既要包含以往相关研究考察的传统变量(李岳云等,1999;张侠等,2002;钱文荣,2003),还要根据调查的实际情况,囊括新时代背景下所特有的关键变量。在变量确定的基础上,将这些变量归纳为五大类,即被调查者个体特征变量、家庭特征变量、社会保障变量、农业生产服务变量和土地制度变量,共40个因素作为自变量进行考察,因变量为农户粮地意愿经营规模。通过农户意愿经营规模影响因素的分析,揭示种粮农户选择非效率最优规模的背后决策机制。

1.户主个人特征变量。该变量群主要包括户主个人特征、工作及收益状况,其中,性别"0=女性"、"1=男性";年龄取平方,这主要是为了消除年龄呈倒"U"形曲线分布对分析结果的影响;婚姻"0=未婚"、"1=已婚";从事主要工作"1=无工作"、"2=家庭农业"、"3=打工"、"4=家庭经营第二产业"、"5=家庭经营第三产业";兼业"1=无兼业"、"2=家庭农业"、"3=打工"、"4=家庭经营第二产业"、"5=家庭经营第三产业"。

2.被调查者家庭特征变量。家庭特征变量是影响农户意愿经营规模的关键变量,该变量群既包括家庭属性变量,又包括家庭粮食生产用工量、成本投入、收益等变量,同时还包括家庭从事非农产业的用工量及收益状况。其中,兼业"1=无兼业"、"2=打工"、"3=经营第二产业"、"4=经营第三产业"。

3.社会保障变量。随着经济的发展,社会保障变量对农民生产和生活的影响越来越大。在城市社会保障不断完善的情况下,农村社会保障却存在着很大的缺失。当前,单单靠土地作为农民各方面的保障,已远不能满足其生存与发展的需要,尤其是一些耕地面积非常小的家庭,耕种土地获得的收入甚至连温饱都难以解决。因此,农村社会保障在一定程度上影响着广大农户的粮地意愿经营规模,特别是农村最低生活保障、养老保障和医疗保障。对于是否加入农村最低生活保障变量“0=未加入”、“1=加入”,是否加入社会养老保险“0=未加入”、“1=加入”,是否加入合作医疗保险“0=未加入”、“1=加入”,可以适当取舍。

4.农业生产服务变量。农村农业生产服务体系在很大程度上影响着农户家庭的生产能力,进而影响其粮地的经营规模。因此,是否有较为完善的农业生产服务是影响农户粮地意愿经营规模的重要因素。农业生产服务变量主要包括产前、产中和产后服务变量。其中,产前服务变量:农业生产资料购买方式“1=自己单独采购”、“2=与其他农户合作(搭伙)采购”、“3=由村集体统一采购”、“4=由签协议企业统一提供”、“5=由所加入的合作组织(合作社、或协会)统一采购”、“6=其他”;能否获得农机服务“0=不能获得”、“1=能够获得”;是否购买农业保险服务“0=未购买”、“1=已购买”。产中服务变量:能否获得技术指导服务“0=不能获得”、“1=能够获得”。产后服务变量:能否获得脱粒、晾晒、保存服务“0=不能获得”、“1=能够获得”;农产品销售方式“1=自己到市场上销售”、“2=由收购商到家里收购”、“3=由村集体统一销售”、“4=由签协议企业统一收购”、“5=由所加入的农业合作组织(合作社、或协会)统一销售”。农业生产服务组织变量:能否加入农业合作组织“0=未加入”、“1=加入”。

5.土地制度变量。土地制度变量在一定程度上决定着种粮农户的意愿经营规模能否实现。该变量群包括:村里土地流转制度规定“1=不可以”、“2=给本村(或生产队)的人可以,外村(或生产队)的不可以,须备案”、“3=给本村(或生产队)的人可以,外村(或生产队)的不可以,无须备案”、“4=给本村、外村均可以,但必须备案”、“5=完全可以自由流转,无须备案”、“6=不知道”;村里土地调整制度规定“1=完全可以,不需任何方同意”、“2=可以,但必须经上级政府批示、同意”、“3=可以,但必须取得您的同意”、“4=不可以”;农户土地所有权归属认知“1=个人(家庭)”、“2=村委会”、“3=村民小组(生产队)”、“4=村集体经济组织(大队)”、“5=国家”、“6=政府”、“7=共产党”、“8=不知道”。

变量的具体情况与特征见表6-5。

表 6-5 变量数据描述

模 型 变 量	最小值	最大值	均 值	标准差
粮地意愿经营规模(因变量)	0.00	300.00	30.68	26.29
户主个人特征变量				
性别0.00	1.00	0.74	0.44	
年龄^2	256.00	6561.00	2035.76	998.89
受教育年限	0.00	16.00	7.06	2.63
婚姻状况	0.00	1.00	0.93	0.26
从事主要工作	1.00	5.00	2.09	0.48
兼业情况	1.00	5.00	1.90	1.24
务农年收入(元)	0.00	60000.00	7338.90	6200.67
被调查者家庭特征变量				
人口数量	1.00	8.00	3.80	1.12
劳动力数量	1.00	5.00	2.47	0.83
粮地规模(亩)	2.31	107.58	39.26	30.05
粮地块数(块)	1.00	17.00	4.10	2.62
农用固定资产价值(元)	1000.00	18708.33	10199.81	5089.04
兼业情况	1.00	4.00	1.80	0.96
种粮用工量(天)	26.00	1080.00	208.70	155.60
打工用工量(天)	0.00	1078.00	117.11	177.29
经营第二产业用工量(天)	0.00	470.00	13.85	63.77
经营第三产业用工量(天)	0.00	730.00	25.16	93.92
粮食销售价格(元/公斤)	1.00	1.25	1.11	0.06
种粮收入(元)	800.00	140000.00	18030.12	16969.80
打工收入(元)	0.00	32000.00	3769.88	5681.56
经营第二产业收入(元)	0.00	180000.00	734.07	8052.02
经营第三产业纯收入(元)	0.00	50000.00	1134.35	4478.20
年生活费用(元)	1500.00	100000.00	9317.08	7946.92
当年种粮直接投入(元)	100.00	54200.00	6904.26	7566.43
当年种粮间接投入(元)	4.82	1349.60	108.46	109.20
当地单位土地租金(元/亩)	50.00	600.00	272.95	103.55
当地被雇务农收入(元/人·天)	15.00	100.00	41.81	12.83

续表

模型变量	最小值	最大值	均值	标准差
农村社会保障变量				
是否加入农村最低生活保障	0.00	1.00	0.08	0.27
是否加入社会养老保险	0.00	1.00	0.07	0.26
是否加入合作医疗保险	0.00	1.00	0.67	0.47
农业生产服务变量				
农业生产资料购买方式	0.00	6.00	1.37	0.78
农产品销售方式	1.00	5.00	1.88	0.66
农业保险购买经历	0.00	1.00	0.06	0.24
是否加入农业合作组织	0.00	4.00	0.06	0.28
能否获得农机服务	0.00	1.00	0.21	0.40
能否获得脱粒、晾晒、保存服务	0.00	1.00	0.13	0.34
能否获得技术指导服务	0.00	1.00	0.27	0.44
土地制度变量				
村里土地流转制度规定	1.00	6.00	4.20	1.28
村里土地调整制度规定	1.00	4.00	3.33	0.84
农户土地所有权归属认知	1.00	8.00	3.28	2.06

资料来源：根据调查数据整理。

6.4.2 计量模型与分析方法

这里所要考察的是农户粮地意愿经营规模与其各个影响因素的关系，即一个因变量与多个自变量之间的数量变化规律，因此采用回归方法予以分析。同时，由于因变量意愿经营规模是一个连续的变量，且通过散点图观察，其与自变量之间存在一定的线性关系，所以在进行因素分析时采用一般多元线性回归分析模型予以实证。模型具体形式如下所示：

$$Y = \beta_0 + \beta_1 X_1 + \beta_2 X_2 + \cdots + \beta_k X_k + \varepsilon \tag{6.1}$$

X_k——意愿经营规模影响因素

Y——农民意愿经营规模

ε——随机误差项

ε_i——待估参数

$k = 1, 2, \cdots, 40$； $i = 0, 1, \cdots, 40$

6.4.3 回归结果估计与检验

对数据的具体分析本研究采用 spss15.0 版本中 Analyze-Regression-Linear Regression 模块进行模拟。在模拟过程中,我们首先将所有自变量引入回归方程,然后采用逐步回归法(stepwise)进行变量筛选,剔除不符合要求的解释变量,与此同时进行拟合优度、多重共线性和异方差检验。在运用 Spearman 等级相关系数检验异方差过程中,发现多个自变量存在异方差现象,通过以 1/|e|(1/|未标准化残差|)作为权重进行调整,并运用加权最小二乘法(WST)重新估计回归系数,从而消除异方差。最终估计结果与检验如下:

1.模型拟合优度检验

模型拟合优度检验的结果如下(表 6-6):

表 6-6 模型总体参数

复相关系数	确定系数	调整确定系数	回归标准误差
0.9649	0.9311	0.9299	3.13761

由于本研究所建立的模型中含有多个解释变量,因此,采用调整后的确定系数更能准确地反映回归模型对所调查样本数据的拟合优度。由表 6-6 可知,调整后的确定系数 $R_{adj}^2=0.9299$,可以看出,经过变量筛选后的拟合优度较高,方程整体回归效果非常好。

2.F 检验

表 6-7 回归方差分析

	变 差	自由度	方 差	F 值	显著性
回 归	94339.5036	12.0000	7861.6253	798.5707	0.0000
残 差	6979.8362	709.0000	9.8446		
总 计	101319.3398	721.0000			

从表 6-7 可以看出,F 统计量的观测值为 798.5707,显著性概率为 0.0000,远远小于给定的显著性水平 $a=0.05$。这表明因变量(农户粮地意愿经营规模)与筛选后的自变量整体线性关系显著,可以用线性模型描述并反映它们之间的关系。

3.t 检验与多重共线性的检验

模型的 t 检验与多重共线性的检验结果如下(表 6-8):

表 6-8 回归系数、显著性检验及多重共线性检验

模型解释变量	非标准化回归系数	标准误差	标准化回归系数	t 值	显著性	共线性检验
						方差膨胀因子
常数项(Constant)	22.5952	2.1716		10.4047	0.0000	
年龄^2(AGE2)	-0.0015	0.0002	-0.0764	-7.4381	0.0000	1.0859
户主务农年收入(元)(PYI)	0.0004	0.0000	0.1236	10.5668	0.0000	1.4071
劳动力数量(NFL)	2.9887	0.2903	0.1256	10.2961	0.0000	1.5324
粮地规模(亩)(FLA)	0.6266	0.0164	0.6544	38.1360	0.0000	3.0305
打工用工量(天)(NLW)	-0.0145	3.71E-5	-0.1796	-14.2084	0.0000	1.6440
经营第三产业用工量(天)(NMT)	-0.0188	0.0017	-0.1238	-11.0749	0.0000	1.2856
粮食销售价格(元/公斤)(PSC)	24.4150	3.0617	0.0840	7.9743	0.0000	1.1425
当年种粮直接投入(元)(ICC)	0.0008	0.0001	0.1704	10.7450	0.0000	2.5883
当地被雇务农收入(元/天·人)(IAE)	-0.1755	0.0163	-0.1188	-10.7364	0.0000	1.2606
是否加入社会养老保险(JEI)	-5.6206	0.6885	-0.0879	-8.1637	0.0000	1.1938
村里土地转让制度规定(LTR)	-1.7007	0.1453	-0.1367	-11.7069	0.0000	1.4038
农户土地所有权归属认知(COL)	-0.7161	0.1044	-0.0813	-6.8600	0.0000	1.4455

注:本次分析采用的置信度为95%。

从表 6-8 得出的分析结果可以看出,经筛选后的变量均通过 t 检验,而且各变量的回归系数显著性概率非常高,均为 0.00。这表明筛选后的每个解释变量与被解释变量均存在显著的线性关系,各解释变量能够有效地解释农户粮地意愿经营规模。

方差膨胀因子 VIF 是检验解释变量间多重共线性的重要统计量,VIF 越大表明各解释变量之间多重共线性越强。表 6-8 的分析结果显示,每个解释变量的 VIF 值均比较小,与 1 较接近。这表明解释变量之间的共线性很弱,多重共线性可以接受。

通过上面检验,最终给出以下模拟方程:

$$\hat{y} = 22.5952 - 0.0015AGE^2 + 0.0004PYI + 2.9887NFL + 0.6266FLA - 0.0145NLW - 0.0188NMT + 24.4150PSC + 0.0008ICC - 0.1755IAE - 5.6206JEI - 1.7007LTR - 0.7161COL \quad (6.2)$$

由于显著性自变量的单位不统一,它们之间不具有可比性,因此为比较各个影响因素对农户粮地意愿经营规模的影响程度,模拟方程的系数采用

标准化后的回归系数,此时模拟方程为:

$$\hat{y} = -0.0764AGE^2 + 0.1236PYI + 0.1256NFL + 0.6544FLA - 0.1796NLW - 0.1238NMT + 0.0840PSC + 0.1704ICC - 0.1188IAE - 0.0879JEI - 0.1367LTR - 0.0813COL \quad (6.3)$$

6.4.4 农户意愿经营规模影响因素实证分析

根据上面模型估计结果,可以得出影响农户粮地意愿经营规模的主要有以下几个因素:

1.户主的个人年龄及其务农年收入对其家庭意愿经营规模影响显著。其中,年龄对意愿规模表现为负影响,务农年收入表现为正影响。对于户主个人年龄而言,年轻的户主其家庭意愿规模往往比较大,年龄越大的,其意愿经营规模比较小。通过表6-9,我们可以进一步发现两者之间的这种相关性。

表6-9 户主不同年龄下的家庭粮地意愿经营规模 单位:亩

年 龄	40以下(<40)	40-50(<50)	50-60(<60)	60-70(<70)	70以上(≥70)
意愿规模	32.52	32.38	29.95	15.73	10.27

资料来源:根据调查数据整理。

从整体来看,随着家庭成员年龄的增长,其意愿经营规模逐渐下降。由于农业劳动是比较强的体力劳动,对老年户主,随着年龄的增长和身体素质的下降,劳动能力也在不断下降,同时,他们绝大部分已少有创业精神,一般只愿意维持现状;在中轻年户主中出现一些经营能手,他们期望的粮地规模经营相对比较大。从表6-9可以看出,对于70岁以上老年户主来说,其平均意愿规模仅有10.27亩,远远低于40岁以下农民的意愿规模32.52亩。

户主个人务农年收入与其家庭粮地意愿经营规模变化方向相同,即务农年收入越高,家庭意愿规模则越大。调查结果显示,个人年务农收入在平均收入7338.90元以下的户主其家庭意愿经营规模为27.65亩,而在平均收入以上的家庭意愿经营规模则达到32.04亩,两者相差4.39亩。对于种粮收入高的户主,由于其家庭收入主要来源是种植粮食所获得的收入,扩大粮地面积必然会增加其年收入。

2.家庭劳动力数量和当前的粮地经营面积是影响农户粮地意愿经营规模的两个重要因素。从标准化系数来看,两者对意愿规模影响均比较大,特别是家庭当前的粮地经营规模影响最大,标准化系数达到0.6544。当前虽然农户经营粮地的机械化程度不断提高,但粮地经营除了耕翻外其他生产环节仍然需要人力完成,如施肥、喷洒农药、收割等环节。因此,家庭劳动力数量在一定程度上决定了家庭意愿经营规模。如表 6-10 所示,拥有 1 个劳动力的家庭意愿经营规模仅有 22.55 亩,而拥有 4 个劳动力家庭的意愿经营规模达 38.12 亩,拥有 5 个的意愿规模则更大,达到 41.38 亩。

表 6-10　拥有不同劳动力数量家庭的粮地意愿经营规模

劳动力数(个)	1	2	3	4	5
意愿规模(亩)	22.55	28.91	31.11	38.12	41.38

资料来源:根据调查数据整理。

对于家庭当前经营粮地面积,规模比较大的农户,其意愿经营规模也相对比较大。在实地调查中我们发现,家庭粮地规模小的农户由于受其当前规模的影响,其意愿经营规模要比经营规模大户低许多。表 6-11 展现了拥有不同粮地规模家庭的意愿经营规模。从中可以看到,实际规模 10 亩以下的意愿规模只有 13.54 亩,随着实际规模的增加,意愿规模也在不断上升,50 亩及以上的家庭平均意愿规模达到 72.24 亩。

表 6-11　拥有不同粮地规模家庭的意愿经营规模　　　单位:亩

实际规模	10 以下 (＜10)	10－20 (＜20)	20－30 (＜30)	30－40 (＜40)	40－50 (＜50)	50 以上 (50)
意愿规模	13.54	22.63	32.59	43.39	49.74	72.24

资料来源:根据调查数据整理。

3.家庭从事非农产业的年用工量在很大程度上影响着农户粮地意愿经营规模。从表 6-8 估计的结果可以看到,家庭成员外出打工和经营第三产业的总天数越多,其意愿经营规模就越小,相反两者总天数越少,农户意愿规模越大。通过表 6-12 可以进一步说明这一点。随着家庭成员打工和经营第三产业用工量的逐渐增加,其对应的粮地意愿经营规模不断下降。家庭打工和第二产业用工量在 60 天以下的农户,其意愿规模分别为 34.13 亩和 31.64 亩,当两者增加到 360 天以上时,已分别降到了 21.43 亩和 14.69 亩。近年来随着我国市场经济的发展,广大农户的用工量逐渐发生转变,家庭非农产业用工量不断增加,并成为其提高收入的主要途径。对于外出打工和经营第三产业用工量大的农户来说,家庭主业往往已不再是农业,他们把大部分时间用到经营非农产业和打工上,没有太多精力顾及所承包的土地,而且土地的生存保障功能对于他们正在逐渐弱化,缩小其土地面积的意愿很高,因此他们的意愿规模比较小。

表 6-12　家庭打工和经营第三产业不同用工量下的粮地意愿经营规模

非农产业用工（天）	60 以下（≤60）	60 - 120（≤120）	120 - 240（≤240）	240 - 360（360）	360 以上
不同打工用工量的意愿规模(亩)	34.13	28.98	26.13	23.64	21.43
不同第三产业用工量的意愿规模(亩)	31.64	23.70	19.46	17.35	14.69
意愿规模(亩)	22.55	28.91	31.11	38.12	41.38

资料来源:根据调查数据整理。打工用工量等于家庭成员打工天数加总;第三产业用工量等于家庭成员经营第三产业天数加总。

4.家庭当年粮食销售价格和种粮直接投入与农户粮地意愿经营规模密切相关。两者关系具体表现为:当年粮食销售价格与种粮直接投入越高,农户粮地期望经营规模越大。近几年,国家对种粮农户的大力扶持使其粮食生产的积极性受到极大鼓舞。特别是市场对粮食需求的增加,促使粮食价格大幅提升的情况下,很多农户足不出户就可出售粮食,而且部分农户出现惜售的现象,等待将来价格的继续上涨。粮价的上升使得广大种粮农户的意愿经营规模有所增加,对于那些粮食卖出高价格的农户更是如此,毕竟扩大农地面积会给其家庭带来更高的收入。

表 6-13　粮食生产不同直接投入下的农户粮地意愿经营规模　单位:亩

当年种粮直接投入（元）	1000 以下（≤1000）	1000 - 3000（≤3000）	3000 - 6000（≤6000）	6000　10000（≤10000）	10000　15000（≤15000）	15000 以上
户数(户)	68	213	261	95	43	42
比例(%)	9.42	29.50	36.15	13.16	5.96	5.82
意愿规模	11.68	21.34	30.38	38.31	58.40	69.20

资料来源:根据调查数据整理。

随着粮价的上涨,农户对种植粮食增加收入更加充满信心,当年种粮的直接投入也开始逐渐增加起来,这进一步导致其意愿经营规模的增加。从表 6-13 可知,随着种粮直接投入的增加,意愿经营规模扩大的趋势是非常明显的,而且绝大多数农户家庭种粮的直接投入在 1000 - 3000 和 3000 - 6000 元之间,分别占样本总体的 29.50% 和 36.31%。现金成本投入在 1000 元以下的有 68 户,其意愿经营规模最小,仅有 11.68 亩。而投入在 6000 - 10000 元的农户粮地意愿经营规模则达到了 38.31 亩。现金投入在 15000 元以上的农户虽然不多,但其家庭意愿规模是最大的,达到了69.20亩。

5.当地被雇务农每天可获得的收入影响农户粮地意愿经营规模的大小。随着我国市场经济的发展,农民不仅仅在自己的土地上务农,而且也可以被雇佣帮助他人从事农业劳动。调查结果表明,如果农民在家庭附近被雇务农获得的收入愈高,其希望经营的土地面积往往愈小,从表6-14可以更明显地说明这一点。

表6-14 被雇务农不同收入下的农户粮地意愿经营规模

被雇务农收入(元/天·人)	20以下(≤20)	20-30(≤30)	30-40(≤40)	40-50(≤50)	50以上
意愿规模(亩)	37.45	33.54	25.81	23.62	20.05

资料来源:根据调查数据整理。

当地被雇务农每天收入在50元以上农户的意愿经营规模只有20.05亩,远远低于被雇收入在20元以下的意愿规模37.45亩。之所以出现这一现象,一是在家附近被雇务农成本(经济成本和情感成本)要低于外出打工成本,而且收入有时并不比外出打工少;二是被雇务农获得的收入愈高,意味着自身经营粮地的劳动力机会成本就愈高,农户就愈不愿意扩大家庭的经营规模。

6.在众多社会保障中,是否加入社会养老保障成为影响农户粮地意愿经营规模的重要变量,其对意愿规模负向影响显著。在我国,农村土地不仅仅是广大农民生活和生产的空间场所,它还承载着农民各方面的保障特殊功能,例如就业保障、养老保障、生存保障等,尤其是土地的养老保障功能在农村显得格外重要。与城市相比,我国农村并没有建立完善的养老保障体系,农民进入老年阶段的养老保障主要依靠的还是自己的子女,与此同时,村里按人口分配的土地在很大程度上也承载了其养老的功能。随着我国市场经济在农村的发展,农民的养老意识也在逐渐发生转变,很多农民改变了过去靠子女、靠土地的做法,在进入老年之前为自己购买了社会养老保险,这在一定程度上弱化了土地的养老保障功能,因此,加入社会养老保险的农民其家庭粮地意愿经营规模比较小,而未加入的则相对比较大一些。

7.农户家庭的粮地意愿经营规模在一定程度上还取决于当地村里的土地流转制度以及农户土地所有权归属的认知,两者对其负向影响非常显著。这表明对于村里的土地流转制度而言,随着开放程度的逐渐增强,农户的粮地意愿经营规模反而逐渐缩小。如表6-15所示,在村里土地完全不可以流转的情况下,农户意愿规模最高,达到38.10亩,随着土地流转制度的放开,意愿规模逐渐下降。当村里土地完全可以自由流转的时候,农户的意愿规模已降至26.12亩,比完全不可以减少了11.98亩。之所以会出现该种状况,主要原因在于:长期封闭的土地流转制度限制了当地土地资源在农户之间的局部调整,从而使家庭粮地经营规模长期处于保持不变的状态;而在开放的土地制度下,当地的粮地资源流转已经达到均衡状态,农户很难再获得更多的粮地,因此其意愿规模也比较低。

表 6-15 不同土地转让制度下的农户粮地意愿经营规模 单位:亩

土地转让制度	不可以	本村可以外村不可以须备案	本村可以外村不可以不须备案	本村外村均可以须备案	自由流转须备案	不知道
意愿规模	38.10	33.66	29.89	27.09	26.12	21.39

资料来源:根据调查数据整理。

农户对土地所有权归属的认知与粮地意愿经营规模成反向变动。调查结果显示,认为承包地所有权归个人的农户最多,共有255户,占总体的35.32%,其意愿经营规模也是最大的,达到32.13亩。随着农户认知的土地所有权归属由微观逐渐转向宏观,其意愿规模也在不断缩小,此时很多农户认为由于土地所有权不归自己所有,村集体和政府可随时调整粮地规模,意愿经营规模再高也很难保持长久。

6.5 农户选择非效率最优规模原因的进一步分析

从上面对种粮农户意愿经营规模影响因素的实证分析可以看到,导致其不选择家庭效率最优规模的原因是多方面的,既有户主个人及其家庭的因素,也有农村社会养老保障与土地流转制度的因素,同时农户对粮地所有权的认知也在很大程度上影响着种粮农户期望规模的选择。

从户主个人情况分析,其年龄和务农的年收入影响着家庭粮地经营规模的选择。在实际调查中发现,当前在家种植粮食户主年龄大的居多,由于身体素质的下降,他们的劳动能力也开始逐渐减弱,较强的农业体力劳动削弱了其选择效率最优规模的意愿;与此同时,随着年龄增长他们大部分一般只愿意维持目前的规模和收益状况,因此,让他们来选择粮地效率最优规模是非常困难的。而那些年轻力壮的家庭成员,由于农业比较收益的低下,很少有期望通过扩大土地规模来增加家庭收入,绝大多数青壮年农民选择了外出打工或从事其他行业,他们对经营土地兴趣不大,积极性也不高。

从农户家庭状况分析,虽然家庭劳动力数量在一定程度上会促进其规模扩张的欲望，但随着我国多年计划生育政策的实施，每个家庭劳动力数量正在逐渐减少，与此同时新增的劳动力往往更倾向于从事非农产业，这使得家庭非农产业用量不断增加。这些进一步降低了其选择效率最优规模的意愿。2004年国家出台了一系列扶持种粮农户的优惠政策，家庭粮食销售价格有所提高，当年种粮直接投入也在不断增加，农户扩大规模的欲望再次受到激励，但受当地粮地规模总量和家庭现有规模的影响，这一效率最优规模的选择也受到了限制。另外，随着广大农民就业机会的不断增加，农户种粮的机会成本也在不断提高。很多农户在当地就能够被雇务农获得较高的收入，这使得其家庭扩大规模的意愿往往也比较低。

在当前，我国并未建立相应的养老保障制度，土地仍然承担着绝大多农民的养老保障功能。但社会商业养老保险已开始逐渐走进农村，已购买养老保险的农户对土地养老保障功能的依赖有所削弱了，从而降低了其选择效率最优规模的意愿。土地流转制度成为影响农户选择粮地效率最优规模的又一重要因素，目前吉林省绝大部分地区已实现了土地农村内部的自由流转，但愿意流出土地的农户数量不足使这种最优效率规模的选择往往难以实现。种粮农户对土地所有权的认知对效率最优规模选择也产生很大的影响，当其认为土地在一定期限内属于个人所有时，其意愿规模也比较大，但调查结果中的64.68%农户认为即使在承包期内土地仍不归个人所有，这种土地所有权的认知导致其对承包权的稳定性产生怀疑，从而限制了其对效率最优规模的选择。

6.7 本章小结

本章在农户家庭经营粮地效率最优规模与其意愿规模比较的基础上，对农户选择非效率最优规模的影响因素进行实证分析，揭示了具有经济理性的广大种粮农户家庭意愿经营规模的决策机制。从实证结果来看，影响农户选择非效率最优规模的因素是多方面的，既有户主个人方面的原因，如户主年龄、务农年收入，也有农户家庭方面的原因，如家庭的劳动力数量、粮地的经营规模、家庭打工与经营第三产业用工量、当年种粮直接的投入、粮食销售价格以及当地被雇务农年收入。同时农村社会养老保障和当地土地流转制度，以及农户对土地所有权归属的认知也是影响其选择非效率最优规模的重要因素。

通过上因素分析可得出以下结论：农业经营者的老年化现象是导致其选择粮地非效率最优规模的重要原因，这严重阻碍了粮地适度规模经营的推行;农民就业和收入来源的多元化,既为一部分农户放弃粮地经营权、实现土地的适度集中提供了可能性,但同时也造成农户经营土地积极性的下降,愿意选择效率最优规模的农户数量不足是当前适度经营规模面临的主要问题;受国家惠农政策影响,粮食销售价格,种粮直接的投入以及户主的个人务农年收入成为激励其扩大粮地经营规模的三个重要因素;当前农户从事粮食生产劳动投入主要靠的还是人力,家庭劳动力数量成为影响其扩大粮地经营规模的又一重要因素;种粮农户当前经营的土地面积在很大程度上影响着其期望经营的规模,但当前家庭粮地经营面积过小限制了其向效率最优规模靠近的意愿;农村社会养老保障的缺乏,弱化了粮地生产要素功能,因此很多农民并不期望效率最优规模。虽然目前农村相对开放的土地流转制度有利于粮地的扩大与集中,但愿意流出粮地农户数量不足导致农户很难通过自身来实现效率最优规模。

7 主要结论与政策建议

粮地经营规模与其效率的关系一直是我国探讨土地规模经营争论的主题。本研究改变了过去仅从要素投入产出角度(劳动生产率、土地生产率、资本利润率)分析粮地规模效率的做法,将粮地规摸效率界定为粮地投入既定下的单位面积实际产出与最大潜在产出的比率或产出既定下的粮地最小潜在投入与实际投入的比率。同时,在对粮地规模效率进行测度时充分考虑其他生产要素和家庭总体规模的效率状态。根据粮地规模效率的这一定义,重点研究了以下三个主要问题:当前不同规模农户的粮地规模效率到底处在一个什么样的状态,随规模扩张效率表现出怎样的变化规律,哪一个粮地规模区间对农户来说是效率最优的?有哪些因素对农户的粮地规模效率产生显著影响,是如何影响的?从经济理性角度分析,如果粮地效率最优规模是家庭最有利的规模,那么农户为什么没有选择这一规模?通过对这三个问题的深入研究,本研究得出如下主要结论和政策建议。

7.1 主要结论

1.历年全国及吉林省传统粮地规模效率评价指标变化显示,土地生产率和劳动生产率逐年以上升为主,但上升潜力呈下降格局;成本利润率各年间波动幅度非常大

从全国及吉林省历年的粮地规模变化看,无论是总体规模还是户均、人均以及劳均规模都表现为不断下降的趋势,这使得粮食生产用地面临着越来越严峻的考验。与粮地规模变化趋势相反,土地生产率和劳动生产率均呈现不断上升的趋势,这在一定程度上弥补了由于粮地减少带来的粮食产量下降,但农户粮地经营的成本利润率在各年间波动幅度非常大,这导致其粮食生产的积极性很难保持相对的稳定。与此同时,历年土地生产率上升空间下降明显,粮地增产潜力表现出逐渐下降的局面。由此可见,要满足我

国不断增长的粮食需求，除要保证广大农民种粮的积极性外，还有必要进一步挖掘粮地增产潜力，提高粮地的利用效率。

2. 粮地规模与效率之间不是简单的正向或负向关系，在一定规模范围内，随着规模的扩大，效率表现出U型曲线的变化规律

实证结果表明，无论是微观生产目标还是宏观生产目标下，粮地规模与效率之间并不是人们所想象的正向或负向关系，而是在一定的规模区间范围内随规模变化两者呈U型曲线的变化规律，即小规模区间和大规模区间农户的粮地规模效率较高，而中等规模区间农户的粮地规模效率较低。该变化规律表明小规模农户和大规模农户的粮地投入得到了有效的利用，生产潜力得到充分的发挥。但对小规模种粮农户而言，由于其家庭总体生产规模过小，种粮总收益偏低，从而使其规模报酬处于递增阶段。中等规模农户家庭粮地规模效率相对普遍偏低，造成该种现象的主要原因是各个生产要素配置比例不协调，家庭经营规模仍然过小，规模报酬仍处于递增阶段。因此，要实现这一规模区间的粮地规模效率最优，家庭的直接投入、间接投入、劳动投入、粮地投入均要作出相应调整。大规模农户与中小规模农户相比，突破了家庭规模过小和各生产要素配置不合理的瓶颈，表现为粮地规模效率和总体规模效率均达到了较高的水平。

3. 基于粮地经营规模效率的微观生产目标与宏观生产目标存在一定的矛盾

研究结果表明，虽然微观与宏观生产目标下的粮地规模与效率变化规律基本相同，但无论投入导向还是产出导向，不同利益主体目标下的同一规模效率均具有非常显著的差异。这表明，基于粮地经营规模效率的微观生产目标与宏观生产目标并不是完全统一的。农户调整粮地规模提高其生产效率则是以其自身的微观经济利益最大化为目标，而政府提高粮地规模效率则是以整个宏观经济利益最大化为目标，两者的目标存在一定的矛盾。因此，在对粮地规模效率进行评价时，有必要从微观与宏观两个视角分别予以分析。这样，在充分把握不同利益主体目标的基础上，粮地规模效率的评价才更加富有针对性、客观性。

4. 户主的个人特征状况对家庭粮地经营规模效率影响很大

户主的个人特征状况在一定程度上影响着家庭的粮地经营规模效率，尤其是其婚姻和年龄状况。实证研究表明，婚姻状况对微观和宏观生产目标投入导向下的粮地规模效率均表现出一定的影响，即已婚户主家庭的粮地规模效率往往要高于未婚户主家庭的粮地规模效率。对于已婚户主的家庭，由于其配偶在粮食直接生产和辅助生产中的加入，使其粮地精耕细作程度有所增强，这对粮地经营规模效率的提高具有很大的促进作用。户主的

年龄对其家庭粮地规模效率影响也比较大,尤其是宏观生产目标投入导向下的粮地规模效率。年轻户主由于其身体素质的相对优势以及增收的迫切欲望,其家庭粮地规模效率一般要比年龄大的户主高。

5.由于种粮农户存在较多剩余劳动力,家庭从事非农产业用工量的适当增加反而对粮地规模效率提高具有一定的促进作用

对粮地规模效率影响因素的实证结果表明,农户家庭非农产业用工量对粮地规模效率正向影响非常显著,即非农产业用工量较多的农户其家庭粮地规模效率反而高。之所以出现该种情况,关键在于种粮农户家庭人地关系比例不合理,粮地规模过小,家庭劳动力存在较多的剩余。农户在如此小的土地上投入更多的劳动并没有对产出带来很大的促进作用,反而导致劳动资源的浪费。DEA方法给出的非效率粮地规模区间投入要素调整内容和方向的结果表明,所有非效率规模区间都需要相应减少家庭种粮用工量的投入。对于家庭从事非农产业用工量相对较多的农户,其无形中减少了粮食生产中劳动的投入,从而对粮地规模效率的提高产生了一定的促进作用。但这种减少并不意味着大幅度降低家庭种粮用工量,如果大量减少粮食生产的劳动投入,势必会影响其粮地经营规模效率。

6.不同生产要素投入的变化对粮地规模效率的影响具有显著的差异

在粮食生产要素投入中,种子、化肥、农药的投入占据了种粮农户每年绝大部分的现金支出。随着种粮农户对这三种生产要素投入的不断增加,粮地规模效率表现出明显的差异。化肥投入量的增加对不同粮地规模效率影响并不明显,种子有促进效率提高的作用,而农药则恰恰相反。实证研究结果表明,化肥投入的增加对各个规模区间的粮地规模效率提高没有表现出明显的推动作用,生产中的化肥利用率偏低是导致这一现象的主要原因。种子投入的增加对提高粮地规模效率相对比较明显,而农药主要是除草剂的过多投入不但对粮地规模效率提高没有促进作用,反而导致效率的下降。这表明农药的大量使用虽然对提高劳动生产率有一定的帮助,但对粮地规模效率未必会产生相同的效果。

7.土地的零碎化降低了粮地规模效率,拥有较多农用固定资产的农户其粮地规模效率未必会高

实证分析表明,粮地的零碎化极大地影响了农户粮地经营规模效率的提高。当前种粮农户家庭的土地比较零碎,在户均耕地规模相对较大的吉林省虽然分割得并不十分严重,但很少有农户拥有一整块耕地。实际调查显示,平均每个农户家庭土地被分割成4.10块,最多的家庭达17块。这种粮地的条块分割降低了农户的粮地经营规模效率。同时,拥有较多农用固

定资产(主要是农机)的农户其家庭粮地规模效率并不十分高,有的甚至比完全靠人力耕种的农户效率还要低。之所以会出现这种状况,一是由于粮地的细碎化限制了农机的充分利用,二是农机的使用降低了粮地精耕细作的程度。

8.家庭粮地效率最优经营规模并不是广大种粮农户所期望的规模

对农户意愿选择与粮地效率最优规模差异的分析表明,广大种粮农户的意愿经营规模远远小于其效率最优规模。导致农户选择非效率最优规模的原因是多方面的,既有户主个人及其家庭方面的因素,也有农村养老保障、土地流转制度方面的因素。具体而言,农业经营者的老龄化是导致其选择非效率最优规模的重要原因;农民就业和收入来源的多元化降低了农户经营土地的积极性,愿意选择最优规模的农户数量不足是当前适度经营规模面临的主要问题;粮食销售价格,种粮直接的投入以及户主的个人务农年收入成为激励其扩大粮地经营规模的三个重要因素;当前家庭劳动力数量的减少降低了其选择效率最优规模的意愿;农户粮地经营面积过小限制了其向效率最优规模的靠近;农村社会养老保障的缺乏,弱化了粮地生产要素功能,因此很多农民并不期望效率最优规模。虽然目前农村相对开放的土地流转制度有利于粮地的扩大与集中,但愿意流出粮地农户数量不足导致农户很难实现效率最优规模。

总而言之,在当前生产技术条件下,农户经营的粮地规模效率呈现两头高、中间低的U型曲线变化规律,即在一定的规模区间范围内,随着农户家庭粮地规模的扩大,其效率表现为先下降、后上升的变化格局。导致粮地规模效率变化的主要原因,既有户主的个体特征差异因素,也有其家庭粮食生产要素投入比例不协调的因素,同时还有广大种粮农户无法改变的外部因素,如家庭地块的分割、市场的粮食销售价格等。在多种影响因素限制下,家庭粮地效率最优规模并不是农户所期望的经营规模。因此,在以吉林省为代表的国家粮食主产区,要实现农户粮地效率最优规模,完全靠农户自身的力量是很难达到的,这是一个必须靠包括政府在内的多方面努力才能实现的系统工程。

7.2　政策建议

基于粮地规模效率的变化规律及其影响因素,以及种粮农户选择非效率最优规模的原因,我们可以提出以下政策建议:

1.根据当地实际状况,因地制宜地确立粮地效率最优适度规模。由于我国不同地区的经济条件、资源环境以及土地经营规模状况各不相同,我们不可能在全国建立一个统一的粮地效率最优适度规模,这样做也没有现实意义,因此,对粮地效率最优规模的确立必须根据当地的实际状况,充分考虑当地经济与资源的约束,因地制宜,避免片面追求效率最优规模、搞一刀切。而且在向这一规模(就吉林省玉米生产而言最优效率规模为75-80亩)靠近的过程中,应建立在家庭承包经营制度的基础上,决不能把粮地的适度规模经营与家庭联产承包责任制度对立起来。只有在家庭联产承包责任制的基础上提高粮地规模效率、发展粮地的适度规模经营,才符合我国实现农业现代化的实际国情。

2.建立健全农村社会保障制度,完善土地流转制,推进小规模农户的粮地流转。从实证结果我们可以看到,虽然小规模农户家庭的粮地经营规模是有效率的,但其家庭包括土地在内全要素的总体规模偏小,规模效率偏低,这使得其很难通过粮食生产走上致富的道路。因此,在向粮地适度规模发展的过程中,应首先推动小规模种粮农户的土地流转。但是很多小规模农户并不愿轻易流转出土地,虽然"守住农田"并不能根本上改善生活状况,但"守住农田"也就意味着守住农民的唯一。尤其在中央明确长期坚持承包经营制度后,农民的"土地意识"已明显提高,再加上政府减免农业税费和扶持粮食生产的有关政策,农民对承包地潜在价值的预期更是不断上升。而且,对于小规模农户来说,家中的粮地在一定程度上承担着其生存保障、养老保障、医疗保障等一系列的社会保障功能。因此,要希望他们自愿流出土地,首先必须为其建立相应的社会保障体系,并积极为其开拓就业门路,这样才能促使土地向种田能手适度集中。另外,在推动小规模农户土地流转过程中,还应积极完善土地流转制度,只有健全的土地流转制度才能保证土地在不同群体之间健康有序地流转,避免土地流转过程中不必要的矛盾与纠纷。

3.加大对中等规模农户的扶持力度,使其成为规模经营大户,提高粮食生产整体规模效率。粮地规模效率的变化规律表明,中等规模农户的粮地经营规模是缺乏效率的,因此要想提高其规模效率,要么缩小其粮地规模,要么扩大其粮地规模。显然前一做法是不可取的。因此,要提高中等规模农户的粮地规模效率,应扩大其土地规模,使其成为规模经营户。但是这种规模的调整仅靠中等规模农户自身是很难实现的,需要政府在粮地流入、财政补贴、资金信贷等优惠政策的帮助与扶持。只有这样,才能使这些效率低下的中等规模农户逐渐成为效率较高的大规模农户。因此,政府在推动粮地适度规模过程中不应仅仅扶持那些已经实现规模经营的种粮大户,从提高粮食生产整体规模效率角度出发还应积极鼓励和扶持中等规模农户。

4.保持对粮食收购价格的稳定性,避免由于粮价大幅度波动导致种粮农户收益及其粮地规模效率的不稳定。粮食销售价格直接影响着农户的家庭收益和粮地规模效率,特别是微观生产目标下的粮地规模效率。粮食销售价格的大幅波动势必会影响农户种粮的积极性和粮地规模效率的稳定性,进而影响粮食的产量。这不仅使得政府很难把握粮地规模的适度性,而且农户自身根据粮价变化而频繁调整粮食生产也会造成一定的资源浪费。因此,无论是从保证农户种粮的积极性的角度,还是从保证粮地规模效率的角度,进而保持粮食产量,政府都有必要保持粮食收购价格的相对稳定性。但这并不意味着粮价保持不变或持续大幅上涨,而是使农户的粮食销售价格保持在一个合理的区间范围内。

5.把粮地经营的规模化和集约化有机地结合起来,充分挖掘粮地的生产潜力,提高粮地的规模效率。随着农户粮地经营规模的扩张,要达到粮地规模效率最优,家庭粮食生产的其他生产要素也要作出相应的调整。如果其他生产要素仍保持原有的投入比例,则必然导致有限的生产要素在更大的土地面积上进行分摊,出现粮食生产的粗放经营。这种粮地规模的扩大不但不能提高粮地的规模效率,反而造成规模效率的下降,这也充分揭示了为什么从小规模农户到中等规模农户其粮地经营规模下降的重要原因。现实表明,我国很多地区土地经营的规模化并非像人们所想象的那样带来了粮地生产效率的提高,反而极大地浪费了我国有限的耕地资源(张忠明、钱文荣,2008)。因此,粮地适度规模经营的推行不应仅仅追求土地规模的扩大,还应在为规模农户提供服务的基础上积极引导其向集约经营转变,把土地的规模化和集约化有机地结合起来,提高粮地资源的利用效率。

6.尊重广大种粮农户经营规模的意愿决策,运用利益诱导机制促进土地的适度集中。目前粮食主产区吉林省农户间的土地流转发生率非常低,中等规模农户"希望流入"土地的意愿十分强烈,但很多小规模和大规模农户并不希望改变当前的土地规模,从而导致"希望流出"的农户数量不足,希望流入土地农户的愿望无法实现。针对不同规模农户的意愿规模决策,政府应给予充分尊重,不能为了推行适度规模经营而对不想调整土地的农户采取强制措施。政府应积极通过利益诱导机制进行引导,促使那些不希望改变土地经营规模的农户,尤其是那些家庭主业和收入来源转向非农产业的农户率先流出土地。对放弃土地的农户,有经济条件的地方政府可为其提供养老、医疗保障等鼓励政策。

7.要实现以效率为基础的的粮地适度规模经营,必须建立相应的自我积累机制。任何事业的发展,都需要有相应的资金投入,发展粮地适度规模经营也不例外。没有一定的资金投入来增加技术装备、改善生产条件,就难以提高粮地的生产效率。但是粮地适度规模经营的推行决不能完全靠外界资助,要保障其持续发展还需建立健全其自身的积累机制。这一指导思想在已经实行规模经营的地区尚未引起重视,集体积累并未随着粮地经营规模的扩大而有较多增加。规模经营农户由于土地资源配置的增多其规模经济效益已经显现,但这种效益主要为经营者所得,他们除了将小部分用于下年生产费用外,大部分成为消费资金,农业基础设施的投入仍然依赖于集体经济。经营方式的改变只是为经营者创造了致富条件,却没有同时为集体健全积累机制开辟通道。因此,发展粮地适度规模经营必须健全其自身的积累机制,合理分配规模经济所创造的效益。既要使经营者因经营土地数量增加而多付的劳动得到相应的报酬,又要使集体获得一定的积累资金。这样,粮地规模经营地区既有自身的积累,又有"以工补农"资金的帮助,再加上国家的支持,粮食生产才会后劲充足,农业现代化建设才会有希望,规模经营才能巩固。

参考文献

[1] Afriat, S. N. Efficiency estimation of production functions [J]. International Economic Review, 1972, 13(3): 568-598

[2] Ahmed, M. & Qureshi, S. K. Recent evidence on farm size and land productivity: implications for public policy [J]. The Pakistan Development Review, 1999, 34(4): 1135-1153

[3] Aigner, D. J. & Chu, S. F. Estimating the industry production function [J]. American Economic Review, 1968, 58(4): 826-839

[4] Aigner, D. J., Lovell, C. A. K. & Schmidt, P. Formulation and estimation of stochastic frontier production function models [J]. Journal of Econometrics, 1977, 6(1): 21-37

[5] Alvarez, A. & Arias, C. Technical efficiency and farm size: a conditional analysis [J]. Agricultural Economics, 2004, 30(3): 241-250

[6] Amos, B., Fei, Y., Semion, S., et al. Data envelopment analysis for assessing optimal operation of an immersed membrane bioreactor equipped with a draft tube for domestic wastewater reclamation [J]. Desalination, 2007, 204(1): 17-23

[7] Amy, L. & Mette, A. Estimation of excess water use in irrigated agriculture: a data envelopment analysis approach [J]. Agricultural Water Management, 2007, 94(1): 73-82

[8] Andrea, R. Efficiency measurement for multi-product industries: a comparison of classic and recent techniques based on simulated data [J]. European Journal of Operational Research, 2000, 121(3): 559-578

[9] Arega, D., Alene, V. M. & James, G. The production efficiency of intercropping annual and perennial crops in southern Ethiopia: a comparison of distance functions and production frontiers [J]. Agricultural Systems,

2006, 91(1): 51-70

[10] Banker, R. D. & Morey, R. The use of categorical variables in data envelopment analysis [J]. Management Science, 1986, 32(12): 1613-1626

[11] Banker, R. D., Charnes, A. & Cooper, W. W. Some models for estimating technical and scale inefficiencies in data envelopment analysis [J]. Management Science, 1984, 30(9): 1078-1092

[12] Barnum, H. N. & Squire, L. Technology and relative economic efficiency [J]. Oxford Economic Papers, 1978, 30(2): 181-198

[13] Battese, G. E. & Coelli, T. J. Frontier production functions, technical efficiency and panel data: with application to paddy farmers in India [J]. Journal of Productivity Analysis, 1992, 23(1): 153-169

[14] Belén, I., Manuel, R. & Idoia, Z. Assessing the technical efficiency of horticultural production in Navarra, Spain [J]. Spain Agricultural Systems, 2003, 78(3): 387-403

[15] Bernesson, S. Farm-scale production of RME and ethanol for heavy diesel engines with emphasis on environmental assessment [D]. Ph.D. thesis, Swedish University of Agricultural Sciences, 2004

[16] Bernesson, S., Nilsson, D. & Hansson, P. A. A limited LCA comparing large- and small-scale production of ethanol for heavy engines under Swedish conditions [J]. Biomass and Bioenergy, 2006, 30(1): 46-57

[17] Berry, R. A. & Cline, W. R. Agrarian structure and productivity in developing countries [M]. Baltimore: The Johns Hopkins University Press, 1979: 46-55

[18] Bielik, P. & Rajčániová, M. Scale efficiency of agricultural enterprises in Slovakia [J]. Agricultural Economics, 2004, 50(8): 331-335

[19] Boussemart, J. P., Butault, J. P., Delame, N., et al. Economies of scale and optimal farm size in the Estonian dairy sector [A]. Mann, S. Causes and Impacts of Agricultural Structures [C]. New York: Nova Science Publishers, 2006: 183-200

[20] Briec, W., Kerstens, K., Leleu, H., et al. Returns to scale on nonparametric deterministic technologies: simplifying goodness-of-fit methods using operations on technologies [J]. Journal of Productivity Analysis, 2000, 14(1): 267-274

[21] Burger, A. Agricultural development and land concentration in a central European country: a case study of Hungary [J]. Land Use Policy, 2001, 18(3): 259-268

[22] Charnes, A., Cooper, W. W. & Rhodes, E. Measuring the efficiency of decision making units [J]. European Journal of Operational Research, 1979, 3(4): 338-339

[23] Charnes, A., Cooper, W. W. & Wei, Q. L. A semi-infinite multicriteria programming approach to data envelopment analysis with infinitely many decision making units [R]. Center for Cybernetic Studies Report CCS 511, 1986

[24] Charnes, A., Cooper, W. W., Golany, B., et al. Foundations of data envelopment analysis for Pareto-Koopmans efficient empirical production functions [J]. Journal of Econometrics(Netherlands), 1985, 30(1): 91-107

[25] Charnes, A., Cooper, W. W., Ruosseau, J. J., et al. Data envelopment analysis and axiomatic noting of efficiency and reference sets [R]. Center for Cybernetic Studies Report CCS 558, 1987

[26] Charnes, A., Cooper, W. W., Seiford, L. M., et al. Invariant multiplicative efficiency and piecewise Cobb-Douglas envelopment [J]. Operations Research Letters, 1983, 2(3): 38-49

[27] Charnes, A., Cooper, W. W., Wei, Q. L., et al. Compositive data envelopment analysis and multi-objective programming [R]. Center for Cybernetic Studies Report CCS 633, 1988

[28] Charnes, A., Cooper, W. W., Wei, Q. L., et al. Cone ratio data envelopment analysis and multi-objective programming [J]. International Journal of Systems Science, 1989, 20(7): 1099-1118

[29] Charnes, A., Cooper, W. W., Wei, Q. L., et al. Fundamental theorems of nondominated solutions associated with cone in normed linear spaces [J]. Journal of Mathematical Analysis and Applications, 1990, 150(1): 54-78

[30] Chatellier, V. The new CAP reform and direct subsidies to the French farms specialized in field crops: single payment, regionalization and modulation [J]. Oleagineux Corps Gras Lipides, 2004, 11(4): 309-317

[31] Chavas, J. P. & Aliber, M. An analysis of economic efficiency in agri-

culture: a nonparametric approach [J]. Journal of Agricultural and Resource Economics, 1993, 18(1): 1-16

[32] Clark, S. J., Rothery, P. & Perry, J. N. Farm scale evaluations of spring-sown genetically modified herbicide-tolerant crops: a statistical assessment [J]. Proceedings of the Royal Society, 2006, 273(1583), 237-243

[33] Coelli, T. J. A multi-stage methodology for the solution of orientated DEA models [J]. Operations Research Letters, 1998, 23(3): 143-149

[34] Conradie, B., Cookson, G. & Thirtle, C. Efficiency and farm size in Western Cape grape production: pooling small datasets [J]. South African Journal of Economics, 2006, 74(6): 334-343

[35] Cook, W. D., Kress, M. & Seiford, L. M. On the use of ordinal data in data envelopment analysis [J]. Journal of the Operational Research Society, 1993, 44(2): 133-140

[36] Cooper, W. W., Park, K. S. & Yu, G. An illustrative application of IDEA (imprecise data envelopment analysis) to a Korean mobile telecommunication company [J]. Operations Research, 2001, 49(6): 807-820

[37] Cooper, W. W., Park, K. S. & Yu, G. IDEA (imprecise data envelopment analysis) with CMDs (column maximum decision making units) [J]. Journal of the Operational Research Society, 2001, 52(2): 176-181

[38] Copper, W. W., Wei, Q. L. & Yu, G. Using displaced cone representations in DEA models for nondominated solutions in multi-objective programming [J]. Journal of Systems Science and Mathematical Sciences, 1997, 10(1): 41-49

[39] Debreu, G. The coefficient of resource utilization [J]. Econometrica, 1951, 19(3): 273-292

[40] Dimara, E., Pantzios, C. J., Skuras, D., et al. The impacts of regulated notions of quality on farm efficiency: a DEA application [J]. European Journal of Operational Research, 2005, 161(2): 416-431

[41] Efthalia, D., Dimitris, S., Kostas, T., et al. Productive efficiency and firm exit in the food sector [J]. Food Policy, 2008, 33(2): 185-196

[42] Entani, T., Maeda, Y. & Tanaka, H. Dual models of interval DEA and its extension to interval data [J]. European Journal of Operatonal Research, 2002, 136(1): 32-45

[43] Ernest, R. M., Andrés, J. & Picazo, T. Analysing farming systems with Data Envelopment Analysis: citrus farming in Spain [J]. Agricultural Systems, 2004, 82(1): 17-30

[44] Fandel, P. Technical and scale efficiency of corporate farms in Slovakia [J]. Agricultural Economics-Czech, 2003, 49(8): 375-383

[45] Färe, R. & Grosskopf, S. A nonparametric cost approach to scale efficiency [J]. Journal of Economics, 1985, 87(4): 594-604

[46] Farrell, M. J. The measurement of productive efficiency [J]. Journal of the Royal Statistical Society, Seies A (General), 1957, 120(3): 253-290

[47] Farzipoor, S. R., Memariani, A. & Hosseinzadeh, L. F. The effect of correlation coefficient among multiple input vectors on the efficiency mean in data envelopment analysis [J]. Applied Mathematics and Computation, 2005, 162(2): 503-521

[48] Feder, G. The relationship between farm size and farm productivity: the role of family labor, supervision and credit constraints [J]. Journal of Development Economics, 1985, 18(2): 297-313

[49] Forsund, F. R. & Hjalmarsson, L. Are all scales optimal in DEA? Theory and empirical evidence [J]. Journal of Producitivity Analysis, 2004, 21(1): 25-48

[50] Fukuyama, H. Returns to scale and scale elasticity in data envelopment analysis [J]. European Journal of Operational Research, 2000, 125(1), 94-113

[51] Fukuyama, H. Scale characterizations in a DEA directional technology distance function framework [J]. European Journal of Operational Research, 2003, 144(1): 108-127

[52] Fuwa, N., Edmonds, C. & Banik, P. Are small-scale rice farmers in eastern India really inefficient? Examining the effects of microtopography on technical efficiency estimates [J]. Agricultural Economics, 2007, 36 (3): 335-346

[53] Ghose, A. K. Farm size and land productivity in Indian agriculture: a reappraisal [J]. Journal of Development Studies, 1979, 16(1): 27-49

[54] Gorton, M., Kova'cs, B., Mizik, T., et al. An analysis of the performance of commercially oriented farms in Hungary [J]. Post-Communist

Economies, 2003, 15(3): 401-416

[55] Greene, W. H. Maximum likelihood estimation of econometric frontier functions [J]. Journal of Econometrics, 1980, 13(1): 27-56

[56] Guan, Z. F. Econometric analysis of agricultural production: new primal perspectives [D]. Ph.D. thesis, Wageningen University, 2005

[57] Hall, B. F. & LeVeen, E. P. Farm size and economic efficiency: the case of California [J]. American Journal of Agricultural Economics, 1978, 60(4): 589-600

[58] Hayami, Y. & Ruttan, V. W. Agricultural development: an international perspective [M]. Baltimore: Johns Hopkins University Press, 1985: 133-135

[59] Helfand, S. M. & Levine, E. S. Farm size and determinants of productive efficiency in the Brazilian center-west [J]. Agricultural Economics, 2004, 31(2): 241-249

[60] Horst, D. V. Assessing the efficiency gains of improved spatial targeting of policy interventions: the example of an agri-environmental scheme [J]. Journal of Environmental Management, 2007, 85(4): 1076-1087

[61] Hu, J. L. & Wang, S. C. Total-factor energy efficiency of regions in China [J]. Energy Policy, 2006, 34(17): 3206-3217

[62] Huang, Z. M. & Li, S. X. Dominance stochastic model in data envelopment analysis [J]. European Journal of Operational Research, 1996, 95(2): 390-403

[63] Huang, Z. M., Sun, D. B. & Wei, Q. L. Theories and applications of the compositive data envelopment analysis model with cone structure [J]. SCI-TECH Information Services, 1995, 50(6): 57-73

[64] Iraizoz, B., Rapun, M. & Zabaleta, I. Assessing the technical efficiency of horticultural production in Navarra, Spain [J]. Agricultural Systems, 2003, 78(3): 387-403

[65] Jahanshahloo, C. R., Hosseinzadeh, F., Shoja, N., et al. A method for detecting influential observations in radial DEA models [J]. Applied Mathematics and Computation, 2004, 147(2): 415-421

[66] Jahanshahloo, G. R., Hosseinzadeh, F., Lotfi, N., et al. Undesirable inputs and outputs in DEA models [J]. Applied Mathematics and Computation, 2005, 169(2): 917-925

[67] Jahanshahloo, G. R., Hosseinzadeh, F., Shoja, N., et al. Input estimation and identification of extra inputs in inverse DEA models [J]. Applied Mathematics and Computation, 2004, 156(2): 427-437

[68] Jahanshahloo, G. R., Hosseinzadeh, F., Shoja, N., et al. Sensitivity and stability analysis in DEA [J]. Applied Mathematics and Computation, 2004, 156(2): 463-477

[69] Joe, Z. Super-efficiency and DEA sensitivity analysis [J]. European Journal of Operational Research, 2001, 129(2): 443-455

[70] Kirjavainen, T. & Loikkanen, H. A. Efficiency differences of Finnish senior secondary schools: an application of DEA and Tobit analysis [J]. Economics of Education Review, 1998, 17(4): 377-394

[71] Kleine, A. A general model framework for DEA [J]. Omega, 2004, 32 (1): 17-23

[72] Koopmans, T. C. The analysis of production as an efficient combination of activities [A]. Koopmans, T. C. Activity Analysis of Production and Allocation [C]. New York: Wiley, J., 1951: 147-154.

[73] Kristiaan, K. & Philippe, V. E. Estimating returns to scale using nonparametric deterministic technologies: a new method based on goodness-of-fit [J]. European Journal of Operational Research, 1999, 113(2): 206-214

[74] Land, K. C., Lovell, C. A. K. & Thore, S. Chance-constrained data envelopment analysis [J]. Managerial and Decision Economics, 1993, 14 (6): 541-554

[75] Lee, Y. H. & Schmidt, P. A production frontier model with flexible temporal variation in technical inefficiency [A]. Fried, H.O., Lovell, C. A. K. & Schmidt S. S. The measurement of productive efficiency: techniques and applications [C]. New York: Oxford University Press, 1993: 237-255

[76] Leibenstein, H. Allocative efficiency vs X-efficiency [J]. The American Economic Review, 1966, 56(3): 392-415

[77] Léopold, S. & Paul, W. W. Estimation and inference in two-stage, semi-parametric models of production processes [J]. Journal of Econometrics, 2007, 136(1): 31-64

[78] Lewin, A. Y. & John, W. M. Determing organizational effectiveness:

Another look and an agenda for research [J]. Management Science, 1986, 32(5): 514-537

[79] Lewin, A. Y., Morey, R. C. & Cook, T. J. Evaluating the administrative efficiency of courts [J]. Omega, 1982, 1(10): 401-411

[80] Lin, Y. F. Rural reforms and agricultural growth in China [J]. The American Economic Review, 1992, 82(1): 34-51

[81] Liu, Z. N. & Zhuang, J. Z. Determinants of technical efficiency in post-collective Chinese agriculture: evidence from farm-level data [J]. Journal of Comparative Economics, 2000, 28(3): 545-564

[82] Loko, V., Koik, E. & Tamm, K. Profitability of grain and rapeseed production in Estonia: future prospects [J]. Agronomy Research, 2005, 3(1): 81-90

[83] Lovell, C. A. K. Production frontier and productive efficiency [A]. Fried, H.O., Lovell, C. A. K. & Schmidt S. S. The measurement of productive efficiency: techniques and applications [C]. New York: Oxford University Press, 1993: 3-67

[84] Lozano, S. & Villa, G. Centralized resource allocation using data envelopment analysis [J] Journal of Productive Analysis, 2004, 22(1): 143-161

[85] Lund, P. & Price, R. The measurement of average farm size [J]. Journal of Agricultural Economics, 1998, 49(1): 100-110

[86] Meeusen, W. & Broeck, J. Efficiency estimation from Cobb-Douglas production functions with composed error [J]. International Economics Review, 1977, 18(2): 435-444

[87] Mette, A., Joseph, C. P., David, N. R., et al. Measuring overall efficiency and effectiveness using DEA [J]. European Journal of Operational Research, 2007, 178(1): 305-321

[88] Muhammad, S. & Tahir, R. The extent of resource use inefficiencies in cotton production in Pakistan's Punjab: an application of Data Envelopment Analysis [J]. Agricultural Economics, 2000, 22(3): 321-330

[89] Nemoto, J. & Goto, M. Dynamic data envelopment analysis: modeling intertemporal behavior of a firm in the presence of productive inefficiencies [J]. Economics Letters, 1999, 64(1):51-56

[90] Newell, A., Pandya, K. & Symons, J. Farm size and the intensity of

land use in Gujarat [J]. Oxford Economic Papers, 1997, 49(2): 307-315

[91] North, D. C. Institutions and productivity in history [J]. Economic History, 1994, 11(3): 1-13

[92] Picazo-Tadeo, A. J. & Reig-Martinez, E. Farmers' costs of environmental regulation: reducing the consumption of nitrogen in citrus farming [J]. Economic Modelling, 2007, 24(2): 312-328

[93] Pieters, J. G., Neukermans, G. G. J. & Colanbeen, M. B. A. Farm-scale membrane filtration of sow slurry [J]. Journal of Agricultural Engineering Research, 1999, 73(4): 403-409

[94] Premachandra, I. A note on DEA vs principle component analysis: an improvement to Joe Zhu's approach [J]. European Journal of Operational Research, 2001, 132(3): 553-560

[95] Ramanathan, R. Data envelopment analysis for weight derivation and aggregation in the analytic hierarchy process [J]. Computers & Operations Research, 2006, 33(5): 289-307

[96] Rios, A. R. & Shively, G. E. Farm size and nonparametric efficiency measurements for coffee farms in Vietnam [C]. Rhode Island: the American Agricultural Economics Association Annual Meeting, 2005: 1-21

[97] Roberto, M. Organizational type and efficiency in the Costa Rican coffee processing sector [J]. Journal of Comparative Economics, 2002, 30(2): 296-316

[98] Rufino, M. C., Tittonell, P., Wijk, M. T., et al. Manure as a key resource within smallholder farming systems: analysing farm-scale nutrient cycling efficiencies with the NUANCES framework [J]. Livestock Science, 2007, 112(3): 273-287

[99] Sabates, W. R. Farm strategy, self-Selection and productivity: can small farming groups offer production benefits to farmers in post-socialist Romania? [J]. World Development, 2002, 30(10): 1737-1753

[100] Schuhz, T. W. Institution and the rising economic value of man [J]. American Journal of Agricultural Economics, 1968, 50(5): 1113-1122

[101] Seiford, L. M. & Zhu, J. An investigation of returns to scale under data envelopment analysis [J]. An Intenational Journal of Science,

1999, 27(1): 1-11

[102] Seiford, L. M. & Zhu, J. On alternative optimal solutions in the estimation of returns to scale in DEA [J]. European Journal of Operational Research, 1998, 108(1): 149-152

[103] Sengupta, J. K. Data envelopment analysis for efficiency measurement in the stochastic case [J]. Computers and Operations Research, 1987, 14(2): 117-129

[104] Shephard, R. W. Cost and production functions [M]. Princeton, N. J.: Princeton University Press, 1953: 5-36

[105] Sinuany-Stern, Z. & Friedman, L. DEA and the discriminant analysis of ratios for ranking units [J]. European Journal of Operational Research, 1998, 111(3): 470-478

[106] Sinuany-Stern, Z., Mehrez, A. & Hadad, Y. An AHP/DEA methodology ranking decision making units [J]. International Transactions in Operational Research, 2000, 7(2): 109-124

[107] Steven, M. H. & Edward, S. L. Farm size and the determinants of productive efficiency in the Brazilian Center-West [J]. Agricultural Economics, 2004, 31(2): 241-249

[108] Stevenson, R. E. Likelihood function for generalized stochastic frontier estimation [J]. Journal of Econometrics, 1980, 13(1): 57-66

[109] Takeda, E. An extended DEA model: appending an additional input to make all DMUs at least weakly efficient [J]. European Journal of Operational Research, 2000, 125(1): 25-33

[110] Teague, P. W. Farm size, tenure, and economic efficiency in a sample of Illinois grain farms: comment [J]. American Journal of Agricultural Economics, 1984, 66(4): 515-516

[111] Thiele, H. & Brodersen, C. Differences in farm efficiency in West and East Germany [J]. European Review of Agricultural Economics, 1999, 26(3): 331-347

[112] Tittonell, P., Leffelaar, P. A., Vanlauwe, B., et al. Exploring diversity of crop and soil management within smallholder African farms: a dynamic model for simulation of N balances and use efficiencies at field scale [J]. Agricultural Systems, 2006, 91(1): 71-101

[113] Tittonell, P., Vanlauwe, B., Ridder, N. D., et al. Heterogeneity of

crop productivity and resource use efficiency within smallholder Kenyan farms: Soil fertility gradients or management intensity gradients? [J]. Agricultural Systems, 2007, 94(2): 376-390

[114] Tobin, J. Estimation of relationships for limited dependent variables [J]. Econometrica, 1958, 26(1): 24-36

[115] Toshiyuki, S. DEA non-parametric ranking test and index measurement: Slack-adjusted DEA and an application to Japanese agriculture cooperatives [J]. Omega, 1999, 27(3): 315-326

[116] Townsend, R. F., Kirsten, J. F. & Vink, N. Farm size, productivity and returns to scale in agriculture revisited: a case study of wine producers in South Africa [J]. Agricultural Economics, 1998, 19(1): 175-180

[117] Tsai, P. F. & Molinero, C. A variable returns to scale data envelopment analysis model for the joint determination of efficiencies with an example of the UK health service [J]. European Journal of Operational Research, 2002, 141(1): 21-38

[118] Valter, B. A note on robustness of the efficient DMUs in data envelopment analysis [J]. European Journal of Operational Research, 1999, 112(11): 240-244

[119] Vasiliev, N., Astover, A., Roostalu, H., et al. An agro-economic analysis of grain production in Estonia after its transition to market economy [J]. Agronomy Research, 2006, 4(1): 99-110

[120] Vennesland, B. Measuring rural economic development in Norway using data envelopment analysis [J]. Forest Policy and Economics, 2005, 7(1): 109-119

[121] Wade, D. C. & Rodney H. G. Project prioritization: a resource-constrained data envelopment analysis approach [J]. Socio-Economic Planning Sciences, 2000, 34(2): 85-99

[122] Wadud, A. & White, B. Farm household efficiency in Bangladesh: a comparison of stochastic frontier and DEA methods [J]. Applied Economics, 2000, 32(13): 1665-1673

[123] Watcharasriroj, B. & Tang, J. C. S. The effects of size and information technology on hospital efficiency [J]. Journal of High Technology Management Research, 2004, 15(1): 1-16

[124] Wei, Q. L. & Yan, H. Congestion and return to scale in data envelopment analysis [J]. European journal of Operational Research, 2004, 153(3): 641-660
[125] Wei, Q. L. & Yu, G. Analyzing properties of K-cone in generalized data envelopment analysis model [J]. Journal of Econometrics, 1997, 80(1): 63-84
[126] Wei, Q. L., Yu, G. & Lu, J. S. A necessary and sufficient conditions for return to scale properties in generalized data envelopment analysis models [J]. Scienc in China, 2002, 45(5): 503-517
[127] Wei, Q. L., Zhang J. Z. & Zhang X. S. An inverse DEA model for inputs/outputs estimate [J]. European Journal of Operational Research, 2000, 121(1): 151-163
[128] Wilson, B., Trieu, L. H. & Bower, B. Energy efficiency trends in Austarlia [J]. Energy Policy, 1994, 22(4): 287-295
[129] Wu, Y. R. Productivity growth, technological progress, and technical efficiency change in China: a three-sector analysis [J]. Journal of Comparative Economics, 1995, 21(2): 207-229
[130] Yan, H. & Wei, Q. L. A method of transferring cones of intersection-form to cones of sum-form and its applications in DEA models [J]. International Journal of System Science, 2000, 31(5): 629-638
[131] Yao, S. Economic transition and the decline of agricultural production in Estonia [J]. Journal of Intenational Development, 2005, 17(4): 495-509
[132] Yu, G., Wei, Q. L. & Brockett, P. A generalized data envelopment analysis model: a unification and extension of existing methods for efficiency analysis of decision making units [J]. Annals of Operations Research, 1996, 66(1): 47-89
[133] Zaibet, L. & Dharmapala, P. S. Efficiency of government-supported horticulture: the case of Oman [J]. Aricultural Systems, 1999, 62(3): 159-168
[134] Zhu, J. Setting scale efficient targets in DEA via returns to scale estimation method [J]. The Journal of the Operational Research Society, 2000, 51(3): 376-378
[135] Zyl, J. V., Binswanger, H. & Thirtle, C. The relationship between

farm size and efficiency in South African agriculture [J]. Policy Research Working Paper Series, 1995(1548): 1-42
[136] [美]Park, A.,任常青.自给自足和风险状态下的农户生产决策模型——中国贫困地区的实证研究[J].农业技术经济,1995(5):22-26
[137] 白永秀.推进土地适度规模经营为农业增长方式转变创造条件[J].经济改革,1997(1):47-50
[138] 保罗·萨缪尔森,威廉·诺德豪斯[美].萧琛译.经济学[M].北京:人民邮电出版社,2004:2,109
[139] 蔡昉,李周.我国农业中规模经济的存在和利用[J].当代经济科学,1990(2):25-34
[140] 陈春霞,冯巨章.土地规模经营问题探讨[J].农业与技术,2003,23(2):16-20
[141] 陈躬林,屈艳芳."为小规模家庭经营辩解"的理由并不充分——与罗必良先生商榷[J].福建论坛(经济社会版),2002(11):57-60
[142] 陈浩.对农业规模经营内涵的探讨[J].乡镇经济,2001(11):7-8
[143] 陈敬学,李玲和杨文成.我国商业银行效率问题与改革策略透析[J].金融论坛,2004,9(12):17-22
[144] 陈锡文,韩俊.关于农业规模经营问题[J].农村工作通讯,2002(7):9-10
[145] 陈欣欣,史清华和蒋伟峰.不同经营规模农地效益的比较及其演变趋势分析[J].农业经济问题,2000(12):6-9
[146] 陈英.日本农地制度对我国农地制度改革的启示[J].学术交流,2004(5):72-74
[147] 单玉丽.台湾扩大农业经营规模的途径[J].江西农业经济,1996(1):20-21
[148] 邓小平.邓小平文选[M].北京:人民出版社,1993,3:335
[149] 丁春福.关于农村土地适度规模经营问题的思考[J].农业经济,2003(3):22-23
[150] 丁文斌,徐通和王雅鹏.粮食主产省粮食生产投入要素效率DEA分析——基于1990-2004年湖北省投入要素的实证分析[J].西北农林科技大学学报(社会科学版),2007,7(4):56-60
[151] 都阳.贫困地区农户参与非农工作的决定因素研究[J].农业技术经济,1999(4):32-37
[152] [法]杜阁.南开大学经济系经济学说史教研组译.关于财富的形成和

分配的考察[M].北京:商务印书馆,1961:17-86
[153] 冯继康,苏向华.法国农业规模经营的成功及其启示[J].经济学动态,1992(10):61-64
[154] 冯先宁.论农地适度规模经营与制度创新[J].经济体制改革,2004(3):48-50
[155] [法]弗朗斯瓦·魁奈.吴斐丹等译.魁奈经济著作选集[M].北京:商务印书馆,1979:368-383
[156] 盖国强.农村土地使用权流转研究——以山东省为例[J].中国软科学,2001(5):114-120
[157] 高启档,齐顾波.德国的农业规模经营[J].世界农业,1997(1):6-8
[158] 顾海,孟令杰.中国农业 TFP 的增长及其构成[J].数量经济技术经济研究,2002(10):15-19
[159] 郭江平.扩大土地经营规模与提高农业效率并行不悖[J].理论探索,2003(3):11-12
[160] 国家计委宏观经济研究院课题组.保障粮食安全与提高农民收入关系研究[J].经济研究参考,2002(92):2-48
[161] 国土资源部地籍管理司.2006 全国土地利用变更调查报告[J].资源与人居环境,2007(9):15
[162] 韩俊.土地政策:从小规模均田制走向适度规模经营[J].调研世界,1998(5):8-9
[163] 韩鹏,许惠渊.日本农地制度的变迁及其启示[J].世界农业,2002(12):14-15
[164] 韩松,魏权龄.资源配置的非参数 DEA 模型[J].系统工程理论与实践,2002(22):59-64
[165] 贺振华.农村土地流转的效率:现实与理论[J].农业经济导刊,2003(6):38-43
[166] 黄季焜,马恒运.中国主要农产品生产成本的国际比较和差别[J].战略与管理,2000(6):86-95
[167] 黄季焜,马恒运.中国主要农产品生产成本与主要国际竞争者的比较[J].中国农村经济,2000(5):17-21
[168] 黄卫华.新古典经济学中的理性[J].生产力研究,2003(3):30-32
[169] 黄映晖,戎承法和张正河.DEA 方法在小麦生产效率衡量中的应用[J].农业技术经济,2004(5):16-22
[170] 黄志遥."扩大农业土地经营规模"质疑[J].江西农业经济,1994(6):65-66

[171] 黄祖辉,陈欣欣.农户粮田规模经营效率:实证分析与若干结论[J].农业经济问题,1998(11):2－7
[172] [美]基思·格里芬.倪吉祥等译.可供选择的经济发展战略[M].北京:经济科学出版社,1992:181－182,184
[173] 江苏省农业现代化试验区领导小组.江苏省土地适度规模经营试验与启示[J].中国农村经济,1994(11):14－18
[174] 雷海章.现代农业经济学[M].北京:中国农业出版社,2003:3－4
[175] 黎海波.韩国农业机械化发展的国家扶持经验(上)[J].山东农机化,2005(9):19
[176] 李道亮,丁娟娟,傅泽田等.农业资源综合利用效率的评价方法及案例分析[J].中国农业大学学报,1999,4(2):19－22
[177] 李相宏.农业规模经营模式分析[J].农业经济问题,2003(8):48－51
[178] 李岳云,蓝海涛和方晓军.不同经营规模农户经营行为的研究[J].中国农村观察,1999(4):39－45
[179] 廖洪乐.农村改革试验区的土地制度建设试验[J].管理世界,1998(2):154－164
[180] 林善浪.农村土地规模经营的效率评价[J].当代经济研究,2000(2):47－44
[181] 林毅夫.90年代中国农村改革的主要问题与展望[J].管理世界,1994(4):149－144
[182] 林毅夫.小农与经济理性[J].农村经济与社会,1988(3):31－33
[183] 林毅夫.制度、技术与中国农业发展[M].上海:上海人民出版社,2005:3－4
[184] 刘海生.人的异质性:“经济人”假设的新内容[J].经济学家,2003(5):88 90
[185] 刘石诚.论农业适度规模经营的理论依据[J].经济改革,1997(5):58－60
[186] 卢吉勇.从制度创新看土地规模经营实现的途径[J].上海土地,2002(1):21－23
[187] 罗必良.农业经营规模的效率决定[J].中国农村观察,2000(5):18－24,80
[188] 罗伊·普罗斯特曼,蒂姆·汉斯达德和李平[美].中国农业的规模经营:政策适当吗?[J].中国农村观察,1996(6):17－29,64
[189] 马汉武.生产效率与生产率的界定及其意义[J].江苏大学学报(社会

科学版),1999(1):63－65

[190] 马立杰.DEA 理论及应用研究[D].博士学位论文,山东大学,2007

[191] 马庆国.管理统计——数据获取、统计原理 SPSS 工具与应用研究[M].北京:科学出版社,2002:336－345

[192] 马占新.数据包络分析方法的研究进展[J].系统工程与电子技术,2002(3):42－46

[193] 孟令杰.中国农业产出技术效率动态研究[J].农业技术经济,2000(5):2－4

[194] 孟昕,白南生.结构变动:中国农业的劳动力转移[M].杭州:浙江人民出版社,1998:216

[195] 内杰,王新宇.基于 DEA 的西部农业经济效率与技术进步率评价[J].经济纵横,2007(2):102－103

[196] 倪志远.论我国农业适度规模经营的主要约束条件和实现途径[J].数量经济与技术经济研究,1999(1):76－79

[197] 农村经济课题组.内地农村土地规模经营问题探析[J].武汉交通科技大学学报(哲学社会科学版),1998(1):51－56

[198] 农调总队.当前世界粮食市场行情与价格走势[EB/OL].http://www.sannong.gov.cn/fxyc/ncjjfx/200310130336.htm,2003－10－09

[199] 农业部改革试验区办公室.小规模均田制走向适度规模经营——全国农村改革试验区土地适度规模经营阶段性试验研究报告[J].中国农村经济,1994(12):3－10

[200] 潘燕.中国粮食丰产仍是紧平衡[J].瞭望,2004(48):10－11

[201] 钱贵霞,李宁辉.粮食主产区农户最优生产经营规模分析[J].统计研究,2004(10):40－43

[202] 钱贵霞.粮食生产经营规模与粮农收入的研究[D].博士学位论文,中国农业科学院,2005

[203] 钱文荣,张忠明.农民土地意愿经营规模影响因素实证研究——基于长江中下游区域的调查分析[J].农业经济问题,2007(5):28－34

[204] 钱文荣,张忠明.上海推进农业规模化经营问题研究[A].袁以星.上海“三农”决策咨询研究——2006 年度上海科技兴农软课题研究成果汇编[C].上海财经大学出版社,2007:186－215

[205] 钱文荣.农地市场化流转中的政府功能探析——基于浙江省海宁、奉化两市农户行为的实证研究[J].浙江大学学报(人文社会科学版),

2003,33(5):154-160
[206] 钱忠好.我国农地的特殊性及对策[J].经济纵横,1996(3):33-35,47
[207] 秦晖.市场信号与农民理性[J].农村改革,1996(6):85-95
[208] 任净,李赖志.日本农业规模经营的考察和分析[J].经济纵横,1991(6):36-38
[209] 任治君.中国农业规模经营的制约[J].经济研究,1995(6):54-58
[210] [美]瑞定杰,康赛优.对菲律宾土地改革的再思考[A].迟福林.走入21世纪的中国农村土地制度改革[C].北京:中国经济出版社,2000:55-68
[211] 沈锡权,傅丕毅.农民松开攥紧"命根子"的手——浙江农村土地流转问题的调查和思考[J].发展,2002(8):46-47
[212] 史健,魏权龄.DEA方法在卫生经济学中的应用[J].数学的实践与认识,2004(4):59-66
[213] 史清华,黄祖辉.农户家庭经济结构变迁及其根源研究:以1986-2000年浙江10村固定跟踪观察农户为例[J].管理世界,2001(4):112-119
[214] 史清华,贾生华.农户家庭农地流转及形成根源——以东部沿海苏鲁浙三省为例[J].中国经济问题,2003(5):41-54
[215] 史清华,贾生华.农户家庭农地要素流动趋势及其根源比较[J].管理世界,2002(1):71-77,92
[216] 史清华.农户家庭经济资源利用效率及其配置方向比较——以山西和浙江两省10村连续跟踪[J].中国农村经济,2000(8):58-61
[217] 史清华.农户经济可持续发展研究——浙江十村千户变迁(1986-2002)[M].北京:中国农业出版社,2005:2
[218] [日]速水佑次郎,[美]弗农·拉坦.郭熙保等译.农业发展的国际分析[M].北京:中国社会科学出版社,2000:183-185
[219] 孙林,孟令杰.中国棉花生产效率变动[J].数量经济技术经济研究,2004(2):23-27
[220] 孙自铎.农业必须走适度规模经营之路——兼与罗必良同志商榷[J].农业经济问题,2001(2):42-45
[221] 田传浩,贾生华.农地制度、地权稳定性与农地使用权市场发育:理论与来自苏浙鲁的经验[J].经济研究,2004(1):112-119
[222] 田传浩,贾生华.农地制度对土地使用权配置影响的实证分析——基于苏、浙、鲁1083个农户调查[J].中国农村经济,2003(10):24-30

[223] 田兴兰.适应市场经济实行土地规模经营[J].山西财经学院学报,1996(2):58-59,66

[224] 万广华,程恩江.规模经济、土地细碎化与我国的粮食生产[J].中国农村观察,1996(4):41-46,64

[225] 万广华.测定技术进步和规模效应的一种新方法[J].农业技术经济,1996(2):22-25,54

[226] 王春晓,刘小英和和丕禅.新疆棉花生产效率变动和资源配置效率实证研究——基于DEA的分析[J].中国农业经济评论,2004,2(2):205-218

[227] 王良群.关于农村土地规模化经营必要性的思考[J].科技情报开发与经济,2004,14(7):89-90

[228] 王明华."十一五"时期我国粮食需求总量预测[J].调研世界,2006(4):16-18,42

[229] 王秀清,苏旭霞.农用地细碎化对农业生产的影响——以山东省莱西市为例[J].农业技术经济,2002(2):2-7

[230] [英]威廉·配第.陈冬野译.政治算术[M].北京:商务印书馆,1978:35-45

[231] 魏楚,沈满洪.能源效率与能源生产率:基于DEA方法的省际数据比较[J].数量经济技术经济研究,2007,24(9):110-121

[232] 魏权龄.数据包络分析(DEA)[M].北京:科学出版社,2006:3

[233] 吴方卫.我国农业资本存量的估计[J].农业技术经济,1999(6):34-38

[234] 吴建光.土地规模经营的道路:南朝鲜,日本和台湾的比较分析[J].亚太经济,1989(3):51-54

[235] 伍业兵,甘子东.农地适度规模经营的认识误区、实现条件及其政策选择[J].农村经济,2007(11):42-44

[236] [美]西奥多·威廉·舒尔茨.梁小民译.改造传统农业[M].北京:商务印书馆,1987:29

[237] [英]西尼尔.蔡受百译.政治经济学大纲[M].北京:商务印书馆,1977:276-310

[238] 夏永祥.农业效率与土地经营规模[J].农业经济问题,2002(7):43-47

[239] 夏征农.辞海[M].上海:上海辞书出版社,1989:1945

[240] 萧承勇.台湾地区的农地重划及其社会经济效益[J].农业工程学报,

2001,17(5):172－176
[241] 徐海南.苏南地区农地适度规模经营研究[D].硕士学位论文.华中农业大学,2005
[242] 徐家鹏,郑鹏.中国南北麦区小麦成本效益的比较研究[J].市场论坛,2007(6):29－33
[243] 徐明华.粮田规模经营:利弊尚待权衡[J].中国农村经济,1998(3):37－41
[244] 徐清俊,黄俊诚.探讨金控公司子银行之经营绩效——以台湾为例[J].远东学报,2004,21(2):259－270
[245] 徐琼.技术效率与前沿面理论评述[J].财经论丛,2005(2):29－34
[246] [英]亚当·斯密.杨敬年译.国民财富的性质和原因研究[M].西安:陕西人民出版社,2001:7－26
[247] 闫丽珍,成升魁,闵庆文等.中美玉米生产成本的动态比较[J].中国农村经济,2004(8):65－72
[248] 杨春,陆文聪.中国玉米生产率增长、技术进步与效率变化 1990－2004 年[J].农业技术经济,2007(4):34－40
[249] 杨素群.农业经营适度规模解析[J].唯实,1998(3):25－28
[250] 杨文礼,耿霖.论土地规模经营[J].理论建设,1996(2):20－24
[251] 杨雍哲.规模经营的关键在于把握条件和提高经济效益[J].农业经济问题,1995(5):15－18
[252] 杨云.种植业要素投入及其配置效率:基于固定观察点不同收入水平农户的分析[D].硕士学位论文,浙江大学,2005
[253] 姚监复.国农业的规模经营与农业综合生产率——访华盛顿大学农村发展所徐孝白先生[J].中国农业资源与区划,2000,21(5):19－21
[254] 姚洋.集体决策下的诱导性制度变迁[J].中国农村观察,2000(2):11－19
[255] 姚洋.中国农地制度:一个分析框架[J].中国社会科学,2000(2):54－56
[256] 姚洋.中国农地制度与农村社会保障[J].中国社会科学季刊,2000(3):19－26
[257] 叶琪.我国沿海地区农地规模经营模式比较[J].内蒙古农业大学学报(社会科学版),2005,7(4):443－447
[258] 一岫.台湾农业以共同产销组织扩大经营规模的进展[J].台湾农业情况,1995(4):10－15

[259] 俞海,黄季焜,Scott Rozelle 等.地权稳定性、土地流转与农地资源持续利用[J].经济研究,2003(9):82-95
[260] 俞敬忠.加快土地规模经营的步伐——经济发达地区振兴农业的必由之路[J].管理世界,1994(6):198-200
[261] 喻国华.扩大土地经营规模实践与讨论[J].农业技术经济,1995(6):55-57
[262] 袁超.中国农地制度创新[J].农业经济问题,2000(11):45-47
[263] [英]约韩·伊特韦尔,默里·米尔盖特和[美]彼得·纽曼.陈岱孙等译.新帕尔格雷夫经济学辞典(第三卷)[M].北京:经济科学出版社,1996:868
[264] [英]约翰·希克斯.薛藩康译.价值与资本[M].北京:商务印书馆,1962:81-90
[265] 翟虎渠.坚持依靠政策、科技与投入确保我国粮食安全[J].农业经济问题,2004(1):24-26
[266] 张冬平,冯继红.我国小麦生产率的 DAE 分析[J].农业技术经济,2005(3):48-54
[267] 张光辉.农业规模经营与提高单产并行不悖——与任治君同志商榷[J].经济研究,1996(4):55-58
[268] 张海亮,吴楚才.江浙农业规模经营条件和适度规模确定[J].经济地理,1998(3):85-89
[269] 张海如.规模经济:理论辨析和现实思考[J].经济问题,2001(1):8-11
[270] 张红宇.粮食增长与农业规模经营[J].改革,1996(3):40-46
[271] 张继功.农业规模经营探讨[J].河南科技大学学报(农学版),2003,23(4):66-69
[272] 张林秀.农户经济学基本理论概述[J].农业技术经济,1996(3):24-32
[273] 张宁,胡鞍钢和郑京海.应用 DEA 方法评测中国各地区健康生产效率[J].经济研究,2006(7):92-106
[274] 张瑞芝,钱忠好.农业适度经营规模初探[J].扬州大学学报(人文社会科学版),1999(1):74-78
[275] 张文渊.当前农村土地适度规模经营探析[J].农业经济,1999(4):24-25
[276] 张侠,葛向东和彭补拙.土地经营适度规模的初步研究[J].经济地理,

2002,22(3):351－355
[277] 张先治.经济效益与经济效率——兼与托马斯·G·罗斯基商榷[J].财经问题研究,1994(11):53－55,58
[278] 张忠根,史清华.农地生产率变化及不同规模农户农地生产率比较研究——浙江省农村固定观察点农户农地经营状况分析[J].中国农村经济,2001(1):67－74
[279] 张忠明,钱文荣.不同土地规模下的农户生产行为差异分析——基于长江中下游区域的实地调查[J].四川大学学报(哲学社会科学版),2008(1):87－93
[280] 张忠明,钱文荣.农民土地规模经营意愿影响因素实证研究——基于长江中下游区域的调查分析[J].中国土地科学,2008,22(3):61－67
[281] 郑方贤,杨科威.基于非参数DEA前沿的参数生产函数估计模型统计研究[J].统计研究,2004(3):51－54
[282] 郑少锋,邵建成.主要粮食作物生产成本影响因素分析[J].中国农学通报,2003,19(3):115－119
[283] 郑文凯,胡建锋.农业适度规模经营的现实选择[J].瞭望,2006(3):40－41
[284] 郑重.再论农业土地规模经营问题[J].农村合作经济经营管理,1996(3):8－10
[285] 中共中央国务院.关于积极发展现代农业扎实推进社会主义新农村建设的若干意见[EB/OL].http://news.xinhuanet.com/politics/2007－01/29/content_5670478.htm,2007－01－29
[286] 中共中央.马克思.马克思恩格斯全集[M].北京:人民出版社,1965,22:579－580
[287] 中共中央.马克思.马克思恩格斯全集[M].北京:人民出版社,1972,23:830
[288] 周泽昆,陈珽.评价管理效率的一种新方法[J].系统工程,1986(4):44－51
[289] 朱南,卓贤和董屹.关于我国国有商业银行效率的实证分析与改革策略[J].管理世界,2004(2):18－24

附录　农户粮地经营规模效率及相关问题调查问卷

本项调查是教育部哲学社会科学研究重大课题攻关项目“我国土地制度与社会协调发展研究”(05JZD00013)的调研内容之一。调查目的是了解、掌握农村土地二轮承包后不同土地规模的生产效率状况,了解广大农民对当前承包经营规模的看法与建议,提出更加符合农村实际和农民利益的农村土地制度,推动农村社会经济发展。问卷不记您的姓名,所回答问题我们也会严格保密。希望您在百忙之中进行详细回答,对您的热心支持,我们表示衷心的感谢!

×××课题组

注意:本次调查以玉米种植户为调查对象,以 2006 年为调查时期,以 2006 年末为调查时点。

A　户主及家庭基本情况

A1. 户主情况

性别	年龄	受教育年限	婚姻状况	从事的主要工作	兼业	个人年收入(元)

性别:1 男,0 女;婚姻:1 已婚,0 未婚;主要工作:1 无工作,2 家庭农业(种植业),3 打工,4 家庭经营第二产业,5 家庭经营第三产业;兼业:1 无兼业,2 家庭农业(种植业),3 打工,4 家庭经营第二产业,5 家庭经营第三产业

A2.家庭人口及劳动力年用工情况

家庭主业	兼业	人口数	劳动力数	每个劳动力从事不同工作的年总用工量(天)				
					家庭农业(种植业)	家庭经营第二产业	家庭经营第三产业	外出打工
1				劳动力1				
				劳动力2				
				劳动力3				
				劳动力4				
				劳动力5				
				劳动力6				

家庭主业(家庭收入的主要来源):1家庭农业(种植业),2打工,3经营第二产业,4经营第三产业;兼业:1无兼业,2打工,3经营第二产业,4经营第三产业

A3.家庭年毛收入与费用情况

家庭农业	家庭经营第二产业	家庭经营第三产业	外出打工	家庭年生活费用

A4.您家从集体承包土地__________亩(大亩/小亩)(1公顷=10大亩=15小亩);有偿承包他人土地__________亩,每亩__________元/年,其他来源__________亩(请具体说明来源________________)。所有这些土地被分成______块。

B 土地制度情况

B1.您认为承包土地的所有权属于(单选)

(1)个人(家庭) (2)村委会 (3)村民小组(生产队)

(4)村集体经济组织(大队) (5)国家 (6)政府

(7)共产党 (8)不知道

B2.从集体承包土地,土地数量在当初是根据什么在各农户之间进行分配的?

(1)完全按人口数量平均分配 (2)完全按劳动力数量平均分配

(3)综合考虑人口数量和劳动力数量 (4)其他

B3.您在承包土地时所签订的承包合同中,发包方是谁?

(1)村民小组(生产队) (2)村委会 (3)村集体经济组织(大队)

(4)村合作经济组织 (5)乡政府 (6)不知道

B4.土地承包合同签订后,发包方(村委会、生产队或乡政府等)是否可

随意调整您的土地(如征地、缩小土地规模,调换土地等级或位置)?

(1)完全可以,不需任何方同意　　(2)可以,但必须经上级政府批示

(3)可以,但必须取得您的同意　　(4)不可以

B5.根据您村的规定,承包地是否可私下进行转让、转包、出租?

(1)给本村(或生产队)人可以,外村(或生产队)的不可以,无须备案

(2)给本村(或生产队)人可以,外村(或生产队)的不可以,须备案

(3)给本村、外村均可以,但必须备案

(4)完全可以自由流转,无须备案

(5)不可以

(6)不知道

B6.根据村里规定,您承包的土地是否可改变农业用途从事其他活动(例如不用来耕种,用于非农)?

(1)可以　　(2)不可以　　(3)不知道

C　土地生产经营情况

C1.土地生产成本与收益情况　　(1斤=500克)

农作物品种	播种面积(亩)	总产量(斤)	自己留用数量(斤)	每斤销售价格(元)	总的生产成本(元)							雇工天数(天)	雇工人数
					种子费用	化肥费用	农药费用	机耕费用	机割费用	排灌费用	其他(如脱粒运输等)		
玉米													

C2.向国家缴纳税金________元;向集体缴纳税金________元;额外承包金额________元。

C3.如果雇一个人帮您干农活,对您来说,一天要花多少钱:________元/天。

如果您帮助别人干农活,一天的工钱是:________元/天。

C4. 主要农作物经营方式(技术手段)　　单位:亩

机耕面积	机播面积	机灌面积	机割面积	施用复合肥料面积	良种面积

C5. 农业固定资产　　单位:元

	拖拉机	收割机	播种机	耕　牛	小型农具	粮　仓	其　他
当前价值							

C6. 您在农业以外领域的投资总额为______元,年利润为______元。

C7. 您家耕种土地,是因为(可多选)

(1)收入稳定,自己喜欢　　(2)没有其他可获得收入的途径

(3)可以增加家庭收入　　(4)确保全家生计(口粮)安全

(5)已习惯种地,不愿从事其他劳动　(6)种不种无所谓,只是不愿抛荒

(7)锻炼身体,享受田园生活　　(8)其他

D　农民土地经营规模意愿情况

D1. 您对改变家里当前经营的土地面积意向是什么?

(1)希望扩大(转向问题 D2)　　(2)希望缩小(转向问题 D7)

(3)保持不变(转向问题 D14)　(4)没想过(转向问题 D15)

D2. 如果您希望扩大土地面积,主要目的是(可多选)

(1)增加收入　　(2)承包的土地不够种

(3)可获得更多的国家种粮补贴　(4)满足自家粮食需要

(5)帮助亲朋好友　　(6)其他:______________

D3. 如果您希望扩大土地面积,希望通过什么途径来流入(扩大)?

(1)自己与其他村民协商流入

(2)在集体主持下,与其他村民自愿协商流入

(3)集体统一调整流入　　(4)其他:______________

D4. 如果流入土地扩大耕地面积,您认为转入(或租入)土地期限几年较好?

(1)1 年　　(2)2－5 年　　(3)5 年以上

(4)长期或永久　　(5)无所谓　　(6)不知道

D5. 如果您想流入土地而实际没有流入,是因为(可多选)

(1)自身经济实力不足　　(2)怕国家政策变动
(3)家庭劳动力缺乏,种不了　　(4)不知道有谁愿意流出土地
(5)没人愿意流出土地　　(6)与别的农户谈判太麻烦
(7)流入期限太短,无利可图　　(8)等待集体统一调整
(9)其他:______________

D6.如果您愿意通过从他人那里私下转包(承租)土地来扩大耕种面积,您愿意支付的最高租金是多少:__________元/年·亩,并且租金希望如何支付?(回答完本题转向问题D13)

(1)分年度以现金支付　　(2)一次性全部以现金支付
(3)按一定数量的粮食支付
(4)以一定数量的粮食为标准,折合现金支付

D7.如果您希望缩小土地面积,目的是(可多选)

(1)家庭劳动力缺乏,种不了
(2)年老体弱多病,无法耕种太多土地
(3)种粮效益低,不如经商、外出打工
(4)家庭收入已较高,种田太辛苦
(5)土地转让(转租)出去可得一部分收益,比自己种合算
(6)不种田抛荒,要上缴较多的土地占用费

D8.如果您希望缩小土地面积,希望通过什么途径流出(缩小)?

(1)自己与其他村民协商流出　　(2)在集体主持下与其他村民自愿协商
(3)集体统一调整　　(4)放弃土地承包权
(5)其他

D9.如果您希望缩小土地规模,您认为土地流出的期限几年为好?

(1)1年　　(2)2-5年　　(3)5年以上
(4)长期或永久　　(5)无所谓　　(6)不知道

D10.如果您想转出土地而没有转出土地,是因为(可多选)?

(1)与别的农户谈判太麻烦　　(2)不知道有谁愿意转入(租入)土地
(3)没人愿意转入(租入)土地　　(4)等待集体统一调整
(5)转出(出租)价格太低,不合算　(6)等待土地将来升值

D11.如果有人希望承租(租入)您的土地,租金至少是多少:__________元/亩·年,而且您希望租金如何收取?

(1)分年度以现金收取　　(2)一次性全部以现金收取
(3)按一定数量的粮食收取
(4)以一定数量粮食为标准,折合现金收取

D12.如果对方准备长期租您的土地,您是否会要求一个更高的租金?

(1)会　　(2)不会　　(3)不知道

D13.您最希望政府在土地流转中落实好哪些政策?(可多选)

(回答完本题转向问题D15)

(1)充分尊重农民的经营规模意愿

(2)制定相应土地法规,保障农民流转收益

(3)做好中介,提供多种服务

(4)农民可与城市居民一样享受劳保福利

(5)提供稳定的非农就业门路

(6)放开城镇户口,没有任何限制

D14.如果您希望保持不变,保持不变的原因什么?(可多选)

(1)怕土地调整后失去土地　　(2)土地是生存的基本保障

(3)把土地作为养老保障　　(4)当前规模符合家庭实际生产能力

(5)怕调整后失去现有质量的土地等级　　(6)可获得相应的政府补贴

D15.在当前情况下,您认为种多少亩地比较合适:__________亩,您的这项决策是根据

(1)家庭主业(收入来源)　(2)家庭人口数量　(3)家庭劳动力数量

(4)家庭劳动力文化水平　(5)家庭劳动力的年龄

(6)家庭拥有的固定资产　(7)家庭拥有的资金　(8)当地收入水平

(9)期望的农业收入水平　(10)当前种粮收益

(11)从事其他行业困难程度　(12)原有的土地面积　(13)其他:________

E　农村社会服务体系情况

E1.您加入了下面哪些农村社会保障?(可多选)

(1)农村低保(农村最低生活保障)　(2)社会养老保险

(3)(合作)医疗保险　　(4)没有加入上面任何一种保障

E2.您的农业生产资料(种子、化肥、农药、农机等)如何采购?

(1)自己单独采购　　(2)与其他农户合作(搭伙)一起采购

(3)由村集体统一采购　　(4)由签协议企业统一提供

(5)由所加入的合作组织(合作社、或协会)统一采购　　(6)其他

E3.您可从所在村(镇、乡、市里)获得下列哪些服务?(可多选)

(1)农机服务(机耕、播、割、灌)　　(2)脱粒、晾晒、保存服务

(3)运输服务　　(4)技术指导服务

(5)病虫害防治服务　　(6)没有上面任何一种服务

免费的有哪些：________________

E4.您生产的农产品采取下列哪种方式销售？

(1)自己到市场上销售　　(2)由收购商到家里收购

(3)由集体统一销售　　(4)由签协议企业统一收购

(5)由所加入农业合作组织(合作社、协会)统一销售

E5.您是否加入了农业合作组织(如:农业合作社和/或农业协会)？

(1)加入(转向问题 E6)　　(2)未加入(转向问题 E7)

E6.如果加入,则加入何种农业合作组织：________________

你所加入的农业合作组织提供下列哪些服务？(多选)

(1)生产资料(种子、化肥、农药等)统一采购

(2)生产经营决策(即生产什么)信息服务

(3)产中提供技术指导、病虫害防治、机械作业、灌溉排水等服务

(4)产后提供农产品脱粒、晾晒、储藏、运输服务

(5)产后提供农产品销售服务　　(6)其他：________________

E7.如果未加入,原因是什么？

(1)不知道有农业合作组织

(2)知道农业合作组织,但当地没有成立相应的农业合作组织

(3)当地有农业合作组织,但不了解加入后有什么好处

(4)加入还要加纳费用,不合算

E8.截至 2006 年末您是否购买过农业保险？

(1)购买过　　(2)未购买过

如果购买过,投保金额：________________(元)

如果没有购买过,没有购买的原因是什么？

(1)不知道保险公司有农业保险业务

(2)知道农业保险,但不了解如何投保和索赔

(3)知道农业保险,但不知保险公司是否提供所需投保项目

(4)购买农业保险,如果没有发生风险感觉不合算

(5)如果投保,发生风险索赔程序复杂,索赔困难

(6)保险费率太高,买不起

F　您所调查村落情况

F1.村里农户数________；总人口数：________；当地人均纯收入：________元。

F2.村里居民收入的主要来源是：

(1)家庭经营农业　　　　　(2)家庭经营第二产业

(3)家庭经营第三产业　　　(4)打工

F3.全村总共有耕地面积:________亩,其中旱地:________亩,水田________亩;林地________亩,果园________亩,水面________亩;

F4.交通、通讯情况(是填“1”,否填“0”)

是否通电话	是否通有线电视	是否通网络	是否每天通车	本村离车站距离(公里)

图书在版编目（CIP）数据

农户粮地经营规模效率研究：以吉林省玉米生产为例 / 张忠明著. —杭州：浙江大学出版社，2008.11
（中国“三农”问题研究文丛）
ISBN 978-7-308-06338-8

Ⅰ.农… Ⅱ.张… Ⅲ.农户－耕地－土地管理－研究－中国 Ⅳ.F323.211

中国版本图书馆 CIP 数据核字（2008）第 167124 号

农户粮地经营规模效率研究

——以吉林省玉米生产为例

张忠明　著

丛书策划　陈丽霞　阮海潮
责任编辑　余健波
出版发行　浙江大学出版社
（杭州天目山路 148 号　邮政编码 310028）
（E-mail：zupress@mail.hz.zj.cn）
（网址：http://www.zjupress.com
http://www.press.zju.edu.cn）
电话：0571—88925592　88273066（传真）
排　　版　杭州中大图文设计有限公司
印　　刷　杭州杭新印务有限公司
开　　本　710mm×1000mm　1/32
印　　张　12.25
字　　数　213 千
版 印 次　2008 年 11 月第 1 版　2008 年 11 月第 1 次印刷
书　　号　ISBN 978-7-308-06338-8
定　　价　25.00 元

浙江大学出版社发行部邮购电话(0571)88925591